北京大學《儒藏》編纂與研究中心 編

《儒藏》精華編選刊

三魚堂文集 外集

〔清〕陸隴其 撰

趙伯雄 校點

北京大學出版社
PEKING UNIVERSITY PRESS

圖書在版編目(CIP)數據

三魚堂文集　外集/（清）陸隴其撰；北京大學《儒藏》編纂與研究中心編.
—北京：北京大學出版社，2023.9
（《儒藏》精華編選刊）
ISBN 978-7-301-33791-2

Ⅰ.①三…　Ⅱ.①陸…②北…　Ⅲ.①雜著－中國－清代　Ⅳ.①Z429.49

中國國家版本館CIP數據核字（2023）第051583號

書　　名	三魚堂文集　外集 SANYUTANG WENJI WAIJI
著作責任者	〔清〕陸隴其 撰 趙伯雄 校點 北京大學《儒藏》編纂與研究中心 編
策劃統籌	馬辛民
責任編輯	沈瑩瑩
標準書號	ISBN 978-7-301-33791-2
出版發行	北京大學出版社
地　　址	北京市海淀區成府路205號　100871
網　　址	http://www.pup.cn　新浪微博:@北京大學出版社
電子郵箱	編輯部 dj@pup.cn　總編室 zpup@pup.cn
電　　話	郵購部 010-62752015　發行部 010-62750672 編輯部 010-62756449
印 刷 者	三河市北燕印裝有限公司
經 銷 者	新華書店 650毫米×980毫米　16開本　24印張　294千字 2023年9月第1版　2023年9月第1次印刷
定　　價	96.00元

目録

三魚堂文集卷之四……四三

三魚堂文集卷之五……七一

三魚堂文集卷之六……九四

三魚堂文集卷之七……一一七

三魚堂文集卷之十二……二二九

附録……二四四

三魚堂外集卷之一……二五八

三魚堂外集卷之四……三〇八

三魚堂外集卷之五……三二八

三魚堂外集卷之六 …… 三五一

先生居敬窮理，好學力行，闇然自脩，不尚文采。雖晚年道明德立，終不敢著書以自表見，若詩古文詞，尤不屑爲也。故每以世之濫刻文集者爲戒，以爲司馬之癖，相如之俳，猶見譏於有道，況下此者乎？故易簀時，篋中并無遺稿。然考其一生著述，散軼人間者，於文章諸體，已無不備。先生雖無自揣必傳之意，但其中長篇累牘，片紙隻詞，凡出於先生之筆者，皆所以闡明學術、陶淑人心、維持世道之文，而絶非無用之空言，則又不可不亟爲表章，而聽其或存或亡也。禮徵故與二三同志旁搜廣緝，彙成是編。練水侯子大年略訪朱子、昌黎文集分類，而前後之琴川及門席氏漢翼、漢廷伯仲，復加審定，出帑付梓，遂得告成，以垂不朽。吁，是豈可與風雲月露之章同類而譏之哉！　康熙辛巳季春，姪禮徵謹跋。

校點説明

陸隴其(一六三〇——一六九二),字稼書,浙江平湖人。康熙九年(一六七〇)進士。十四年授江南嘉定知縣。後以事革職。二十二年補授直隸靈壽知縣。二十九年授四川道監察御史。不久乞假歸里,三十一年卒於家,享年六十三。雍正時配享孔廟,乾隆時追謚「清獻」。

陸隴其爲官清正廉潔,號稱循吏。在知縣任内,愛民如傷,敦行教化,勸耕勸織,整頓風俗。據説他審理案件,「不甚拘於律,聽斷時,孝悌忠信之名,不絶於口」,「使人心悦而誠服」(附録《行狀》),完全是儒者風範。靈壽小邑,地處偏僻,土瘠民窮。隴其爲官,往往爲民着想,不事敲撲逼催,遇有荒旱,他總是盡力向朝廷申請蠲免賦税,不肯爲了個人的政績瞞報災情。爲鼓勵墾荒,他建議新墾之地,由原來的六年起科,改爲十年起科。他嚴禁胥吏擾民,革除蠹民之種種陋規。故在地方官任内,深得百姓愛戴。

陸隴其是清初著名的理學家。他學宗程、朱,尤尊朱子,他説:「朱子之學,孔孟之門户也。學孔孟而不由朱子,是入室而不由户也。」(《答嘉善李子喬書》)對於與朱子相異的各種學説，排擊不遺餘力。他曾以董仲舒的獨尊儒術爲比，説：「昔董生當漢武之世，百家並行，故其言曰：『諸不在六藝之科、孔子之術者，皆絶其道，不使並進。』此董生所以有功於世道也。繼孔子而明六藝者，朱子也。非孔子之道者皆當絶，則非朱子之道者皆當絶。」(《周雲虬先生四書集義序》)故其排斥王學，最爲用力。他認爲明之天下，「不亡於寇盜，不亡於朋黨，而亡於學術」，而這學術，就是王學。王學之弊，「至於蕩軼禮法，蔑視倫常」(《學術辨上》)，「以禪之實而託於儒，其流害固不可勝言」(《學術辨中》)；上層與下民均浸淫於王學，「禮法於是而弛，名教於是而輕，政刑於是而紊，僻邪詭異之行於是而生，縱肆輕狂之習於是而成」(《學術辨下》)，國家自然也就隨之敗亡了。陸隴其不是那種「自四書朱注外不復知有學問」的陋儒。他主張鑽研經典，鑽研注疏，而且認爲經典之外，諸如《國語》、《戰國策》以及老、莊、荀、管、韓諸子，孫子、司馬各兵家，揚雄、董仲舒、王通之書，還有程朱以後各家之書，都值得「深考」，但應該有個先後，這就是要從朱子《小學》入手。爲學的次序，要以元人程端禮的《讀書分年日程》爲準，謂程氏之法其實就是朱子之法，也可以説就是「孔孟以來教人讀書之法」(《跋讀書分年日程後》)。隴其學尚「踐履」，主張「由學問思辨以歸於篤行，而以徒事空言爲大戒」(《三魚堂日記序》)。他勸人讀《小學》，要「逐句在自己身上省察，日間動静，能與此合否」（《與席生漢翼漢廷》）。他自己的視聽言動，一以朱子爲準繩。

陸隴其的著作甚多，有《讀禮志疑》、《四書講義困勉録》、《松陽講義》、《三魚堂四書大全》、《三魚堂日記》等。《文集》並《外集》共十八卷，爲其門人侯銓所編。四庫館臣説：「其中或有未定之稿，與夫偶然涉筆、不欲自存者，均未可知。」《文集》十二卷中，凡雜著四卷，書一卷，尺牘二卷，序二卷，記一卷，墓表志銘壙記傳共一卷，祝文祭文一卷。「雜著」中有《學術辨》三篇，闡發隴其的思想最爲詳明，對王陽明的思想進行了猛烈的批判，指出了王學的爲害之處；同時對晚明的高攀龍、顧憲成等人的學説也作了深入的辨析，指出他們雖然宗主程朱，針砭王學多能切中其病，但是爲學「專以静坐爲主」（《學術辨中》），始終也未能脱王學之藩籬。在書、尺牘、序中，也有大量論學的内容。《外集》則以奏議、條陳、表策、公牘爲主，從中可以看到隴其在縣官及御史任上的踐履施爲。例如所上《畿輔民情疏》、《請蠲免舊欠議》，從畿輔荒旱之實情出發，建議再加蠲免；《派灰車詳文》、《請免灰車詳文》、《復請免役詳文》，爲免除靈壽縣每年五輛運灰車的攤派，竟至反復言之，不惜冒瀆上司，表示上司如能「憐憫窮民，使免狼狽，雖將卑職罷黜，亦所甘心矣」（《請免灰車詳文》）。《外集》之中，還有《禁賭博示》、《禁違禁取利示》、《禁演戲示》、《禁止夜行示》等公文，從中可見當時靈壽這樣的偏僻縣邑中的社會情狀，讀來頗有趣味。

《三魚堂文集》十二卷、《外集》六卷、附録一卷，刊於康熙四十年。此次整理，用北京大學圖書館所藏康熙本爲底本，以影印文淵閣《四庫全書》本《三魚堂文集》（簡稱「四庫本」）爲校本。但在整理過程中發現，這個底本雖爲康熙刻本，但刷印卻應該是在乾隆以後，故凡牽涉吕留良的文字，原木版均被剜去，致使書中多處開了天窗，且有《與吕無黨》、《祭吕晚村先生文》等整篇删去者。後從天津圖書館得此書的初印本，始將剜改之處補足復原。底本卷首原附有魏象樞奏疏兩篇，卷末附《崇祀録》一卷，因其對於瞭解陸氏生平及思想意義不大，一併删去，特此説明。

校點者　趙伯雄

序

平湖陸稼書先生以名進士兩爲邑令，入拜御史。其正學清德，惠政嘉謨，浹洽於人心，流傳於士口，稱之爲醇儒，爲循吏，爲直臣，至有目之爲聖人者。衆喙一辭，無間然。既殁而論益定，名益起。所評定《四子大全》、纂輯《困勉録》二書，風行天下，莫不家絃户誦，中心悦而誠服之。求其著述遺文者，益踵於門而接於市也。於是先生之族祖蒿菴、令子直方、門人席漢翼、漢廷輩，網羅散佚，鈔葺成書，凡十八卷，顔之曰「三魚堂集」，屬開國序之，以授梓人。於乎！開國烏足以序先生之文，而先生豈僅欲以文章自鳴者哉！

先生束髮受書，即有志於聖賢事業。居敬以立其本，窮理以致其知，精思樂玩，擇善固執，蓄積有年所，而學始大成。處而飭躬砥行，出而致君澤民，發於言而見於行者，無之而非道也。先生嘗言：自堯舜而後，羣聖輩出，集羣聖之大成者，孔子也。秦漢以來，諸儒輩出，集諸儒之大成者，朱子也。是朱子之學，即孔子之學，舍是而他求，當絶其道勿使並進。故凡别立宗旨，創爲新説，陽奉而陰違，名同而實異者，不憚反復極論，而歸於至是。即有鑒其流弊，而終未脱其範圍者，亦必審其是非，晰其同異，於毫芒疑似之間，不少假借。集中諸體略備，一則曰孔孟，再則曰程朱。扶正學，屏異説，言之亹亹，誨之諄諄，豈好辨哉，不得已也。教人必遵朱子《小學》，讀書必依程氏《日程》。其臨政也，崇節儉，敦教化，務休養，而帥之以清廉。其建言也，陳民隱，厲官方，扶名教，而將之以忠藎。不敢隨聲附和以合時局，卒之直道不容，進而旋退。位不過七品，年不及中壽。有兼善天下之志，而未竟厥施；有匡濟斯民之心，而不究其用。徒使後之學者，撫遺編而追曩事，羹牆如見，咳唾空傳，而不禁爲之三歎也。

先生一生造詣，務在躬行實踐，守下學上達之旨，爲慎獨存誠之學。作爲文章，炳炳烺烺，不屑規橅形肖，而意到筆隨，直抒所見，務在敦倫彰教，引人優入聖域。有德者必有言，直可追配濂洛關閩，以上纘洙泗之緒無疑矣。開國習聞先生之教幾三十年，且同事安定氏，命子銓執經請業，咸得朝夕親承其緒論，欲步趨彷彿其萬一，而猝未能至焉。兹幸參校訂之次，反覆玩味，竊取其意，爲述之如右。於乎，先生往矣！其道不獲大顯於生前，其書行將盛行於身後。開國得以樂觀厥成，附名簡末，其爲榮耀也，多矣。舊治門人嘉定侯開國謹序。

三魚堂文集卷之一

平湖陸隴其稼書著

雜著

太極論

論太極者，不在乎明天地之太極，而在乎明人身之太極。明人身之太極，則天地之太極在是矣。先儒之論太極，所以必從陰陽、五行、天地、生物之初言之者，惟恐人不知此理之原，故遡其始而言之，使知此理之無物不有，無時不然，雖欲頃刻離之而不可得也。學者徒見先儒之言陰陽，言五行，言天地萬物，廣大精微，而不從我身切實求之，則豈前賢示人之意哉！

夫太極者，萬理之總名也。在天則爲命，在人則爲性。在天則爲元亨利貞，在人則爲仁義禮智。以其有條而不紊，則謂之理；以其爲人所共由，則謂之道；以其不偏不倚、無過不及，則謂之中；以其真實無妄，則謂之誠；以其純粹而精，則謂之至善；以其至極而無以加，則謂之太極。名異而實同也。學者誠有志乎太極，惟于日用之間，時時存養，時時省察，不使一念之越乎理，不使一事之悖乎理，不使一言一動之踰乎理，斯太極存焉矣。其寂然不動，是即太極之陰静也；感而遂通，是即太極之陽動也。感而復寂，寂而復感，是即太極之動静無端、陰陽無始也。寂然之中，而感通之理已具；感通之際，而寂然之體常在。是即太極之體用一原、顯微無間也。分而爲五常，發而爲五事，布而爲五倫，是即太極之陽變陰合，而生水火木金土也。以之處家則家齊，以之處國則國治，以之處天下則天下平。是即太極之成男成女而萬物化生也。合吾身之萬念萬事而無一非理，是萬物統體一太極也。即吾身之一念一事而無之非理，是一物各具一太極也。不越乎日用常行之中，而卓然超絶乎流俗，是太極之不離乎陰陽，而亦不雜乎陰陽也。若是者，豈必遠而求之天地萬物，而太極之全體已備于吾身矣。由是以觀天地，則太極之在天地，亦若是而已。由是以觀萬物，則太極之在萬物，亦若是而已。

天地萬物，浩浩茫茫，測之不見其端，窮之莫究其量，而莫非是理之發見也，莫非是理之流行也，莫非是理之循環而不窮也。高明博厚不同，而是理無不同也。飛潛動植有異，而是理無異也。是理散于萬物，而萃于吾身；原于天地，而賦于吾身。是故善言太極者，求之遠不若求之近；求之虚而難據，不若求之寔而可循。故周子《太極圖説》雖從陰陽五行言之，而終之曰：「聖人定之以中正仁義而主静，立人極焉。」其示人之意亦深切矣。又恐聖人之立極，非學者可驟及也，而繼之曰：「君子修之吉。」修之爲言，擇善固執之謂也。而朱子解之，又推本于敬，以爲能敬，然後能静虚動直，而太極在我。嗚呼，至矣！先儒之言，雖窮高極深，而推其旨，不過欲人修其身以治天下國家焉耳。學者慎無騖太極之名，而不知近求之身也。

理氣論

理氣之辨，不難乎明萬殊之理氣，而難乎明一本之理氣。一本之在人心者易見，一本之在天地者難知。自昔辨理氣者，多在于分合先後之間。言其合則以分者爲支離，言其分則以合者爲混淆。言有先後，則不見其合一之妙；言無先後，則又不見其本末之序。此理氣之説所以紛紛不一也。然觀朱子曰「理不離乎氣，亦不雜乎氣」，則可無疑其分合矣。又曰：「理氣本無先後之可言，然必欲推其所從來，須説先有是理。」則又可無疑其先後矣。惟有是理，則必有理所會歸之處；有氣，則必有氣所統攝之處。

天下未有無本而能變化無方者，未有無本而能流行不竭者，而理氣之本，果安在哉？今夫盈吾身之内者，皆氣也；而其運于氣之内者，理也。在目爲視，在耳爲聽，在身爲貌，在口爲言。君令而臣忠，父慈而子孝，兄友而弟恭，夫婦别而朋友信，理氣之萬殊者昭昭矣，而其本則在心。心也者，是氣之精英所聚，而萬理之原也。故《中庸》曰：「喜怒哀樂未發，謂之中，中也者，天下之大本。」此其爲一本易明矣。若夫理氣之在天地者，人得之爲人，物得之爲物，日月以之明，星辰以之運，山以之峙，川以之流，鳶以之飛，魚以之躍，其萬殊者，固亦昭昭矣，而其本果安在哉？嘗試以先儒之言推之，程子曰：「天地無心而成化。」又曰：「天地普萬物而無心。」則似乎天地之爲天地，浩浩蕩蕩，一氣鼓動而理隨之，初無本之可言也。然《易》曰「復其見天地之心」，「正大而天地之情可見」。程子亦曰：「以主宰謂之帝，以性情謂之乾。」張子又有所謂「天地之帥」，而《詩》、《書》言福善禍淫，降祥降殃。則是蒼蒼在上者，明有主宰。故天地者不可謂之有心，又不可謂之無心，此一本之在天地所以難見也。執爲有心，則恐穿鑿附會者多，而熏蒿妖誕之説且接迹于天下；執爲無心，則恐戒謹恐懼易弛，而福善禍淫之理，將不信于天下。然則理氣之在天地，其一本者，果如之何？亦曰有心而無心焉耳。

夫人爲天地所生，氣以成形，必有精英之聚，以具衆理而應萬事，而謂造物之理氣，散漫而無主宰，吾不信也。主宰之所在，一本之所在也。然是主宰者，無思慮，無營爲，百物自生，四時自行，可感通而不可諂佞也，可昭事而不可矯誣也。其降鑒也，出王游衍，無之不在，而不可穿鑿附會也。是其爲理氣之一本者而已。莫非天地之理，而此則理之所會歸也。莫非天地之氣，而此則氣之所統攝也。一本之在人心者，能與天地無二，則天命之性無少虧欠，而萬化之原在是矣。程、張之所論，《大易》之所稱，《詩》、《書》之所述，皆一以貫之而無殊。若夫理氣之爲分爲合，一而二，二而一，不離不雜，則朱子之論備矣，又何所庸其紛紛之論乎！

河圖洛書説

甚矣，好奇者之無窮也。先儒之成説，不難盡更之，而自逞其臆見，以爲不如是不足以爲奇也。天下見其説之奇，而反疑先儒之未必盡當，其惑後學，豈不甚哉！黄鐘之管九寸，自京、馬、鄭、蔡以及洛、閩諸大儒，皆有定説矣。李文利者出，獨主三寸九分之説，欲盡廢諸儒舊法。《河圖》數十，《洛書》數九，自劉向父子、班固以及關子明、邵康節，皆有定説矣。劉牧者出，獨以九爲《河圖》，十爲《洛書》，易置《圖》、《書》，與諸儒之説迥異。其好奇逞臆，豈非同一揆耶？愚嘗反覆朱子《河圖》、《洛書》之説。《河圖》以五生數統五成數，而同處其方；《洛書》以五奇數統四偶數，而各居其所。《河圖》以生成分陰陽，《洛書》以奇偶分陰陽。則《河圖》者虛其中，則《洛書》者總其實。其象其數，皆昭然若白黑。雖曰《圖》之理未嘗不可通於《書》，《書》之理未嘗不可通於《圖》，而各有條理，夫豈劉牧之所得亂哉！

近世儒者，又有厭《圖》、《書》之數繁密而不易究悉，欲一切廢之，謂《河圖》、《洛書》雖古有之，而未必如今所傳。此其説尤似近理，而不知其好奇逞臆更甚於劉牧。劉牧之説亂《圖》、《書》，而《圖》、《書》尚存。此説行則且以《圖》、《書》爲假僞，而凡生成、奇偶、内外、正側之義，皆屬無稽，朱、蔡大儒之尊信，且等於漢儒之信僞《泰誓》，其輕於立論而無忌憚，何其甚也！夫先聖之微言奥義，如三墳、八索、九丘之類，不幸而泯滅無傳者，固無如何矣。幸而如《河圖》、《洛書》之僅存，又欲以私意亂之。不幸而無大儒爲之論正，則亂之者之是非難明。幸而有大儒焉，表章訂定，是非燦然矣，又惡其繁密，而欲舉而盡廢之。自有此議論，而凡古昔聖賢相傳之精意，先儒極力闡明者，皆視爲一家之言，學者可不必究心，其流弊何所不至哉！故吾以爲言《河圖》、《洛書》者，有朱子之《易學啓蒙》在，學者潛心而熟玩焉可矣。舍是而别自爲説，皆不知量而侮聖人之言者也。

閲詹先生太極河洛洪範諸解疑

節齋蔡氏云：「主太極而言，則太極在陰陽之先；主陰陽而言，則太極在陰陽之内。蓋自陰陽未生而言，則所謂太極者，其理已具；自陰陽既生之時而言，則所謂太極者，即在乎陰陽之中也。」此一條雖載《性理》，然似未融。蓋陰陽無始，恐説不得未生、既生，體用可以分先後，陰陽不可以分先後也。

謂中即夏至，一陰始生之火；正即冬至，一陽始生之水。二物始生，其體最静，即《繫辭傳》所説乾坤各有動静，乾以静專，故動直；坤以静翕，故動闢。乾坤專翕之理，于二至之候見之。故周子主静之意，不但謂中仁是静，正義是静。愚意《繫辭》乾坤動静，似以對待者言。以對待言，則乾之内自具一動静，便自具一中正仁義；坤之内亦自具一動静，便亦自具一中正仁義。故上經乾、坤二卦，皆有「元亨利貞」之文。若以流行者言，則乾動坤静。「中」、「仁」，乾也；「正」、「義」，坤也。又安得謂各自有動静？必欲云各有動静，亦只當以「正」、「義」爲乾之静，「中」、「仁」爲坤之静。若二至是陰陽初動之候，其動雖微，不可謂非動，以中正爲静，仁義爲動，恐有未安。

朱子總論曰：「中之爲用，則以無過不及者言之，而非指所謂未發之中也。」斯説似無可疑。蓋以中正仁義配五行言之，則中仁屬木火，爲陽，動時即論其始生之序，火本屬陰，然生之者微，成之者盛，圖固以火爲陽，盛而居左矣，中不得爲未發之中可知。若以夏至之一陰言之，此止可謂陰根陽耳，亦不得謂之未發。至《圖説》言「中正仁義」，本注言「仁義中正」，雖有始生運行之分，而中之屬陽動，則固圖之本意也。

謂耦之爲畫，二實一虚，合耦之三而爲一，是所謂參天也。分奇之一而爲--，是所謂兩地也。此説似直捷，然以二實一虚言之，則分奇之一而爲--亦可謂之參地乎？恐不如先儒天圓地方之説爲妥。

謂以天數五、地數五之文言之，則自一至十皆謂之數可也。又以五位相得言之，則自一至十皆謂之位可也。但《本義》以一二三四爲四象始生之位，居圖之内，故以位言之；六七八九爲四象已成之數，居圖之外，故以數言之。位言其生，數言其成；位言其始，數言其終。其實位亦數也，數亦位也，在觀者會通其故而自得之，非必真有此數箇圈子寄寓于天地之間，若者是位，若者是數，可以表著而指計也。又云八卦自一至八，只是卦畫已成之次第，而非卦畫所生之次第。此發明朱子之意至明，足爲學者指南。至《圖卦辨疑》中欲以《河圖》生數配陽儀四卦，以《河圖》成數配陰儀四卦，此則有所未安。蓋《河圖》以生成分陰陽，今若以陽儀四卦盡配生數，陰儀四卦盡配成數，則陽皆配陽，陰皆配陰，陽生而無成，陰成而不生，非陰陽相生相成之道。似不若仍依朱子，以位與數分配。

《洪範》一篇，金仁山、黄石齋二先生所考定，雖各有精義，然蔡傳只依古本解之，亦儘明白，似不必方整如後世文字，然後可也。《書傳》雖成于九峰之手，然多本之朱子。蓋朱子于此篇未嘗有更定之意，故蔡氏亦止依古本作註。嘗竊以爲諸經在朱子之時，誠有不容不更定者；至朱子而後，不得復紛更。如南巢、牧野，只可許湯、武一行。元明諸儒，往往見朱子于古經不難改易，而遂有自闢井疆之意，此病非小。故不佞平生于吴草廬諸書，皆不敢輕信。非信目而不信心，寔以防微杜漸之意，不得不爾。不知君子以爲何如？然如金、黄二先生之議論，則亦不可不存于天地間。似應將不宜輕改之意著于篇末，庶幾有以擴學者之胸襟而不開其弊。

書周易八圖説後

我友邵子子昆述其所聞於師者，雖與朱子《啓蒙》小有出入，而可相發明。吾嘗怪宋儒學《易》，言理者宗伊川，言數者宗康節，既莫能相一，自朱子作《本義》，作《啓蒙》，始合而一之，可謂集程、邵之大成矣。而黄東發猶疑先天之説《易》書中本無有，雖朱子言之甚著明，曰：「易有太極，是生兩儀，兩儀生四象，四象生八卦，此先天之卦畫也。天地定位，山澤通氣，雷風相薄，水火不相射，此先天之卦位也。」黄氏則曰：「未見其確然有合。」觀其所著之《日抄》中，反覆論辨，直以康節爲穿鑿。嗚呼！道之難明，而人意見之不同如此，豈獨一歐陽「《繫詞》非聖人所作」哉！今邵子解《易》圖，以《繫辭》爲證，一本朱子《本義》、《啓蒙》之意，其言卦變，言參兩，言《河圖》之相得有合，雖小有異同，而可相發明。然則黄氏之直欲舉先天而廢之者，誠過矣。

古文尚書考

《經典釋文》云：「伏生失其本經，口誦二十九篇。宣帝本始中，河内女子得《泰誓》一篇，獻之，與伏生所誦合三十篇。」孔疏云：「武帝時，孔臧與安國書曰：『時人惟聞《尚書》二十八篇，取象二十八宿，不知其有百篇也。』」又云：「《史記》謂伏生獨得二十九篇，以教齊魯。馬融、鄭玄皆謂《泰誓》非伏生所傳，而言二十九篇者，以司馬遷在武帝之世，見《泰誓》出而得行，入于伏生所傳内，故并云伏生所出，不復曲别分析。但伏生雖無此一篇，而《書傳》有八百諸侯俱至孟津、白魚入舟之事，與《泰誓》事同，不知爲伏生先爲此説，不知爲是《泰誓》出後後人加增此語？又王充《論衡》及後漢史獻帝建安十四年房宏，俱謂宣帝本始元年河内女子得古文《泰誓》三篇。今《史》、《漢書》皆云伏生傳二十九篇，則司馬遷時已得《泰誓》，以并歸于伏生，不得云宣帝時始出也。或者爾時重得之，故于後亦據而言之。」

愚按：據《釋文》，則僞《泰誓》在二十九篇之外；據孔疏，則僞《泰誓》在二十九篇之內。大抵《釋文》所云二十九篇，是合書序言之，孔疏則除序言之。

又《釋文》云：「《後漢書》謂中興扶風杜林傳古文《尚書》，賈逵爲之作訓，馬融作傳，鄭玄注解，由是古文《尚書》遂顯于世。案今馬、鄭所注，並伏生所誦，非古文也。」孔疏云：「壁内所得孔爲傳者，凡五十八篇，爲四十六卷。三十三篇與鄭注同，二十五篇增多鄭注也。前漢諸儒知孔本有五十八篇，不見孔傳，遂有張霸之徒于鄭注之外僞造《尚書》，凡二十四篇，以足鄭注三十四篇爲五十八篇，其數雖與孔同，其篇有異。孔則于伏生所傳二十九篇内，無古文《泰誓》，除序尚二十八篇，分出《舜典》、《益稷》、《盤庚》二篇、《康王之誥》，爲三十三，增二十五篇，爲五十八篇。鄭玄則于伏生二十九篇之内，分出《盤庚》二篇、《康王之誥》，又《泰誓》三篇，爲三十四篇。僞書所增益二十四篇者，則鄭注書序《舜典》一，《汩作》二，《九共》九篇十一，《大禹謨》十二，《益稷》十三，《五子之歌》十四，《胤征》十五，《湯誥》十六，《咸有一德》十七，《典寶》十八，《伊訓》十九，《肆命》二十，《原命》二十一，《武成》二十二，《旅獒》二十三，《冏命》二十四。以此二十四爲十六卷，以《九共》九篇共卷，除八篇，故爲十六。故《藝文志》、劉向《别録》云『五十八篇』，《藝文志》又云：『孔安國者，孔子後也，悉得其書，以古文又多十六篇。』篇即卷也，即是僞書二十四篇也。劉向作《别録》、班固作《藝文志》，並云此言，不見孔傳也。劉歆作《三統曆》，論武王伐紂，引今文《泰誓》云『丙午逮師』，又引《武成》『越若來三月五日甲子咸劉商王受』，並不與孔同，亦不見孔傳也。後漢初，賈逵奏《尚書》疏云『流爲烏』，是與孔亦異也。馬融《書序》云：『經傳所引《泰誓》，並無此文。』又云：『逸十六篇，絶無師説。』是融亦不見也。服虔、杜預注《左傳》『亂其紀綱』，並云夏桀時，服虔、杜預皆不見也。鄭玄亦不見之，故注書序《舜典》云『入麓伐木』，註《五子之歌》云『避亂于洛汭』，註《胤征》云『胤征，臣名』，又註《禹貢》引《胤征》云『厥篚玄黄，昭我周王』，又註《咸有一德》云『伊陟臣扈曰』，又註《典寶》引《伊訓》云『載孚在亳』，又云『征是三朡』，又註《旅獒》云『獒讀曰豪，謂酋豪之長』，又古文有《仲虺之誥》、《太甲》、《説命》等，見在而云亡，其《汩作》、《典寶》之等一十三篇，見亡而云已逸，是不見古文也。良由孔註之後，其書散逸，傳註不行，以庸生、賈、馬之等，惟傳孔學經文三十三篇，故鄭與三家同以爲古文。而鄭承其後，所註皆同賈逵、馬融之學，題曰『古文尚書』，篇與夏侯等同，而經字多異。至晉世王肅註《書》，始似竊見孔傳，故註『亂其紀綱』爲夏太康時。又《晉書·皇甫謐傳》云姑子外弟梁柳得古文《尚書》，故作《帝王世紀》，往往載孔傳五十八篇之書。」

愚按：據《釋文》，則馬、鄭所註並非古文。據孔疏，則馬、鄭所註止得古文之三十三篇。大抵《釋文》以其未見孔傳之全，故云並非古文，非謂三十三篇亦非古文也。又《釋文》于《舜典》仍用王肅本，而孔疏則用姚方興所上本，今蔡傳從孔疏。

書古文尚書考後

右據陸德明之《經典釋文》、孔穎達之《書正義》，其言雖小異，要之則漢儒如劉歆、班固、馬融、鄭康成之徒，以至晉杜元凱，皆不曾見古文《尚書》之全，又雜以僞《泰誓》，直至東晉，此書方出，是以朱子亦嘗疑之，謂不應伏生記得者皆難讀，凡易讀者皆古文。然命蔡沈作《書傳》，卒主古文《尚書》。又嘗謂門人輔廣曰：「《書》有易曉者，恐是當時做底文字，或是曾經修飾潤色來；其難曉者，恐只是當時説話，當時人自曉得，後人乃以爲難曉耳。」則是朱子于古文《尚書》，固終信之而不敢疑也。惟《書》小序，則斷以爲非孔子筆，只是周秦間低手人作。又云：「《書序》不可信，伏生時無之。」而于安國所增二十五篇，梅頤、姚方興所傳，則固與伏生之書並尊，不敢以張霸之徒例之也。學者無以其晚出而疑之哉。至若近世，有爲《石經大學》者，有爲《子貢詩傳》、《申公詩説》者，彼徒見古文《尚書》晚出得傳，思僥倖欺世，孰知碔砆美玉不可同日而論也！張霸作《尚書》百兩篇，欲託于孔子之百篇，班固《儒林傳》既著其僞，又爲十六卷二十四篇，欲以亂安國之古文，固雖載之《藝文志》，謂之古文經，後世卒無傳焉。僞書果何益哉！

大學答問 八條

或問：《春秋》載「夏五」、「郭公」、「杞子伯」、「甲戌」、「己丑」之類，疑則傳疑，未嘗輒加增損。《論語》曰：「君子于其所不知，蓋闕如也。」至宋代，儒者多以己意删訂經文，二程改《大學》，朱子作《孝經刊誤》。夫程、朱雖賢，不能踰仲尼；仲尼不敢改魯史，而程、朱敢改《孝經》、《大學》，可乎？曰：《春秋》紀事之書，事不可以臆斷；《孝經》、《大學》言理之書，理則可以類推。或傳疑，或更定，固各有其道也。經固不可擅改，而亦豈可因噎廢食乎？曰：漢儒校經，首禁私易。即《禮記》「子貢問樂」一章，明知錯簡，而仍其故文，未嘗敢擅爲移動，但註于其下，校經不當如是耶？曰：朱子何嘗不如是？《大學》雖經更定，而仍一一註其下，曰舊本在某處，此即漢儒之意也。曰：然則程、朱而後，諸儒之重定《孝經》、《大學》者多矣，亦有可取者乎？曰：有程、朱之學則可，無程、朱之學則武斷而已。且既經程、朱更定，聖賢之理如日中天矣，復取而紛更之，何爲耶？呂晚村有言：「《大學》經程、朱考定，如地平天成，即與鴻荒時境界有不盡合，分外分明停當，萬世永賴。後世紛紛，動援古本石經，狡焉思逞，都是無知妄作耳。」善哉言乎！❶

或問：朱子于《大學》，初以爲格物只在窮理，而補窮理一節于《大學》之首。繼則又疑窮理不可爲《大學》首功，必須先涵養而後窮理，又補涵養一節于《大學》之外。東補西補，不太煩乎？曰：是當論其補之是不是，不當以補爲煩也。涵養須用敬，進學則在致知，此聖門一定之程。於傳所未言則補之，於傳所已言而闕則補之，朱子何容心乎？如以朱子之補爲煩，則文、周于羲畫之外補彖象矣，孔子于彖象之外補《十翼》矣，是亦可以爲煩乎？

或問：朱子言古人由小學而進大學，其于洒掃應對間，持守堅定，涵養純熟。夫小學何事？小子何年？洒掃應對何功？乃欲督之以涵養，教之以持守，固已異矣。且持守之不足，而曰持守堅定；涵養之不已，而曰涵養純熟。信然，則是《大學》聖功，緝熙、慎獨、定静、切瑑所難幾者，而于以責之小子，將見孩提神聖，其説反過于直尋本體、專求心學者神奇百倍。而欲以過高之學歸咎他人，非平情也。曰：是何言歟！且未論朱子之是非，先問如何謂之涵養持守，豈以杳冥昏默者爲涵養乎？豈以矯世絶俗者爲持守

❶「呂晚村」至「善哉言乎」六十三字乾隆後印本剜去。

乎？若然，則朱子之言誠過矣。夫所謂涵養持守，不越乎日用存心處事接物之間，故大學有大學之涵養持守，小學有小學之涵養持守，貫徹于八條目之中，而素習于八條目之先，洒掃應對，即涵養持守之所在也。當洒掃應對而其心主一無適，即是涵養；當洒掃應對而其心終始如一，即是持守。事事如此，時時如此，即是堅定，即是純熟，何不可責之小子？而又何神奇之有？若小子不可責之涵養持守，則將使之放蕩于禮法之外乎？孔子所謂孝弟、謹信、愛衆、親仁、學文者，皆過高之論乎？是何言歟？

或問：格有數義，《廣韻》註：格，量也，度也。《玉篇》云：格，至也。《爾雅》云：來也。至即來意。《書》曰：格爾衆庶。故注疏訓格物云：「格，來也。物猶事也。其知于善深，則來善物；其知于惡深，則來惡物。」若文成以格爲格正之格，則本《説文》「格正也」，《書》曰「格其非心」是也。文成又有格去物欲之説，則本之司馬温公扞禦外物解。但扞格之格，與沮格之格，俱音閣，如《學記》「發然後禁則扞格而不勝」，《史記》「廢格事」，《漢書》「太后議格」，《唐書》「其議遂格」，皆讀作閣。至若朱子解作「窮至」，宋後爲字書者，如元人黄公紹輩，皆迎合朱子之意，而又爲小變，改作「窮究」，非古義矣。朱子借古義「至」字而加「窮」字，後人取新義「窮」字而去「至」字，何如據《玉篇》、《廣韻》諸書，作「量度」解爲妥乎？曰：至也者，即量度而至也；究也者，即至之盡頭處也。義本相通，何得以朱子之解與陽明一例議之乎？

或問：《王心齋語録》云：「格物者，格其物有本末之物；致知者，致其知所先後之知。」其説如何？曰：家國天下皆物也，身心意亦物也。格物之本，則於身心意求明德之事；格物之末，則于國家天下求新民之事。謂格物之物即物有本末之物，固無不可。顧程子有云：「求之情性，固切于身，然一草一木，亦皆有理，不可不察。」此最説得周密，不教人泛求之天下之物，亦不教人盡却天下之物。一草一木，非必一一察之，然亦當觸目而識其理，安得拘定！且即以格物之物專就身心意家國天下言之，與物有本末之物，亦有綱領條目之分，亦不得混而一之也。至于知所先後，知字尚淺，在知行之前，又何得扯入致知内。

或問：《大學》依古本及董、蔡諸儒改本，則「此謂知本，此謂知之至也」並非衍文、缺文，蓋謂知本即是知至，乃堯舜不偏物之意，豈不明白而直截乎？曰：聖賢之學，本末兼該，雖有先後之序，而非可偏廢也。如謂「知本」即是「知之至」，則是一本之外，更别無學，以綱領言之，但當知有明德，而不必復講新民之方也，以條目言之，但當知有誠正修，而不必復講齊治平之道也，可乎？故謂本之當先務則可，謂知本而不必更求末則不可。堯舜之不偏物，是言治天下當以親賢爲急，乃是論緩急，非論本末，豈《大學》知本之謂乎？朱子所以將此二句斷作衍文、缺文，此是不易之論。董、蔡諸儒復將此二句强作不偏物之解，未免稍偏，然其所認爲本者猶未差。若陽明之復古本，則不過欲借知本二字，自伸其良知之説，其所認爲本者，又非董、蔡之所謂本矣。自陽明而後，專以知本爲格物者，皆不可究詰。此二句關係學脉非淺。顧涇陽之學，于明季諸儒中爲近正，然作《大學通考》，亦謂此二句非闕文、衍文，吾不敢附會。

或問：古之小學，乃寫字之學，非泛指小子之學也。自朱子認爲童學，且急著爲書，而嗣是以後，如王應麟之《小學紺珠》，馬端臨之《通考》，焦竑之《經籍考》，皆不以小學專屬字學。是一補傳而大學本亡，大學本亡而小學且與之俱亡，是不可惜乎？曰：字學固小學也，一切童子之學皆小學也，是其名固並行而不相悖也。故《漢書・藝文志》所云「凡小學十家四十五篇」者，此專指字學也。若《王制》、《白虎通》、《尚書大傳》、《大戴·保傅》篇所云小學，則泛指童子之學也。從來解經者未嘗以此而廢彼，安在其亡耶？而又何病乎朱子《小學》書也！

或問：自嘉靖中甬東豐坊僞作《石經大學》，託言魏政始中詔諸儒虞松等考正刻石，萬曆時户曹唐伯元上之於朝，雖格不行，然鄭淡泉、顧涇陽諸大儒皆信其説。幸近日博聞之士考而正之，人始知其僞。何淡泉、涇陽不如今之儒者也？曰：豐氏僞作石經，僞作《子貢詩傳》、《申公詩説》，前輩早已辨之，不待今日也。特淡泉、涇陽偶未之覺耳。且淡泉、涇陽何可當也，其學問之淵深，雖時與朱子相左，亦豈俗學可及？未可以其信僞石經之誤而盡没其學，謂其反不如今人也。

三魚堂文集卷之二

雜　著

學術辨上

漢唐之儒崇正學者，尊孔孟而已，孔孟之道尊，則百家之言熄。自唐以後，異端曲學知儒者之尊孔孟也，於是皆託於孔孟以自行其説。我曰孔孟，彼亦曰孔孟，而學者遂莫從而辨其是非。程朱出而崇正闢邪，然後孔孟之道復明，而天下尊之。自宋以來，異端曲學知儒者之尊程朱也，於是又託於程朱以自行其説。我曰程朱，彼亦曰程朱，學者又莫從而辨其是非。程朱言天理，則亦言天理，天理之名同而其所指則霄壤矣。程朱言至善，則亦言至善，至善之名同而其所指則冰炭矣。程朱言静、言敬，則亦言静，亦言敬，静、敬之名同，至所以爲静、敬，則適越而北轅矣。程朱之言有可假借者，則曰程朱固若是也；有不可假借者，則曰此其中年未定之論也。黑白淆而雅鄭混，雖有好古篤志之君子，力扶正學，亦止知其顯叛程朱之非，至其陽尊而陰篡之者，則固不得而盡絶矣。蓋其弊在宋元之際即有之，而莫甚於明之中葉。

自陽明王氏倡爲良知之説，以禪之實而託儒之名，且輯《朱子晚年定論》一書，以明己之學與朱子未嘗異。龍溪、心齋、近溪、海門之徒從而衍之，王氏之學偏天下，幾以爲聖人復起，而古先聖賢下學上達之遺法，滅裂無餘。學術壞而風俗隨之，其弊也，至於蕩軼禮法，蔑視倫常，天下之人，恣睢横肆，不復自安於規矩繩墨之内，而百病交作。於是涇陽、景逸起而救之，痛言王氏之弊，使天下學者復尋程朱之遺規，向之邪説詖行，爲之稍變。然至於本源之際，所謂陽尊而陰篡之者，猶未能盡絶之也。治病而不能盡絶其根，則其病有時而復作。故至於啓、禎之際，風俗愈壞，禮義掃地，以至於不可收拾。其所從來，非一日矣。故愚以爲明之天下，不亡於寇盜，不亡於朋黨，而亡於學術。學術之壞，所以釀成寇盜朋黨之禍也。今之説者，猶曰陽明與程朱同師孔孟，同言仁義，雖意見稍異，然皆聖人之徒也，何必力排而深拒之乎？夫使其自外於孔孟，自外於仁義，則天下之人皆知其非，又奚待吾之辨？惟其似孔孟而非孔孟，似仁義而非仁義，所謂失之毫釐，差以千里，此其所以不容不辨耳。

或又曰：陽明之流弊，非陽明之過也，學陽明之過耳。程朱之學，豈獨無流弊乎？今之學程朱者，未必皆如敬軒、敬齋、月川之絲毫無疚也，其流入於偏執固滯，以至僨事者，亦有矣，則亦將歸罪程朱乎？是又不然。夫天下有立教之弊，有末學之弊。末學之弊如源清而流濁也，立教之弊如源濁而流亦濁也。學程朱而偏執固滯，是末學之弊也。若夫陽明之所以爲教，則其源先已病矣，是豈可徒咎末學哉！

學術辨中

陽明以禪之實而託於儒，其流害固不可勝言矣，然其所以爲禪者如之何？曰：明乎心性之辨則知禪矣，知禪則知陽明矣。

今夫人之生也，氣聚而成形，而氣之精英又聚而爲心。是心也，神明不測，變化無方，要之亦氣也。其中所具之理，則性也。故程子曰：「性即理也。」邵子曰：「心者，性之郛郭。」朱子曰：「靈處是心，不是性。」是心也者，性之所寓，而非即性也。性也者，寓於心，而非即心也。先儒辨之亦至明矣。若夫禪者，則以知覺爲性，而以知覺之發動者爲心。故彼之所謂性，則吾之所謂心也。彼之所謂心，則吾之所謂意也。其所以滅彝倫，離仁義，張皇詭怪，而自放於準繩之外者，皆由不知有性，而以知覺當之耳。何則？既以知覺爲性，則其所欲保養而勿失者，惟是而已。一切人倫庶物之理，皆足以爲我之障，而惟恐其或累，宜其盡舉而棄之也。陽明言性無善無惡，蓋亦指知覺爲性也。其所謂良知，所謂天理，所謂至善，莫非指此而已。故其言曰：「佛氏本來面目，即我門所謂良知。」又曰：「良知即天理。」又曰：「無善無惡，乃所謂至善。」雖其縱横變幻，不可究詰，而其大旨，亦可睹矣。

充其説，則人倫庶物，固於我何有，而特以束縛于聖人之教，未敢肆然決裂也。則又爲之説曰：「良知苟存，自能酬酢萬變，非若禪家之遺棄事物也。」其爲説則然。然學者苟無格物窮理之功，而欲持此心之知覺，以自試於萬變，其所見爲是者果是，而見爲非者果非乎？又況其心本以爲人倫庶物，初無與於我，不得已而應之。以不得已而應之之心，而處夫未嘗窮究之事，其不至於顛倒錯謬者幾希。其倡之者雖不敢自居於禪，陰合而陽離，其繼起者則直以禪自任，不復有所忌憚，此陽明之學所以爲禍於天下也。

涇陽、景逸深懲其弊，知夫知覺之非性，而無善無惡不可以言性，其所以排擊陽明者，亦可謂得其本矣。

然其學也，專以静坐爲主，則其所重，仍在知覺。雖云事物之理乃吾性所固有，而亦當窮究。然既偏重於静，則窮之未必能盡其精微，而不免於過不及。是故以理爲外，而欲以心籠罩之者，陽明之學也。以理爲内，而欲以心籠罩之者，高、顧之學也。陽明之病，在認心爲性；高、顧之病，在惡動求静。我觀高子之論學也，言一貫則以爲是入門之學，言盡心則以爲盡心然後知性，言格物則曰知本之謂物格，與程朱之論往往齟齬而不合者無他，蓋欲以静坐爲主，則凡先儒致知窮理、存心養性之法，不得不爲之變易。夫静坐之説，雖程朱亦有之，不過欲使學者動静交養，無頃刻之離耳，非如高子《困學記》中所言必欲澄神默坐，使呈露面目，然後有以爲下手之地也。由是觀之，則高、顧之學，雖箴砭陽明，多切中其病，至於本源之地，仍不能出其範圍。豈非陽明之説浸淫於人心，雖有大賢，不免猶蹈其弊乎？

吾嘗推求其故，天下學者所以樂趨於陽明而不可遏者，有二：一則爲其學者可以縱肆自適，非若程朱之履繩蹈矩，不可假借也；一則其學專以知覺爲主，謂人身有生死，而知覺無生死，故其視天下一切皆幻，而惟此爲真。故不賢者既樂其縱肆，而賢者又思求其無生死者，此所以羣趨而不能舍。嗚呼！縱肆之不可易明也。至於無生死之説，則真禪家之妄耳。學者取程朱陰陽屈伸往來之論，潛心熟玩焉，其理亦彰彰矣。奈何不此之學，而彼之是惑乎？

學術辨下

自陽明之學興，從其學者，流蕩放佚固有之矣，亦往往有大賢君子出於其間，其功業足以潤澤生民，其名節足以維持風俗。今曰陽明之學非正學也，然則彼皆非歟？若夫明之末季，潰敗不振，蓋氣運使然，豈盡學術之故也。明之衰可以咎陽明，則宋之衰亦將咎程朱，周之衰亦將咎孔孟乎？是又不然。周、宋之衰，孔孟、程朱之道不行也；明之衰，陽明之道行也。

自嘉、隆以來，秉國鈞、作民牧者，孰非浸淫於其教者乎？始也倡之於下，繼也遂持之於上；始也爲議論，爲聲氣，繼也遂爲政事，爲風俗。禮法於是而弛，名教於是而輕，政刑於是而紊，僻邪詭異之行於是而生，縱肆輕狂之習於是而成。雖曰喪亂之故不由於此，吾不信也。

若其間大賢君子，學問雖偏而人品卓然者，則又有故。蓋天下有天資之病，有學術之病。有天資僻而學術正者，有學術僻而天資美者。恒視其勝負之數，以爲其人之高下。如柴之愚，參之魯，師之辟，由之喭，而卒爲聖門高弟，此以學勝其天資者也。如唐之顔魯公，宋之富鄭公、趙清獻，皆溺於神仙浮屠之說，而志行端方，功業顯赫，爲唐宋名臣，此以天資勝其學術者也。人見顔、富諸公之志行功業，則以爲神仙浮屠之無損於人如此，且以爲諸公之得力於神仙浮屠如此。是何異見氣盛之人，冒風寒而不病，而謂不病之得力於風寒；善飲之人，多飲而惺然，而謂惺然之得力於多飲，豈其然乎？今自陽明之教盛行，天下靡然從之，其天資純粹、不勝其學術之僻、流蕩忘返者，不知凡幾矣。間有卓越之士，雖從其學，而修身勵行，不愧古人。是非其學之無弊也，蓋其天資之美，而學術不能盡蔽之，亦如顔、富諸公學於神仙浮屠，而其人其行，則非神仙浮屠之可及也。是故不得因其學而棄其人，亦豈可因其人而遂不敢議其學哉！且人但見顔、富之品行卓犖，而不知向使其不溺於異學，則其所成就，豈特如此而已。但見明季諸儒爲王氏之學者，亦有大賢君子出其間，而不知向使其悉遵程朱遺法，不談良知，不言無善無惡，不指心爲性，不偏於静坐，不以一貫、盡心爲入門，不以物格爲知本，則其造詣亦豈僅如是而已耶！譬諸日月之蝕然，不知其所虧之已多，而但指其僅存之光，以爲蝕之無傷於光，豈不誤乎！嗚呼，正學不明，人才陷溺，中人以下，既汩没而不出，而大賢者亦不能自盡其才，可勝歎哉！

恒山辨

恒山之辨，紛紛不一。康熙甲子秋，余以書問于唐縣鄭昱，鄭答云：「太行綿亘數千里，恒山自太行分支，大茂山則恒山之一峰，非專指此爲恒山。」余聞其言，乃知《禹貢》以太行、恒山並言，猶之《西銘》本從《正蒙》出，而言横渠之書者，並稱《西銘》、《正蒙》耳。至大茂山之爲恒山，猶之「乾稱父，坤稱母」，此二語爲《西銘》之文，而《西銘》之文則固非止此二語也。天下山川之名，有分有合，大抵如斯，紛紛之論，皆知其一，不知其二者也。如大伾山在濬縣東南二里，不與西山諸山相接，則異乎恒山、太行矣。

滹沱河辨

按：《漢書·地理志》以滹沱爲《禹貢》九河之徒駭，蔡九峰謂滹沱不與古河相涉，而取酈氏、程氏之説，謂九河之地已淪於海。《深州志》載嘉靖時深州知州山陰錢楩云：班固以滹沱爲徒駭，未必無據。禹時黄河北流，西山諸水皆東注入河，滹沱其一也。滹沱正在大陸北，不得謂與古河不相涉。九河即恒山以東諸水，逆河即易水，逆與易音相近，呼稍訛耳。黄河自南而北，易自北而南，故曰逆河，相合東行，趨入直沽，故曰「同爲逆河入於海」。葢直以今保定、真定諸水爲九河、逆河，皆天作之川，禹特疏而合之，而非分河之謂也。又謂：漢唐諸儒，以九河在滄州、南皮、東光間者皆非。滄州、南皮、東光，皆在大陸正東，且濱海矣，又何藉于分播耶？大陸北播，經有明文，滹沱爲北播之始，易水爲北播之終。其説似是。但如此，則《禹貢》「九河既道」之文，應在冀州，不當在兖州矣。先儒求之東光、南皮之間，又求之碣石之海，而謂滹沱與古河不相涉，豈無謂哉？洪荒之事，本難臆斷，存之以備一説可也。

黍稷辨

《良耜》詩曰：「載筐及筥，其饟伊黍。」鄭氏箋云：「筐筥所以盛黍也。豐年之時，雖賤者猶食黍。」孔疏云：「《少牢》、《特牲》，大夫、士之祭禮，食有黍，明黍是貴也。《玉藻》云『子卯稷食菜羹』，爲忌日貶而用稷，是爲賤也。賤者當食稷耳。」《黍離》詩孔疏云：「黍言離離，稷言苗，則是黍秀稷未秀。《出車》詩云『黍稷方華』，二物大時相類，但以稷比黍，黍差爲早。」朱子《詩傳》云：「稷似黍而小。」《爾雅》云「粢稷」，邢疏云：「《左傳》粢食不鑿，粢者稷也。《曲禮》云『稷曰明粢』是也。郭注：『今江東人呼粟爲粢。』然則粢也，稷也，粟也，正是一物。而《本草》稷米在下品，别有粟米在中品，又似二物，故先儒甚疑焉。」今按《真定府志》有「粟」、有「黍」、有「稷」，而「稷」下注云：「土人咸以飯黍爲稷。」愚嘗合而觀之，黍貴而稷賤，黍早而稷晚，黍大而稷小，黍穗散而稷穗聚。稷即粟也。今俗所謂小米者，稷也；所謂黄米者，黍也。黍有粘有不粘，不粘者飯黍也，粘者釀酒之黍也。其辨甚明。自土人以飯黍爲稷，而黍、稷、粟之辨遂淆。然《本草》已分稷與粟爲二種，則其相沿之訛，非一日矣。天啓時，新城王象晋作《羣芳譜》，近時江右張自烈作《正字通》，亦皆指飯黍爲稷，甚矣俗訛之難辨也。《真定府志》輯於雷禮，雷博物多聞，一言而解先儒之惑，善哉！

《小雅·甫田》疏又云：「《春官·肆師》注：『粢，六穀也。』則六穀總爲粢。《天官·甸師》注：『粢，稷也。』惟以稷爲粢者，以稷是穀之長，爲諸穀之總名。」愚按：稷賤而小，然爲穀之長者，以其多歟？今土人獨指粟爲穀，豈非亦以其爲穀之長而專此名歟？稷之爲粟，更無疑矣。靈壽春秋祭至聖先師，以飯黍當稷，而不用粟，是無穀之長也，可乎？又稷有別種，穗如狗尾草而味最美者，謂之粱。《詩》「維糜維芑」注云「糜，❶赤粱粟；芑，白粱粟」是也。朱子《鴇羽》詩注亦云：「粱，粟類也。」《明會典》載祭先師用黍稷稻粱，是此粱今或以高粱當之者亦非。至若《齊民要術》云：「古者以粟爲黍稷粱秫之總稱，而今之粟在古但稱爲粱。」《爾雅翼》曰：「粱者，黍稷之總名。」皆謬論矣。可疑者，惟朱子《詩傳》謂黍「苗似蘆，高丈餘」。按黍苗無高丈餘者，此似指高粱爲黍。然高粱雖有蜀黍之名，乃別是一種，非粱亦非黍也。意朱子仍先儒之説而未改歟？

---

❶「糜」，原作「穈」，今據《毛詩》改。

荼蓼辨

苦菜俗名曲曲菜，《詩》謂之「苦」，亦謂之「荼」。按《詩正義》云：《爾雅》有「荼，苦菜」，又有「荼，委葉」。《邶風》「誰謂荼苦」，即苦菜也。《周頌》「以薅荼蓼」，即委葉也。鄭於《地官·掌荼》注及《既夕》注，與《鄭風》「有女如荼」箋，皆云「荼，茅秀」，乃是茅草秀出之穗，非彼二種荼也。依此則《邶風》之荼與《周頌》之荼是二物。而朱子《邶風》詩傳云：「荼，苦菜，蓼屬也。詳見《良耜》。」《大雅》「堇荼如飴」傳亦云是蓼屬，則《邶風》、《周頌》之荼是一物。又《正義》：《周頌·良耜》章，王肅云：「荼，陸穢；蓼，水草。」田有原有隰，故並舉水陸穢草。依此則荼與蓼是二物。《内則》云「濡豚包苦實蓼」，亦似是二物。而朱子《詩傳》謂一物而有水陸之異。前後儒者所見似不同。愚謂草木之類，有種一而臭味别者，故荼與蓼，一物而有水陸之異；《邶風》之荼與《周頌》之荼，一物而有苦菜、穢草之異。《正義》以其分者言之，朱子以其合者言之，非牴牾也。或疑蓼亦有陸生者，此則必荼之别種，俗呼爲蓼爾。

幽閒貞静解

《周南》之美后妃，曰「窈窕」，朱子以「幽閒貞静」解之。説者謂幽則深潛，閒則安重，深潛而不淺露，安重而不輕佻，此貞静之德容也。愚謂后妃初不自知爲幽閒貞静，只是如雎鳩之摯而有别。雎鳩，人未嘗見其乘居而匹處。四爲乘，兩爲匹，乘居則亂而不摯，匹處則狎而無别，不摯無别，則淺露輕佻之態形焉，不貞不静可知矣。摯而有别，自不淺露而見其幽，自不輕佻而見其閒，貞静可知矣。故幽閒貞静者，人之見后妃也。摯而有别者，后妃所自處也。孟子言夫婦有别，而不言摯者，摯不待言也。《中庸》言「經綸大經」，綸也者，摯之謂也，經也者，有别之謂也。漢儒所云驩然有思者，摯之謂也。所謂粲然有文者，有别之謂也。然則《周南》所以爲王化之基者無他，亦曰摯而有别而已。

三魚堂文集卷之三

雜　著

貢助徹論

論者疑帝王之道，同條共貫，而若貢、若助、若徹，何以異名？五十、七十、百畝，何以殊制？且殷周之天下，猶是夏后之天下，殷周之民人，猶是夏后之民人，度田非加益，而計民非加少，夏田五十，而殷周過之，其何以給？況疆理有定制，溝洫有定域。自五十而變爲七十，自七十而變爲百畝，必將移易其阡陌，變更其川澮，土地之所宜，時勢之所易，而其有不便者，則固不必盡以吾法繩之也。夏之五十，殷之七十，周之百畝，特言其大略如此，而豈必當日之天下，較若畫一耶？立法以垂後者，所以明一王之大典也。審勢以合宜者，所以順天下之大情也。以法權勢，而以勢權法。是故可改者改之，而不嫌其異；可易者易之，而不虞其擾；可增者增之，而不憂其不給。噫，此立法之意也，而紛紛之説可以不作矣。然則何以知之？曰：考之周而知之。周之世固以徹爲法也，而當時侯國，有疆以周索者，有疆以戎索者，可見先王未嘗爲一切之法，强天下而同之也。不然，不顧土宜，不揆時勢，而惟一切之法是爲，則是王莽之周官，安石之新法，以私意罔民者耳，豈先王取民之制乎？

始經界論

古今聖賢爲政者多矣，曷必以經界爲始哉？奚獨於滕必始於經界哉？吾知孟子之言，度當日之時、當日之勢而言之，非謂凡有國者皆當如是也。

蓋戰國之時與春秋異，滕之勢與齊、梁異。春秋之時，經界固未嘗亂也。雖「税畝」、「丘甲」已非先王之舊，然但擴其什一之制，未嘗易其溝塗之位，但因田以加賦，未嘗因賦以壞田，則行仁政者，自不必以經界爲急也。至戰國而經界盡壞矣。自周興至於七國，歷歲彌遠，其制固不能不就湮。且當時諸侯，皆擴土數圻，地大則統攝爲難，而姦弊易起。而一時富强之臣，又争言盡地利之説，以阡陌爲無益而盡闢之，於是先王溝塗封植之制，不可復問矣。世之君子，雖有志於仁政，將何所憑乎？是故經界之在春秋，與在戰國，其緩急固不得不異也。然其在齊、梁猶緩，而在滕獨急者，何故？齊、梁之國方且窮兵黷武，方且嚴刑重斂，今日出師，明日略地，使人曾不得聚廬而處焉。徭賦煩興，丁男轉運，使人曾不得粒食而飽焉。嚴其文網，峻其法令，使人曾不得手足而措焉。民方困憊而無如何也，何暇議先王之丘甸哉！且當政殘吏酷之世，而欲易其疆壟，變其溝洫，舉百年湮没之制，一朝釐定之，國必大擾。是故其所急者，在寬刑斂，戢兵戈，以與民休息，而經界之説，且以爲後圖。何者？虐政未去，則仁政未可舉也。若滕則彈丸耳。其疆理易考也，其山川易悉也，其原隰易甸也。無攻城略地之擾，無頭會箕斂之苦，無踊貴屨賤之酷。雖悉索敝賦以供强鄰，國且駸駸乎有不虞之憂，而幸而無事，則修廢舉墜，固易易也。然則清經界以爲仁政之始，其時當爲，其勢可爲，固莫如滕矣。此孟子所以斷然以是爲始歟？

或曰：經界之始，獨滕爲然，然則齊、梁之國，經界壞極矣。使必待刑清政簡、國内無事，然後可定，則當其未定之先，民之困於古制之湮者，不知凡幾矣。夫去患者必先其甚，其甚者既去，而後其他可得而去也。故非謂齊、梁之國經界可緩，而寬刑斂、息兵戈，正所以徐爲經界之計耳。使徒知經界之爲急，而不察其時勢，驟舉而行之，其不至病於民者幾何。吾故曰孟子之言就滕言之，而非謂凡有國者皆當如是也。後世如宇文融之括田，王安石之方田，亦自附於孟子經界之意。然以開元、天寶之荒淫，熙寧、元豐之紛擾，不知清其原本，乃欲就民間土田，較其毫釐分寸，徒使奸民猾吏借以成私，而不可究詰，豈非不達於時勢之故耶？後之君子，有志於仁政而欲行聖賢所言者，其必審於時勢也哉！

泰伯三讓論

説者曰：伯之讓，讓周也。太王有立季歷之心，伯知之而逃，遂使季之後終有天下，是爲以天下讓。嗚呼！是未嘗深原乎古人之事，而猥以己意揣測之者也。

夫使太王果有立季歷之心，則亦何足爲太王？廢長立幼，此晉獻、齊景之所爲，而謂太王爲之乎？即曰季歷生昌，有聖德，使泰伯嗣位、昌爲之佐可矣，豈遂以是廢長幼之倫哉！且如太王果欲立季，則是非正也，邪也。伯探其父之邪志而成之，可謂至德乎？然則其爲讓奈何？曰：伯非讓周也。太王之欲立季歷，在伯既去之後，不在伯未去之前也。季歷之天下，因伯之讓而有，而伯之讓，不爲季歷也，伯非讓周也，讓商也。讓商也者，太王有翦商之志，而伯不從；伯不從，而周不遽王，商不遽亡，是之謂以天下讓云爾。

考之周史，太王遷岐，在小乙之世，繼而武丁中興六十年，商道方隆，太王何自有翦商之志？泰伯又何自以天下讓？曰：是不然。武丁之中興，泰伯之讓成之也。使泰伯不讓，則武丁不中興。何則？史稱小乙之世，商道寖衰。是時六七作之賢聖已遠，而恭默思道之君，猶在民間，商之不絕如綫。而周以積功累仁之後，加之以太王之英明，綱紀益修，德澤益廣，國勢益强，天下歸太王於小乙之世，猶其歸文王於辛受之世也。而泰伯又以明聖顯懿之資，佐乎其後，使太王主之，泰伯從之，商之不祀，豈待孟津之會哉！泰伯知其勢之不可止也，是故以身去之。泰伯去，而太王以遲暮之年，王季又當儲位初定之日，勢不能以及遠，然後天下之歸周者稍衰，商之勢得以稍安，而徐俟夫賢聖之君出而振興之，此泰伯之志也。故武丁之興，泰伯成之也。蓋泰伯之志，猶之文王，文王之權在己，故率六州以事之，而直行其臣節；泰伯之權在父，故逃荆蠻以避之，而曲遂其忠貞。文王不幸而遇紂，故六州之事，不得不變爲牧野之師，而名以相形而愈著；泰伯幸而終遇武丁，故荆蠻之逃，止見爲家庭之變，而名遂相泯而不彰。要之，兩聖人之德，則一而已矣。噫！泰伯所以爲讓者如此，泰伯之讓所以爲至德者如此。夫子懼天下之民不知稱也，故表而出之。而後世乃曰讓周也，非讓商也，則是泰伯之讓，與魯隱、宋宣、子臧、季札之徒無異也。夫魯隱、宋宣、子臧、季札之徒，《春秋》譏其啓亂矣，泰伯之讓而如是也，夫子肯謂之至德耶？甚矣，其不深原乎古人之事，而猥以己意揣測之也。

雖然，以泰伯爲讓商是矣，以太王爲翦商，無乃非人臣之義乎？曰：不然。泰伯，守天下之大經者也；

太王，通天下之大權者也。太王翦商之志，猶武王誓師之志；泰伯讓商之心，猶夷、齊叩馬之心。故知武王與夷、齊之無異者，則知太王與泰伯之無異。不然，以太王之明，豈不知泰伯之志？以泰伯之德，豈不足以感動乎太王，而乃父子相戾若是也哉！

衛公子荆善居室論

夫爲人臣者，以尊主庇民爲善，不聞其以保家守位爲善；以扶危定傾爲善，不聞其以寡取節用爲善。使荆也上之能佐其君，復康叔、武公之舊，翼戴王室，比隆豐、鎬；次之足國强兵，招攜懷遠，號令諸侯，擬跡桓、文；下之修守備，睦强鄰，有保境息民之功，使天下稱之，曰衛有人焉，是爲善耳。區區居室，何足道哉！而荆也不然。荆之時，非無事之時也。内則君荒於上，臣佞於下；外則齊、晋交逼，國無寧歲。荆也沉默其間，無所建明。直諫則不如史魚，先幾則不如蘧瑗，推賢讓能不如公叔發，攻城野戰、斬將搴旗不如王孫賈，應對賓客、善事鬼神不如孔圉、祝鮀，衛之不亡者，數人之力，而荆無與焉。齊豹之亂，爲公驂乘，矢集於肩，此亦計窮勢極，不能自免，故就傷耳，原其所由，與仇牧、荀息異矣。乃僅節嗇於家室之間，爲持盈保滿之計，若荆者，可謂不墜其室矣，善則未也。彼季札之衛，而稱爲君子，蓋其謙退守節，適與札相類，故咄咄歎賞，以爲賢耳，豈至論哉！乃夫子亦振振焉稱之，何居？噫，此夫子之不得已也。

春秋之大夫，驕侈極矣。魯三桓，鄭七穆，齊田、鮑，晋趙、魏，衛孫、甯之徒，紛紛以豪富相尚，無有紀極。大者竊國，小者僭擬，其禍皆始於貪冒之無已，務富其室而不恤其他。曩令盡如荆之循序有節，不凌上，不踰分，何至横溢如此之極哉！是故有臺門旅樹之侈也，而後見守節之可貴；有《肆夏》八佾之僭也，而後見循分之可嘉；有争田重幣、買環請帶之貪也，而後見寡欲之不易。素絲退食之風渺，而有不貪爲寶者即以爲良臣；赤舄几几之度遥，而有不侵其上者即以爲名卿；夙夜匪懈之節希，而有不縱其欲者即以爲碩彦。夫子之取荆也，猶之作《春秋》而美齊桓、晋文云耳，猶之論仁而取管仲云耳。而或者謂仲虺之稱湯，曰不殖貨利，此與荆之不瀆於貨何異？謂夫子不得已而取荆，豈虺亦不得已而取湯耶？是又不然。不殖貨利之心，充之則可以保四海，守之則僅及乎一室。荆守之而湯則充之者也。使湯無以充之，而區區守不殖之心，亦烏能彰信兆民，而表正萬邦也哉！

然則季文子之妾不衣帛，馬不食粟，晏平仲之豚肩不掩豆，其儉節過於荆矣，夫子欲風有位，不取彼而取此，何哉？曰：聖人之論，中而已矣。二子之行，非中也。世雖多詐僞，而尾生之信不可取；世雖多争奪，而宋宣、魯隱之讓不可取；世雖多奢侈，而文子、平仲之儉不可取。聖人之慮天下，亦詳矣。嗚呼，以此爲訓，後世猶有不食兄禄如田仲子、脱粟布被如公孫弘者，猶有親執牙籌如王戎，紫絲步幛、赤石脂塗壁如王愷、石崇者。

原壤論

《論語》「原壤夷俟」，《集註》謂壤蓋老氏之流，自放於禮法之外者。愚謂壤爲老氏之流信矣，而非墨守老氏者也。使其墨守老氏，則將跳梁倔强，如接輿、荷蕢之不可羈絆，夫子豈得而折辱之耶？夫子可以折辱之，則知其尚有可教之機，而非墨守老氏者矣。何則？壤乃夫子故人，夫子必嘗習與之言，壤亦必聞夫子之道而慕之。夫子之道，足容重，手容恭，正其衣冠，尊其瞻視，禮樂不可斯須去身，此必壤之所素知，豈惟素知，必嘗歎其與老氏之教，如雅鄭朱紫之不同，亦必嘗於夫子之前强爲恭敬。顧其放蕩之習，浹乎肌膚，藏乎骨髓，雖暫息乎矜持之際，而卒然之間，不覺其發露，是夫子所深惜也。方其母死，登木而歌，夫子若爲弗聞也者而過之，是其狂方熾之時，未可教誨。至此則漸漬乎洙泗之風，稍知有禮義矣。乘其舊疾之發，藥而瘳之，此與鳴鼓之攻，同一剛克之意。故曰：壤非墨守老氏者也，可惜者，其終不能改耳。使其因夫子之教而克改，則當在七十子之列，而《史記》、《家語》弟子傳中，皆不見有壤，《論語》自叩脛之後，亦不復見壤，則其終身自棄，乍明乍闇，乍恭乍肆，禮義不能勝其氣稟，學問不能勝其私欲可知。親炙於高山景行，而卒不免陷溺，如壤者，豈不可哀也哉！

公伯寮，季氏之黨，愬子路，沮夫子，子服所欲肆諸市朝者也，而自漢以後，皆列在七十子内，意其必悔過自新，服膺聖教，故能如此。冉求聚斂，宰予短喪，卒成賢者，皆此類也。惜壤之不能如寮、如求、如予耳。人之賢愚，何常之有。苟能自奮，則雖得罪名教如公伯寮，不難登堂入室，而況不至如寮者乎？不能自奮，則雖親受聖人之提撕警覺如原壤者，亦終於汩没，而況拾其糟粕、得其影響者乎？然而爲壤者常多，爲寮者常少。甚矣，克己之難，而變化氣質，非賢者不能也。

然則夫子之叩，果無益乎？是又不然。曩非夫子深責壤，則箕踞佻達之徒，將滿天下，無復忌憚。自壤脛一叩，而萬世知夷俟之不齒，其爲世教之防維大矣。且壤雖不得列於七十子，而一叩之後，不至愈甚，猶未如嵇、阮之猖狂，孰謂聖人之教無益哉？

衛輒論

「正名」章朱子論之詳矣，《語類》中有一條，問：「胡氏之説，只是論孔子爲政正名，事理合如此，設若衛君用孔子，孔子既爲之臣而爲政，則此説亦可通否？」朱子曰：「聖人必不肯北面無父之人。若輒有意改過遷善，則孔子須先與斷約，如此方與他做。以姚崇猶先以十事與明皇約，然後爲之相，而況孔子乎？若輒不能然，則孔子決不爲之臣矣。」此一條答「待子爲政」之旨已十分明白，若如王陽明所云，令子迎其父，父讓其子而不居，仍令輒得國焉，即留養其父於宮中，盡父子之禮，如後世太上皇之類，此正是世俗之見，未嘗以義理事勢深揆之也。當年蒯聵得罪於父，若使父没而晏然歸國，受其子之養，是匡章之所大不忍也，而謂孔子肯教蒯聵爲之乎？蒯聵既義不可歸國，而輒可安於其位乎？此以義理揆之而有不可也。且當時南子尚在，蒯聵歸國，不知何面目以見南子，能保其不相殘乎？況以蒯聵之暴戾，使其歸國，肯袖手讓其子乎？萬一蒯聵不讓，國人不服，衛國之亂，未有艾也。此以事勢揆之，而有不可也。故爲輒計者，惟有奉公子郢而立之，斯爲求仁得仁。孟子論瞽瞍殺人事，正是如此。《集註》取胡氏之説，恐未可謂誤也。

靈壽志論二十條

泮宫修而《魯頌》作。學舍鞠爲園蔬，博士倚席不講，而漢道衰。學宫之關係，豈不重哉！自明季以來，有司困於掣肘，習於因循，求如文翁興學於蜀，常袞興學於閩，蓋難言之。而地方士大夫率多自急其私，雕牆峻宇，經營家室，惟恐其不華且固，而於出身之地，曾莫顧而問焉，宜其日敝哉。興起之責，吏於其土與生於其鄉者，均無膜外視焉可矣。右論學宮。

從祀諸賢，經累朝論定，殆無遺議。惟嘉靖九年增入陸象山九淵，萬曆十二年增入陳白沙獻章、王陽明守仁三先生，雖皆一時賢者，然學近於禪，與孔門之旨不免莛楹。學者取其長而去其短，庶幾爲善學三先生者。至漢儒鄭康成，歷代從祀，嘉靖九年，以其學未純，改祀於鄉。然其所注《詩》、《禮》，現今行世，程、朱大儒亦多採其言，恐不當與何休、王肅輩同置門牆之外。若以其小疵而棄之，則孔門弟子亦有不能無疵者，豈可以一眚掩大德乎？右論從祀。

余讀《安州志》，言祀事之失嚴敬，曰：「壇壝廟宇，宿莽積塵，神主龕籠，傾欹破毀。几案皆鳥鼠之迹，庭除有人畜之糞。及祭祀屆期，齋戒視爲虚文，執事何嘗告戒。拂拭者濁膩重重，滌濯者污垢斑斑。菹醢不問生熟，犧粢未知精潔。帶泥連草之菁芹，含蛀蒙塵之棗栗。凡百供陳，盡託僕隸，師生不躬親，有司不省視。」嗚呼！今天下如此者多矣，豈獨安州哉！魯秉周禮，禘自既灌而後，夫子猶不欲觀，而況如今日乎！知禮君子，其知敬畏哉！其知敬畏哉！又論。

署者，出政之地也。自居之者以傳舍視之，而署乃多廢。彼前賢之一日必葺館、信宿必掃地者，獨何謂乎？蓋不以傳舍視官者。斯不以傳舍視署，然則當民窮財盡之際，則如之何？曰：如衛文公之務財勸農、通商惠工、敬教勸學、授方任能，而後楚丘作焉，斯善矣。右論公署。

國家以科目取士，原非謂所取者盡賢也，意其中或有賢者耳。宋太宗謂豈敢望拔十得五，得一二足矣。士之列於科目者，思太宗之言，豈不當汗出發背也哉！前輩特由此以進身，而所重初不在此也。學者不可不知。右論科目。

分野之説，賈公彦謂古者受封之日，歲星所在之辰。僧一行謂是山河之首尾，與雲漢之升降相應。論者往往疑其不同，余以爲二説一也。賈公彦言其流，僧一行推其源而已。惟山河與雲漢旁之列宿相應，故歲星在其地則受封，雖千百世皆如是占可也。右論分野。

地丁之額，不過一時所定，自當視民力爲上下。故《禹貢》賦法有上上錯者，有下上上錯者，有下中三錯者，未嘗以一定之額責之民也。以一定之額責之民，此孟子所謂糞其田而不足，則必取盈焉者也，豈經久可行之道哉！余考各州縣折徵糧之法，輕重懸殊，求其所以然之故，蓋因萬曆九年丈量，是時江陵當國，政尚嚴切，有司不敢缺額，故各以其原額之糧，派於所丈之地。地寬者糧輕，地窄者糧重。如元氏縣，上地每三畝六分七釐四毫，折徵糧地一畝，至下下地，則每十一畝折徵糧地一畝。以靈壽較之，不啻倍蓰，則拘於額之故也。又考《明會典》户口之數，洪武二十六年，天下户一千六十五萬二千八百有奇，人口六千五十四萬五千八百有奇；弘治四年，天下户九百一十一萬三千四百有奇，人口五千三百二十八萬一千一百有奇。以弘治全盛之世，而其户口反減於洪武，豈非當時軫恤民隱，舉疲癃殘疾鰥寡孤獨盡去之，所以額賦驟減如此。至萬曆六年，天下户口又復與洪武相等。由此言之，不缺額者，莫如萬曆之世也，而言明祚之衰，必始萬曆；缺額多者，莫如弘治之世也，而言明祚之盛者，必首弘治。《左氏傳》稱尹鐸損晋陽户數，而趙氏世賴之，其弘治之謂歟？損額之利，孰與增額？甚矣，額之當因時隨地，而不可必取盈也。國初定鼎，懲明之覆轍，荒糧逃丁，不惜豁免，民力稍甦矣。然煢獨之未得上聞者，猶不乏也。自承平以來，有司謹守原額，如天經地義之不可移易。鳩形鵠面之人，呼天搶地，無所告訴。甚則人已亡而不肯删除，子初生而責其當差，溝中之瘠，猶是册上之丁，黄口之兒，已入追呼之籍。苟無缺額而已，遑恤其他。嗚呼，額之厲民，一至是哉！司牧者誠三思於《禹貢》之錯法，尹鐸之保障，願爲弘治之盛，而勿學萬曆之弊。視其時與地而上下焉，吾民其庶幾乎。右論審丁。

學者多言井田，然觀《周禮·載師》之士田、賈田，皆不用井法。而《左氏傳》載楚蔿掩定土田，自度山林至井衍沃，有九等之殊。是一國之地，有井有不井也。祝鮀言魯、衛、晋之始封，有「疆以周索」、「疆以戎索」之異。是天下之國，有井有不井也。孟子所謂「野九一」、「國中什一」者，恐亦就滕之地勢言之耳。余觀靈壽地形，高下不齊，肥瘠各殊。其在三代以前，亦所謂疆以戎索者耶？隨其土宜，定其經界，斯善言井地者哉。至若徵斂之法，近代大率多本唐之租庸調及兩税。《元史》言元制，取於内郡者，曰丁税、曰地税，此倣唐租庸調也；取於江南者，曰秋税、曰夏税，此倣唐兩税也。今州縣或分地、丁爲二，即租庸調法；或合地、丁爲一，而總派於地，即兩税法。二法各有利弊，去弊就利，亦存乎其人焉。右論賦税。

差役、僱役，各有利弊。傅承問有疏言差役之善，僱役之不善，至詳悉矣。然良民之畏役已久，惟游惰之民，樂於爲之。欲禁樂者之不爲，而驅畏者使爲之，此勢之至難也。此法行，勢必良民陰僱游惰之民，在官以爲差役，在民則仍僱役，特官僱與民僱殊，而游惰之民充役則一。且官僱則有定額，民僱則誅求無已。

其或犯法，究及僱者。利則歸於游惰，害則及於良民，其爲弊更無窮。此熙寧、元祐大臣所以各持一見，而不能定論。治者止可因其弊之最甚而稍通融之，難以一概論也。《周禮》有轉移執事之游民，僱役之法，恐不待後世而始有。大抵治之得失在官，不在吏。官誠賢，則雖僱役亦足以爲治；官誠不賢，則雖差役亦足以生奸。讀此疏者，知僱役之害而謹防之可矣，若欲舉其法而盡變之，亦未易言也。至疏中云「原設工食，除冗役扣解充餉，而所留者仍給見役」，此亦可商。今賦役書所載各項工食，皆民之僱役錢也。如役當留，則此工食固應給役；役不當留，則此工食應還之民，或即以補現役之不足者。若扣解充餉，是朝廷既役民而又得其錢也，可乎？先生一時之言，未慮及此，敢僭論之，所以推廣先生憂民之心也。右論役法。

馬從聘有摘陳漕政一疏，内云：「今日治河之病，原自有在，而黄堌之塞止不與焉。夫黄河善淤，其來遠矣。故沿河州縣，俱設有淺夫，原爲挑河而設。如夏鎮額夫一千二百五十四名，徐州額夫三千五百一十六名，邳州額夫八百三十五名，雖他處夫數不同，總之計道里遠近以爲多寡，自足供一處挑河之用。使當水落灘見之時，即率前項夫役，於灘淺所在，逐段挑深，俟伏秋水至，衝刷一空。黄雖善淤，安得數十年間，河身遂高與城齊也。惟是前此治河者，創爲束水滌沙之説，歲增長隄若干丈，歲築埽壩若干處，即謂治河得善策矣，而不知此朝三暮四之術也。所謂束水滌沙者，果遂能滌之以歸於海乎？無論旋滌於此，復停於彼，且河水暴發，併前隄壩，盡化而爲河身矣，此與載土實河者何異？河身安得不日高也！蓋由河官以挑淺則用力勞而無可見之績，築隄則取效速而有可紀之功，所以相率日習於非，而不自覺耳。如蒙勅下總河大臣，督行各管河官，除水漲冰凝之候，即率各處之淺夫，挑各處之河道，總河但時加稽查，勿令虚曠。則河道不日深通而壅徙之爲患者，臣不信也。」蓋公議治河，不滿於潘公以水刷沙之論云。右論河漕。

余聞之，太行綿亘數千里，傍真定諸縣之山，大抵皆太行也。今志列之曰某山某山者，猶江、漢之分爲沱、潛，河、濟之分爲灘、沮也。好奇之士，見其一峰一嶺，往往驚駭而嗟異之，而況觀太行之全勢者乎！滹沱、慈水，皆穿太行而入海，在靈壽者，特其上流耳。觀山川者，其毋囿於一隅哉！右論山川。

古蹟信而有徵，斯足貴焉。如漢世祖滹沱冰合之事，談者皆言在饒陽南，而靈壽又有忽凍村，兵行間道，亦或有之，然不可考矣，疑則傳疑可也。萬曆中，知縣周官立碑於河上，大書特書曰「光武冰堅可渡處」，此豈《春秋》書「夏五」、「郭公」之意哉！至若《寧晋志》云：「邑有名勝，可以登眺游覽，以云雅致韻事，則得矣。然往往有一丘一壑之奇，一峰一石之美，一亭一臺之異，一水一碑之佳，而賓客絡繹，上司往來，供億費煩，地方受累。甚至釋道之募棲，士女之樂遊，損財誨淫，廢時失業恒因之。故古蹟鮮少，地方一幸。」斯爲民生利病起見，固君子之言哉。然果係古蹟，亦何忍聽其湮没也。使好奇之士，聞此言而慄然不寧，勿以遊覽病民，致憂時君子歸怨於古蹟，則可矣。右論古蹟。

物生於天而成於人。嘉禾必植，稂莠必剪，雞豚必畜，虎豹必遠，要使各得其所而已。孔子言學詩多識鳥獸草木之名，豈欲其廣異聞、資談説已耶？夫亦民生日用之物，有天下國家者，所當裁成輔相，學士不可不知者耳。不然，《山海經》、《博物志》，不賢於三百篇哉！右論物産。

龍王者何？其地祇之主龍者歟？抑古豢龍、御龍之類歟？古者祈雨，天神則有風伯、雨師，地祇則有名山、大川。隋唐間祈雨，初祈嶽鎮、海瀆及諸山川能興雲雨者，七日乃祈社稷及古來百辟、卿士有益於民者，又七日乃祈宗廟及古帝王有神祠者，又七日乃修雩祈神州。宋興，始有五龍廟及九龍堂之祈，蓋龍神之祀，於古無聞，有之，自宋始也。至廟貌冕服，擬於王者，特世俗從二氏之説耳。右論龍王。

藝文志上自廊廟得失，下至閭閻疾苦，無所不録，惟歎老嗟貧、誇多鬭靡、嘲風弄月之辭，則無取焉。韓退之文號起衰，然《感二鳥賦》、《上宰相書》，皆其少年作，君子恥之。司馬相如《上林》、《子虛》，載在漢史，然黄東發謂文所以載理，豈有不關義理而可言文？張幹臣先生有言：後生學李白詩何用？如何不學好人，却去學醉漢？彼於藝文，皆超軼絶倫，猶然可鄙，況尤而效之者乎！《易》六十四卦，三百八十四爻，未嘗言太極，然無非太極也。若此類，於太極何有哉！右論藝文。

世治則重孝義，世亂則尚游俠。太史公作《史記》，於孝義之士，未見表章，而劇孟、郭解之徒，顧津津稱道之，長輕薄之風，而滋驕横之習，何其陋也！嗚呼，此其所以爲遷歟？故知孝義、游俠之分，則可與論世，可與守身矣。右論孝義。

「八蜡」見於《禮記·郊特牲》，鄭康成註云：「先嗇一也，司嗇二也，農三也，郵表畷四也，貓虎五也，坊六也，水庸七也，昆蟲八也。」孔穎達疏云：「王肅分貓虎爲二，無昆蟲。鄭數昆蟲、合貓虎者，昆蟲不爲物害，亦是其功。」或疑昆蟲害苗，不當祭，似王説爲優。不知祭非祭昆蟲，乃祭主昆蟲者也，鄭、孔之説何病！又按古祭八蜡在十二月，近代則於春秋丁祭之後，蓋取春祈秋報之意，亦各有其義也。右論蜡祭。

昌國君勳名德器，前史載之詳矣。余獨怪其報燕惠王書，所侈陳者，「大吕存于元英，故鼎反乎磨室」，而弔民誅暴不及焉，豈猶未免戰國氣習歟？至其語意藹然，有仁人君子之風，雖儒者豈能遠過之哉！右論樂毅。

史稱曹武惠宋良將第一，及考之史，其開國元勳固自掀揭，然猶有及之者。至於善戢下，不妄殺一人，不自矜伐，不冠帶不見吏，平生未嘗言人過失，則類非諸將之所能及矣。然則謂之爲宋良將第一，不亦宜乎！右論曹彬。

玉生於山，而成珪璋之用者，琢磨之力也；木生於山，而勝棟梁之任者，繩墨之功也。余觀前代名臣，磊磊落落於天壤間者，雖地靈固殊哉，亦由其發奮刻勵，能自拔於流俗也。人苟能自奮，何可限量耶？雖洙泗洛閩，無不可幾及，而況欒、曹諸公乎！右論名臣。

大學說

涇陽以爲致知不必窮至事物之理也，窮至事物之理，乃是訓詁、記誦、詞章之習，豈性學哉。故定傳，即以本末傳爲致知格物傳。

唱此知本性學，尊經者，尊此性學之經；立志者，立此性學之志；審幾者，審此性學之幾：非率人入空門而何？

知本說

五倫本於五性而成，親義別序，性之五善，確有可據，何必懸空説一「察」字，涇陽不指點破，何耶？陽明四句宗旨，辨之確矣，尚取其致良知之説，何歟？更定《大學》，不遵朱子，以補傳爲非，説得鶻鶻突突，沉淪於釋學，其失易辨；涇陽信服乎良知，單排宗旨，其誤難窺。《大學》知本，明明有明德修身，必渾言性善，乃曰善者性之實也，善存而性存矣。

性學説

五性合三達德，乃是聖學之性。異學之性，中國則有告子「生之謂性」之性，西土則有佛家「作用是性」之性。兩性專以知覺運動者言，人與物同蠢然之性也。斷絕五性，而三達德靡所用，全向氣上發露，而佛家之明心見性，乃無吾性之知仁勇。

白鹿洞規説

陽明提致良知，驅人入禪。涇陽提知本，講性善，亦驅人入禪。人人参性爲學，談性爲問，認性爲思，証性爲辨。

東林會約説

虚言善也，認差可欲爲善之旨，格致工夫必在博文。今日之四書五經文，君子以文會友，講五倫之可躬行者而已。誠正修工夫必在約禮，日用之作止語默，禮也。君子以友輔仁，共勉於五倫之躬行而已，不必提宗也。五倫有多少，當窮學如不及，猶恐失之。

錢子辰字説

錢子子辰初名樞，一日有志於聖賢之學，奮然曰：「吾惡夫向者之不聞道也！」因改其名曰「民」，而請字於余，且問學焉。余告之曰：「子何以改名爲哉！自古聖賢，豈皆生而聞道者耶？蓋亦有始爲庸人，一旦發憤而力學者矣。方其未學，則人聞其名，而忽之賤之；及其既學，則人聞其名，而重之敬之。名不變，而聞其名者變矣，何以改爲哉！然吾聞之，新沐者必彈冠，新浴者必振衣，惟恐其舊染之污也。子辰志於學而改其名，是亦彈冠振衣之意也。且業已改之矣，然則請改其名而仍其字，可乎？」子辰曰：「吾初之名樞，而字子辰也，蓋取北辰天樞之義。今改其名而仍其字，毋乃名與字不協乎？」余曰：「何爲其不協哉！夫聖人之道，始乎卑，極乎高；始乎邇，極乎遠。其爲道，不過君臣、父子、夫婦、長幼、朋友；其教人用力之方，不過學問、思辨、篤行；其修於身也，不過忠信、篤敬、懲忿窒欲、遷善改過；其處事而接物也，不過曰正其誼不謀其利，明其道不計其功，己所不欲，勿施於人，行有不得，反求諸己。初無高遠難行之事，杳冥昏默不可知之理。而造其極則至於位天地、育萬物。是故卑者，高之基也；邇者，遠之則也。今夫天下之卑且邇者莫如民，而高且遠者莫如辰。子辰誠審乎民之義，則守其庸言庸行，循循乎規矩之中，而勿躐等以進；誠審乎辰之義，則以聖神爲必可學，以參贊爲不足異，而勿半塗而廢。始乎民，終乎辰，聖學備矣。《中庸》曰『夫婦之愚，可以與知』，則民之謂也；『及其至也，察乎天地』，則辰之謂也。《論語》曰：『下學而上達。』下學者，民之謂也；上達者，辰之謂也。子辰勉之哉！」

三魚堂文集卷之四

雜　著

讀孔子家語

《家語・致思篇》孔子曰：「季孫之賜我粟千鍾也，而交益親。自南宫敬叔之乘我車也，而道加行。故道雖貴，必有時而重，有勢而後行。微夫二子之貺財，則丘之道殆將廢矣。」此一條必有爲言之也，猶孟子所謂「雖有智慧，不如乘勢；雖有鎡基，不如待時」云爾，亦就夫時勢之合義者言之耳。若不問義而但求時勢，將何所不至耶？孔子之道，雖大行不加焉，窮居不損焉，豈必待季孫之粟、南宫之車而後不廢耶？豈粟與車遂能操道之權耶？飯疏飲水，菜色陳蔡，道何嘗廢也。

讀正蒙太虚條

《正蒙》云：「由太虚有天之名，由氣化有道之名，合虚與氣有性之名，合性與知覺有心之名。」朱子謂太虚便是《太極圖》上面一圓圈，氣化便是陰静陽動，此是總説。合虚與氣有性之名，有這氣便有這理；合性與知覺有心之名，知覺又是那氣之虚處。此二句就人上説，本只是一个太虚，漸細分説得密耳。九峰蔡氏曰：「横渠四語，只是理、氣二字而細分。由太虚有天之名，即無極而太極之謂，以理言也。由氣化有道之名，即一陰一陽之謂道之謂，以氣言也。合虚與氣有性之名，即繼之者善、成之者性之謂，以人物稟受而言也。合性與知覺有心之名，即人心道心之謂，以心之體而言也。」以朱子、九峰之言觀之，則知張子此四語，備一篇《太極圖説》之意。由太虚有天之名，是指太極之不雜乎陰陽者言之，所謂一故神也。由氣化有道之名，是指太極之不離乎陰陽者言之，所謂兩故化也。下二句則是無極之真，二五之精，妙合而凝以下之事。横渠此條之意，本極精密，《近思録》不載者，豈以其變太極爲太虚，恐滋學者之惑歟？蓋程子嘗言子厚以清虚一大名天道，是以器言，非形而上者。朱子亦嘗言《正蒙》説道理處，如太和、太虚、虚空云者，止是説氣。愚按張子非不知理氣之辨者，程子、朱子亦非病張子不知理氣之辨也。特以其言似止説氣，辭未達意耳。觀其論虚空即氣，云不可謂虚能生氣，亦不可謂萬象爲太虚中所見之物，蓋惟恐人以虚空爲道，而深破其説，謂虚皆是實，雖若以氣言，而理在其中也。但濂溪分氣爲二，曰動、曰静，而太極在其中，不離乎動静，亦不雜乎動静。横渠分氣爲二，曰虚、曰氣，而以太虚爲不雜之太極，太和爲不離之太極。所以朱子謂其落在一邊，辭不達意，以此故耳。《語類》載此條，謂其議論極精密，又謂其有未瑩處，此固不足爲横渠病。若夫所謂氣聚散於太虚，猶冰凝釋於水，朱子謂其流乃是箇大輪迴，此則與程朱不可合者也。

讀朱子白鹿洞學規

朱子《白鹿洞學規》，無誠意正心之目，而以處事接物易之，其發明《大學》之意，可謂深切著明矣。蓋所謂誠意正心者，非外事物而爲誠正，亦就處事接物之際而誠之正之焉耳。故傳釋「至善」，而以「仁、敬、孝、慈、信」爲目。仁、敬、孝、慈、信，皆因處事接物而見者也。聖賢千言萬語，欲人之心意範圍於義理之中而已，而義理不離事物。明乎《白鹿洞學規》之意，而凡陽儒陰釋之學，可不待辨而明。夫子告顔淵「克己復禮」，而以「視聽言動」實之，其即朱子之意也夫！

讀朱子告郭友仁語

《考亭淵源録》一條：「郭友仁德元告行，先生曰：『人若於日間閒言語省得一兩句，閒人客省得一兩人，也濟事，若渾身都在鬧塲中，如何用工？人若逐日無事，有見成飯喫，用半日静坐，半日讀書，如此一二年，何患不進？』」高忠憲纂《朱子節要》，亦載此條。愚按德元曾學禪，此語係德元所記，恐失其真。觀朱子答劉淳叟云：「某舊見李先生，嘗教令静坐，後來看得不然，只是一个敬字好。方無事時，敬於自持，及應事時，敬於應事，讀書時，敬於讀書，便自然該貫動静，心無時不存。」又答潘子善云云，可見朱子未嘗教人静坐，況限定半日哉！愚故謂德元所記，恐失其真。幾亭陳氏以此二語爲朱子教人之法，誤矣。或疑程子見人静坐，便歎其善學。朱子於《復》卦象注曰「安坐以養微陽也」，是言初動之時，宜静也；於《咸》卦初爻注曰「此卦雖主於感，然六爻皆宜静而不宜動也」，是言方動之際宜静也；於《太極圖》注曰「聖人全動静之德，而嘗本之於静」，是言未動之先宜静也，程朱何嘗不言静？不知程朱固未嘗不言静，而未嘗限定半日；且其所謂静者，皆是指敬，非如學禪者之静。又恐敬之混入於禪也，而申言之曰「略綽提撕」。夫敬猶恐其有病也，而況專言静乎！

讀象山對朱濟道語

象山對朱濟道言：「收拾精神，自立主宰。當惻隱時自然惻隱，當羞惡時自然羞惡。」愚按：言收拾精神，何如言敬？敬則主於存天理，收拾精神，則自私自利而已。主於自私自利，則雖略綽提撕如朱子，猶非正學。而況其所謂收拾者，不免如觀心説之所譏耶？大抵象山、陽明、景逸、念臺，皆是收拾精神一路工夫。但象山主静，陽明則不分動静；景逸主静，念臺則分動静。象山、陽明都不要讀書窮理，景逸、念臺則略及於讀書窮理。象山、陽明則指理在心外，景逸、念臺則指理在心内。究竟則一轍。

讀東萊博議

東萊論管仲云：「王道之外無坦途，舉皆荆棘。仁義之外無功利，舉皆禍殃。」此與董江都「正誼明道」之言正相爲表裏。合二公之言，方盡得《孟子》首章之意。

讀離騷

《離騷》「就重華而陳詞」一段，因女嬃譏其婞直，而欲求中正之道；下「叩閽」一段，則欲以中正之道感君；「求女」一段，則欲以中正之道求賢。而一則結之曰「世溷濁而不分兮，好蔽賢而嫉妬」，一則結之曰「世溷濁而嫉賢兮，好蔽美而稱惡」，則非特婞直不可行，即中正之道，亦不可行矣。

讀通考

讀《通考》載何基字子恭，婺州金華人，師黄幹，告以「必有真實心地、刻苦功夫而後可」。基悚愓受命。年八十一卒，謚文定。按何、黄、金、許之書，皆不可不看。而文定所著《學庸發揮》、《大傳啓蒙發揮》、《通書近思録發揮》及文集尤要緊。

讀綱目

宋元嘉十年，魏陸俟嘗爲懷荒鎮大將。未期歲，高車諸莫弗訟俟嚴急無恩，復請前鎮將郎孤。魏主徵俟還，以孤代之。俟既至，言曰：「不過期年，郎孤必敗，高車必叛。」魏主怒，切責之。明年，諸莫弗果殺郎孤而叛。魏主大驚，立召俟問之。俟曰：「高車不知上下之禮，故臣臨之以威，制之以法，欲以漸訓導，使知分限。而諸莫弗惡臣所爲，訟臣無恩，稱孤之美，臣以罪去。孤獲還鎮，悦其稱譽，益收名聲，專用寬恕待之。無禮之人，易生驕慢，不過期年，無復上下。孤所不堪，必將復以法裁之，如此則衆心怨懟，必生禍亂矣。」魏主笑曰：「卿身雖短，思慮何長也！」即日以爲散騎常侍。《綱目》特筆書之，蓋美俟也。按郎孤前之用寬恕，似孔子所謂寬以濟猛；後之以法裁，似孔子所謂猛以濟寬，然以此敗者，何也？是非寬猛之過，用寬猛而不知分寸之過。夫所謂寬以濟猛者，豈可便一於寬？所謂猛以濟寬者，豈可便一於猛？矯枉過正，因噎廢食，此孤之所以敗，而豈寬猛之咎哉！且寬者，德教之謂，董生所云「任德教而不任刑」者是也。非德教而但言寬，豈聖賢所謂寬耶？其後羽林、虎賁作亂，殺將軍張彝，胡太后止斬凶強者八人，亦似合於殲厥渠魁之道，而卒以釀亂，亦此類也夫！

宋元嘉二十二年，魏詔中書以經義決疑獄。《發明》云：「元魏之好尚如此，其亦異乎蒙古之所爲。此《綱目》所以予之。」按明儒之擯元，《綱目》之予魏，固各有其義焉，難以執一論也。尹氏得之矣。

讀宋史

看書不可只見一邊，如《宋史》云：陳淵入對，論：「比年以來，頒賚賜與之費太過，《周官》『惟王及后、世子不會』，說者謂不得以有司之法治之，非周公作法，開後世人主侈用之端也。臣謂冢宰以九式均節財用，有司雖不會，冢宰得以越式而論之。若事事以式，雖不會猶會也。臣願自今錫賚，三省得以共議，户部得以報奏，則前日之弊息矣。」此可見王安石之徒講《周禮》，都只見一邊，所以成病痛。

學者當自省氣質偏處，用力變化。《宋史》載李方子字公晦，性端謹純篤。初見朱子，謂曰：「觀公爲人，自是寡過。但寬大中要規矩，和緩中要果决。」遂以果名齋。此可謂能自變化者。若李道傳字貫之，卧榻屏間，大書「喚起截斷」四字，此又是變化氣質之要法，即所謂慎獨也。

朱子門人李燔，字敬子，嘗曰：「仕宦至卿相，不可失寒素體。」學者常將此語玩味，便覺一切紛華靡麗，俱不足慕。朱門黄幹、李燔並稱，而傳不言燔有著述，此二句便可當一篇大文字。

讀金史世宗本紀

《金史》大定十三年，上謂宰臣曰：「會寧乃國家興王之地，自海陵遷都，女直人寖忘舊風。朕時嘗見女直風俗，迄今不忘。今之宴飲音樂，皆習漢風，蓋以備禮也，非朕心所好。東宫不知女直風俗，第以朕故，猶尚存之，恐異時一變此風，非長久之計。甚欲一至會寧，使子孫得見舊俗，庶幾習效之。」又上御睿思殿，命歌者歌女直詞，顧謂皇太子及諸王曰：「朕思先朝所行之事，未嘗暫忘，故時聽此詞，亦欲令汝輩知之。汝輩自幼惟習漢人風俗，不知女直純實之風，至於文字語言，或不通曉，是忘本也。汝輩當體朕意，至於子孫，亦當遵朕教誡也。」

按世宗之言，可謂不忘本矣，有周公《豳風·七月》之遺意焉。然周公不忘豳俗，至於制禮作樂，則監視夏殷，不純用陶穴陶復之舊。蓋文質得中，然後爲久安長治之道。世宗所謂漢風，乃漢人後進之禮樂耳，以爲不足學固矣，何不反而求之先王文質得中之道，乃沾沾於會寧舊習哉！至於明昌、承安之際，文物粲然。如一拜儀也，公服則用漢拜，若便服則各用本俗之拜，可謂損益得宜矣，特不能擴而充之。且婢寵擅朝，而金源氏從此衰，非習漢人風俗之過也。楊雄所謂秦之有司，負秦之法度；秦之法度，負聖人之法度。若金源氏，可謂負漢人之法度矣。

讀金史章宗本紀

金章宗明昌四年，東京路副使王勝進鷹，遣諭之曰：「汝職非輕。民間利害，官吏邪正，略不具聞，而乃以鷹進，此豈汝所職也？後毋復爾。」嗚呼！金之盛時，其君勤恤民隱如此，然自明昌而後日衰，而況縱欲不顧者乎！

讀金史哀宗本紀

史臣贊曰：「金之初興，天下莫强焉。太祖、太宗，威制中國，大概欲效遼初故事，立楚、立齊，委而去之。宋人不競，遂失故物。熙宗、海陵，濟以虐政，中原觖望，金事幾去。天厭南北之兵，挺生世宗，以仁易暴，休息斯民，是故金祚百有餘年，由大定之政，有以固結人心，乃克爾也。章宗志存潤色，而秕政日多，誅求無藝，民力浸竭。明昌、承安，盛極衰始。至於衛紹，紀綱大壞，亡徵已見。宣宗南渡，棄厥本根。外狃餘威，連兵宋、夏，内致困憊，自速土崩。哀宗之世，無足爲者。皇元功德日盛，天人屬心，日出爝息，理勢必然。區區生聚，圖存於亡，力敝乃盡，可哀也矣。雖然，在禮，國君死社稷，哀宗無愧焉。」

按金源盛衰之故，前之暴，後之壞，無足言者。獨大定、明昌之間，一代極盛之時也。所以固其根本，貽謀百世者，較之三代漢唐，相去遠焉。讀《食貨志》，大概可知，何怪其不永哉！觀幽蘭軒之事者，追源於世宗、章宗之世可也。

讀金史完顔奴申傳

《金史・完顔奴申傳》曰：「哀宗北禦，以孤臣弱卒託之奴申、阿不二人，可謂難矣。雖然，即墨有安平君，玉壁有韋孝寬，必有以處此。」又曰：「金自南渡之後，爲宰執者，往往無恢復之謀，臨事相習低言緩語，互相推讓，以爲養相體。每有四方災異，民間疾苦，將奏，必相謂曰：『恐聖主心困。』事至危處，輒罷散曰：『俟再議。』已而復然。或有言當改革者，輒以生事抑之。故所用必擇愞熟無鋒鋩易制者用之。每北兵壓境，則君臣相對泣下，或殿上發長吁而已。兵退則大張具，會飲黄閣中矣。因循苟且，竟至亡國。」

按金之用人，採唐宋之法，特重科目。然其末也，風氣至於如此，豈非知科目之名而不知科目之實歟？

讀金史禮志

《金史》明昌五年，陳言者謂葉魯、谷神二賢，創製女直文字，乞各封贈名爵，建立祠廟，令女直、漢人諸生，隨拜孔子之後拜之。禮官言前代無創製文字入孔子廟故事。詔令依蒼頡立廟於盩厔例，官爲立廟於上京。按創製文字可入孔廟，則李斯、王次仲久在兩廡矣，禮官之言，有以也夫！

讀金史食貨志

金制：夏稅六月，止八月；秋稅十月，止十二月。爲初、中、末三限。泰和五年，章宗諭羣臣曰：「十月民穫未畢，遽令納稅，可乎？」改秋稅限十一月爲初。又以陝西諸處地寒，稼穡遲熟，夏稅限以七月爲初。嗚呼！金取民之制，亦煩苛矣，然所謂「二月賣新絲，五月糶新穀」，則猶無之。自明季以來，急征法行，求如金制不可得焉，民奈何其不病哉！

讀金史方伎傳

《金史·方伎傳》云：「張從正，字子和，睢州考城人。精於醫，貫穿《難》、《素》之學，用藥多寒涼，然起疾救死，多取效。古醫書有汗下吐法，亦有不當汗者汗之則死，不當下者下之則死，不當吐者吐之則死，各有經絡脉理。從正用之最精，號張子和汗下吐法。庸妄淺術，習其方劑，不知察脉原病，往往殺人。」噫，治天下而用法，必若張子和然後可哉！又《金史》云：「五穀有恒性，而順成不可必，故『有年』、『大有年』，以異書於聖人之經。猶人有恒性，而至行不易得，故孝友以異傳於歷代之史。」若治天下者，能如張子和之用藥，亦何患孝友之風不滿天下哉！

讀金史隱逸傳

《金史·隱逸傳》曰：「杜時昇，字進之，霸州信安人。隱居嵩洛山中，以伊洛之學教人。正大間，大元兵攻潼關，拒守甚堅。衆皆相賀，時昇曰：『大兵皆在秦鞏間，若假道於宋，出襄漢，入宛葉，鐵騎長驅，勢如風雨，無高山大川爲之阻，土崩之勢也。』頃之，大元兵果自饒峰關涉襄陽，出南陽，金人敗績於三峰山，汴京不守，皆如時昇所料。」「郝天挺，字晋卿，澤州陵川人。太原元好問嘗從學進士業。天挺曰：『今人賦學，以速售爲功，六經百家，分磔緝綴。或篇章句讀不之知，幸而得之，不免爲庸人。』又曰：『讀書不爲藝文，選官不爲利養，惟通人能之。』又曰：『今之仕多以貪敗，皆苦飢寒，不能自持耳。丈夫不耐飢寒，一事不可爲。子以吾言求之，科舉在其中矣。』」按杜之料敵，郝之論學，不是以隱爲高者，所由與沮溺之徒異矣。

讀元史五行志

《元史·五行志》謂：「天之五運，地之五材，其用不窮，其初一陰陽耳。陰陽一太極耳。人之生也，全付畀之，具爲五性，著爲五事，修之則吉，不修則凶。箕子因之，以作九疇，其言天人之際備矣。漢儒不明其大要，如夏侯勝、劉向父子，競以灾異言之。班固以來，采爲《五行志》，又不考求向之論著，本於伏生。生之《大傳》言：『六沴作見，若是共禦，五福乃降；若不共禦，六極其下。禹乃共辟厥德，爰用五事，建用王極。』後世君不建極，臣不加省，乃執其類而求之，惑矣。否則判而二焉，如宋王安石之説，亦過也。」

按此引伏生《大傳》之言，可見六沴有應有不應，由於王極之建不建，其義至精。《國語》伯陽父論三川震，亦以周德若二代之季，知其必亡。蓋古來無不應之灾異，亦無必應之灾異，視其極之建不建、德之修不修而已。濂溪所謂「君子修之吉，小人悖之凶」，與伏生之言若合符節。論五行者蔑以加矣。

讀祁州志

《祁州志》唐河在城南十五里，沙河去唐河十里，滋河去沙河五里。唐河東南注於沙，沙河注於滋，俗名三岔口。愚按《唐縣志》，唐河即滱水。又按曲陽、新樂、行唐縣志，滋水即慈水，沙河即派河，派河即恒水也。滱水自唐縣、定州而至祁，恒水自阜平、曲陽、新樂、行唐而至祁，滋水自靈壽、行唐、真定、藁城、無極、深澤而至祁。蓋滱水、滋水皆與恒會。《禹貢》云「恒衛既從」，衛水在今甚微，而恒水獨盛。蔡註言恒水東入滱水，又引晁氏云：❶「今之恒水至真定府行唐縣，東流入於滋水，非古逕矣。」豈未知滋與滱下流固合耶？又按《地志》云：❷「恒水出常山郡上曲陽縣恒山北谷。」自言北岳者，專以大茂水當之，不亦過乎？《禹貢》有「大陸既作」之文，唐杜佑、李吉甫以邢、趙、深三州爲其地。余向讀《一統志》，疑「邢」當作「祁」。康熙甲子讀《祁州志》，亦云「邢」是「祁」字之訛。蓋祁之東鹿縣，即大陸地，鹿與陸通。東鹿縣東至

❶「晁」，原本作「昆」，今據《尚書·禹貢》蔡傳改。
❷「地」上，原有墨丁，諸本皆同，今據《書集傳》删。

深州二十五里，西南至趙州之寧晋縣一百二十里，以地勢考之，其爲祁也無疑矣。

讀南皮縣志

《南皮縣志》云：「九河多在境内，或錯呼者有之，非全無蹟而妄借虚名也。酈道元以及宋儒皆謂已淪於海，恐非確論。夫西南之邢臺即大陸，東北之静海有逆河，而此方支分派别，渠岸顯然，謂非九河之故道不可。奈何舍有蹟而談無蹟。」又云：「徒駭在縣西北，太史在古皮城南，馬頰在城南，覆鬴在東南，胡蘇在西城下，簡潔在城西，鈎盤在西北，鬲津在東南，其一則河之經流也，在東南五十里外，岸高丈餘，中闊里許，境内廻環三十餘里。」又曰：「毛河即覆鬴，王莽河即馬頰，銀鈎河即鈎盤。」其言鑿鑿，蓋亦其土人相傳之說，似乎可信，而先儒多有異論，何歟？惜修志者不細考其上下流之在鄰封者，又不載前人之議論。按南皮人物，如北齊之李鉉，唐之賈躭、高適，宋之賈黄中，皆閎覽博物君子，而躭尤號悉地里，見四方之人與使外國者，必從詢索其山川風俗，豈其鄉之古蹟，未嘗一論及耶？土人但能述舊聞，而不知引先哲之言以爲據，可慨也。然以《漢書·溝洫志》許商之議，及鄭康成、孔穎達《詩》「允猶翕河」注疏考之，其蹟正當在此。許商、鄭康成在酈道元之前，其言可據。此志所載，豈盡無稽也哉！蔡九峰《書傳》載程氏、酈氏之說，亦姑傳疑云爾，非真以爲淪於海也。

讀武功縣志

康對山《武功縣志》云：「漆水，縣東門外水，今謬爲武水者也。自豳、岐之閒來縣，北受浴水，南受漳水入渭。」鄭漁仲序《地里略》，謂天下如指諸掌，而信漆由富平入渭之説。蓋《括地志》未審豳、岐、涇、渭脉絡所在。富平在涇東，漆在涇西，安有岐梁之水，越涇而東，再至富平始入渭也。漁仲誤且如此，況其餘乎？《詩》曰「自土漆沮」，《漢書》曰：「斄在漆縣，今郃與斄同。封里有漆村是也。」又云：「浴水，乾州西夾道水也。亦從豳西梁山來。」意此或即沮水。關西人讀「浴」若「于」，于、沮固易訛耳。漁仲亦以東自富平入渭，殊誤。按對山言漆沮，與蔡九峰《禹貢》注不同，蓋不知《禹貢》之漆沮，非《詩》之漆沮，可謂疎矣。志又稱武功爲后稷始封之斄，在渭水之北，東興平，東南鄠，南盩厔，西南郿，西扶風，西北麟遊，北乾州，東北醴泉，亦不言其去邠岐豐鎬之遠也。

讀呻吟語疑十七條

吕新吾先生《呻吟語》一書，鞭策身心，箴砭末俗，有功世道非淺。然其閒亦有一二可疑者，謹誌之以質君子，意在舍瑕取瑜，非敢妄議論先儒也。

一條謂：「内外本末交相培養，此語余所未喻。只有内與本，那外與末主張得甚！」愚謂此似與孟子持志養氣之論顯背。《易》言「敬以直内，義以方外」，亦是交相培養。若輕視外與末，豈程子所謂「體用一原」

者乎？ 聖賢之學，雖云美在其中，則自然暢於四肢，發於事業，然欲其中之充實，非内外本末交相培養不可。

一條謂：「性只有一箇，纔説五，便著情種矣。」愚謂若如佛氏，以知覺爲性，則性只有一箇；若如程朱言「性即理」也，則理有分有合，合之則爲一，分之則爲五，安得謂性只有一箇。

一條謂：「先天理而已，後天氣而已。」愚謂先天、後天似不可以理氣分。

一條謂：「人問：君是道學否？ 曰：我不是道學。 是仙學否？ 曰：我不是仙學。 是釋學否？ 曰：我不是釋學。 是老莊申韓學否？ 曰：我不是老莊申韓學。 畢竟是誰家門户？ 曰：我只是我。」又一條謂：「宋儒紛紛聚訟語，且莫理會，自家何等簡徑。」愚謂此二條是不欲專主宋儒之學，而自成一家。 但宋儒不同，如吕、謝、游、楊、象山、慈湖，不主之可也。 若周、程、張、朱之學，即孔孟之學也，可概以宋儒目之，而曰「且莫理會」、「我只是我」乎？ 人苟有「我只是我」之心，何所不至耶？

一條言：「堯舜至孔子，都不自滿假，孟子自任太勇，自視太高，而孜孜向學、欿然自歉之意，似不見有。宋儒談論，都是道理，身所持循，亦不染世俗，豈不是聖賢路上人？ 只是自家平生之所不足者，再不肯口中説出，以自勉自責，亦不肯向别人招認，以求相勸相規。 所以自孟子以來，學問都似登壇説法，直下承當，與聖人作用不同。」愚謂此等病痛，只可以言金谿、姚江一流，不可以言孟子及周、程、張、朱。

一條謂：「《儀禮》是嚴苛煩細之聖人所爲。」愚謂時勢不同，《儀禮》亦或有不可行於今者，而遽以嚴苛煩細目之，可乎？

一條謂：「漢儒雜道，宋儒隘道。宋儒自有宋儒局面，學者若入道，且休著宋儒横於胸中，只讀六經四書而體玩之，久久胸次自是不同。」又一條言：「漢儒無見於精，宋儒無見於大。」愚按此二條皆不分别，概稱宋儒，舉周、程、張、朱而謂之隘，謂之無見於大，可乎？舍周、程、張、朱而讀六經四書，猶入室而不由户也。明季諸儒，何人不讀六經四書？只是不肯從周、程、張、朱入門，故各以其所見，窺測聖人之意，遂成一横議世界。聖賢之書，適助其氣質之偏而已。殷鑒不遠，不敢不懼。

一條謂：「明道答安石，能使愧屈；伊川答子由，遂激成三黨。可以觀二公所得。」愚謂尊明道而抑伊川，嘉、隆以來，諸儒議論多如此。其實明道、伊川，雖一寬和一嚴厲，然不可以遽分優劣。寬和有寬和好處，嚴厲有嚴厲好處。明道能屈安石、伊川不能服子由者，蓋安石尚能容明道，而子由不能容伊川也。此是王、蘇二公之有優劣，非明道、伊川之有優劣也。

一條謂：「明道在朱陸之閒。」愚按朱子之學，即明道之學也。象山之學，則與明道相冰炭者也。特明道之言閒多渾融，爲陸學者，往往假借之以伸其説，遂謂明道在朱陸之閒，可乎？

一條謂：「明道不落塵埃，多了看釋老。伊川終是拘泥，少了看莊列。」愚謂明道看釋老，何嘗有一些釋老之累。若以伊川爲拘泥，而欲以莊列融之，則亦不成其爲伊川矣。

一條謂：「儒者惟有建業立功是難事。自古儒者成名，多是講學著述人，未嘗盡試所言，恐試後縱不邪氣，其實成箇事功不狼狽以敗者，定不多人。」愚謂此不知指何等樣儒者。若程朱大儒，任之以事，亦豈狼狽以敗乎？是何視功業重而儒術輕也！

一條謂：「多學而識，是中人以下學問，教有頓、漸二門。」愚謂博文約禮，聖門教人只有此一法。謂有頓、漸二門者，此嘉、隆以來諸儒陰入於禪者之言也。

一條謂：「有不容已之真心，自有不可易之良法。其處之未必當者，必其思之不精者也。其思之不精者，必其心之不切者也。」又一條謂：「周公是一部活《周禮》。世只有周公，不必有《周禮》。」愚按此與孟子仁心仁政之説不同。不如程子云「有《關雎》、《麟趾》之精意，然後可以行《周官》之法度」説得無弊。

一條謂：「《中庸》爲賢智而作。」愚謂《中庸》爲智愚賢不肖而作，不是專爲賢智。

一條謂：「六經言道而不辨，辨自孟子始。」愚謂唐虞之「吁咈」即辨也，不可謂自孟子始。

一條謂：「申、韓亦王道之一體，聖人何嘗廢刑名不綜核？四凶之誅，舜之申、韓也；少正卯之誅，侏儒之斬，三都之墮，孔子之申、韓也。即雷霆霜雪，天亦何嘗不申、韓哉！」愚謂王道之與申、韓，猶珷玞之與美玉也。王道未嘗無刑罰，然非申、韓之刑罰也，其體則仁，其用則義，故曰天討。若申、韓，則以殘酷之心，行殘酷之事而已。故謂聖人不廢刑罰則可，謂聖人不廢申、韓則不可。舜、孔子之事，豈可與申、韓同日論哉！舜、孔子所行，王道也；申、韓者，王道之罪人也。若以申、韓之刑罰爲王道之一體，則桑、孔之理財，亦王道之一體歟？

一條謂：「聖人之爲政也法天，當寬則用春夏，當嚴則用秋冬。而常持之體，則於威嚴之中，施長養之惠。」又一條謂：「居上以寬爲本，未嘗以寬爲政。」愚謂嚴威中施長養，是以嚴爲體也，不如曰長養中施嚴威。蓋嚴不可少，而非所以爲體也。居上以寬爲本，本非在政之外，本亦政也，謂未嘗以寬爲政，可乎？聖人爲政，寬處常多，嚴特偶用耳，雷霆霜雪，豈天所常用乎？子産爲政，不專於寬，而孔子謂之惠人者，亦以其寬處常多耳，非謂子産政多尚嚴，只爲一箇寬的心也。董生任德不任刑之論，豈欺我哉！我浙張考甫先生云：「陰陽之體，固是對待。然人之一身，當使陽和之氣多，而陰肅之氣少。」蓋陽饒陰乏之理固如此。新吾吕先生之言，蓋欲以救一時姑息之弊，與崔子真《政論》一般意思，然却未免於偏。

閲馬從聘修文廟記

此篇勉諸生爲碩大光明之賢，以不負立教之意。今學者不可不將「碩大光明」四字反復玩味。「碩大」即《中庸》「致廣大」之意，必不以一毫私意自蔽，方是碩大。「光明」即《中庸》「極高明」之意，必不以一毫私欲自累，方是光明。然非加以問學之功，則其碩大光明者，猶不免於粗疎。欲不負立教之意，豈不難哉！學者其勉之。

孝經要解跋

《孝經》一書始於事親，終於通神明，光四海，上自天子，下至庶人，不可不讀。朱子特舉其切於庶人者，述其大旨，以示愚俗。真西山先生又從而廣之，其惓惓斯民之意，至矣。其言大抵與今州縣所講《六諭》相表裏。我民既聽《六諭》，又於此一玩味焉，則知向所講者，皆聖賢經傳之言，萬世不可移易之道，雖欲頃刻離之，而不得矣。愚故復梓而傳之，以告我民云。

經典釋文跋

陸德明《經典釋文》三十卷，其二十九卷，則《易》、《書》、《詩》、《三禮》、《春秋三傳》、《孝經》、《論語》、《老》、《莊》、《爾雅》之音義，其第一卷則《序録》也。雖其列《老》、《莊》於《爾雅》之上，未免不倫，然其有功經傳，亦多矣。自刊諸經注疏者，將「音義」附各條下，學者遂不復見此書之全。辛酉季春，余在虞山，葉子石君以家藏抄本示我，始獲睹德明本來面目。雖音義都已散見各經，然如費氏之以《彖》、《象》、《文言》附卦爻，杜氏之以《左氏傳》附經，范望之以《太玄贊》散於八十一首之下，先儒往往病其變亂古訓，則此書惡可不存其舊耶？惜乎世俗滔滔，好古者鮮。工詩賦者既視經學爲迂闊，學程朱者又以漢注唐疏爲淺陋，而古書日就湮没。不知注疏乃程朱之所自出也。孔子從周，尚拳拳於夏殷之禮，孰謂漢唐諸儒之書，遂可弁髦視之也哉！

文廟考略跋

右是書所考定賢儒位次，與《明會典》所載不同。蓋《會典》修於萬曆中，如李延平、羅豫章增祀於萬曆末年者，固不及載。又因從前兩廡從祀先賢，有議改、議黜之人，如東廡則黜顔何，改曾點、孔鯉，共三位；西廡則黜公伯寮、秦冉、申黨，改蘧伯玉、林放、顔無繇，共六位。於是東廡先賢尚有三十三位，而西廡先賢則止二十九位。當時止各於東西兩廡用魚貫之法，就便升躋，而未嘗合敘。兩廡東西遞遷，故統而觀之，有西廡之後儒躐出於東廡先賢之上者，不無紊亂失次之嫌。康熙二十五年，江南學臣李振裕言：「《會典》定序多有未安，請行釐正。」部議謂國子監先賢先儒從祀位次遵行已久，不便更張，事遂寢。按古者宗廟之制，昭常爲昭，穆常爲穆。既有東西廡之分，似不嫌於凌躐。部議遵《會典》舊序，亦非無見。然東西廡同在一廟中，與古宗廟之昭穆不同。則是書所考正，與江南學臣之所請，固不可廢也。宜並存之，以待論定云。若崇禎末年，詔宋儒周敦頤、張載、程顥、程頤、邵雍、朱熹六子，進稱先賢，從祀牌位列在左丘明下，序於公羊高、穀梁赤上，此書不載者，蓋以程朱大儒，宜與四配同列，而僅進儒爲賢，未盡表章之道，故略而不録歟？

戰國策去毒跋

《戰國策》一書，大抵皆縱横家言也。其文章之奇，足以悦人耳目。而其機變之巧，足以壞人心術。子弟識見未定而讀之，其不爲之漸染者，鮮矣。當時惟孟子一人，卓然於波流之中，直以爲是妾婦之道，而大丈夫之所不爲。蓋其視秦、儀輩，不啻如厚味之中有大毒焉，惟恐學者陷溺其中而不能出也。今之讀《戰國策》者多，亦曾以孟子之道權衡之乎？余懼其毒之中於人也，故取今文士所共讀者，指示其得失，使學者知其所以異於孟子者，庶幾嚌其味而不中其毒也夫！南豐一序，言其病最詳，故并附焉。又此書原本各繫於其國，讀者輒迷其先後，今一以《通鑑》編年爲次。

小學集解跋

明初注《小學》者二家：宣德時常熟吴氏訥有《集解》，成化時臨海陳氏選有《集註》。二公皆名儒，皆以其身體力行者，發其藴奥，以詔來學，非世俗之訓詁比。二書雖詳簡不同，其中多互相發者，不可偏廢也。自正德、嘉靖後，學術分裂，《小學》一書且束之高閣，又何有兩家之註解哉！崇禎時，詔以陳氏《小學》註頒學宫，《集註》始顯，而《集解》罕有傳者。余從虞山得其抄本，因録而藏之，當再訪求别本，校其訛而授梓焉。原本有文恪傳，不知何人撰，今仍存之，使學者誦其書而知其人，庶幾有以興起也夫！原本分爲十卷，今合爲六卷，而存其舊目。

讀史質疑跋

右《讀史質疑》五篇，皆端本澄源之論。末一篇言萬曆閒争國本、争梃擊之事，謂當日諸君子，不免過於深文，無以處神宗，皆由學術之疎，此論亦甚正。又論國本以委婉密陳者爲宜，論梃擊以風顛蔽辜爲深得國體，此則有説焉，讀者不可以文害辭。先生之意，非謂主委婉、主風顛者，賢於深文諸君子也。天下固有議論非而心術光明者，有議論是而心術晻昧者。自學術既壞，一二正人君子雖懷忠義之心，而議論偏拗，適爲晻昧者藉口。此所謂五穀不熟，不如荑稗也。然荑稗豈得遂傲五穀耶？彼留侯之招四叟，田叔之燒獄詞，皆君子事也，非當日諸臣所可附會。先生蓋歎息痛恨於陽明之學敗壞人材，釀成世禍，惜五穀之美種不熟，豈爲萇稗左袒哉！

跋讀書分年日程後

《讀書分年日程》三卷，元程畏齋先生依朱子讀書法修之，以示學者。朱子言其綱，而程氏詳其目，本末具而體用備。誠由其法而用力焉，内聖外王之學在其中矣。當時曾頒行學校，明初諸儒讀書，大抵奉爲準繩。故一時人才，雖未及漢宋之隆，而經明行脩，彬彬盛焉。及乎中葉，學校廢弛，家自爲教，人自爲學，則此書雖存，而由之者鮮矣。鹵莽滅裂，無復準繩，求人才之比隆前代，豈不難哉！今國家尊崇正學，諸不在朱子之術者，皆擯不得進。而羽翼朱學之書，以次漸行，學者始知有此書。然舊板漶漫，不勝魯魚亥豕之訛，讀者病焉。余故較而梓之。有能由是興起，且以此建白於上，依朱子貢舉議，鼓勵天下讀書之士，盡由是法，則人才其庶幾乎！

或曰：「學者天資不同，敏鈍各異，豈必皆如程氏所謂看讀百遍、背讀百遍乎？」曰：「中人以下，固不待言；若生知學知之人，而用困知之功，不更善乎？況生知學知者，有幾人耶？」或曰：「明初纂《四書》、《五經》、《性理大全》，採諸儒之説備矣，蔡虛齋、林次崖、陳紫峰之徒，又推《大全》之意，各自著書，爲學者所宗矣。今《程氏讀經日程》，又必取古注疏、朱子《語類》、《文集》及諸儒之解釋而鈔之，而讀之，而玩之，不可省乎？朱子《綱目》一書，治亂得失昭然矣，程氏又必取温公《通鑑》及司馬遷、班固、范祖禹、歐陽修之史而參之，不亦煩乎？」曰：「《綱目》猶《春秋》也，温公《通鑑》及遷、固諸家之史，猶魯史舊文也。魯史舊文不存，學者不能盡見聖人筆削之意，故言《春秋》者至於聚訟。今《通鑑》及遷、固諸家之史具在，參而觀之，而紫陽筆削之妙愈見，是烏可以不考乎？永樂時纂《大全》，當時承宋儒理學大明之後，雖胡、楊、金、蕭，未爲升堂入室之儒，而所採取者，無非濂、洛、關、閩之微言，蔡、林諸儒，又從而發明之，固皆有功學者之書也。然其缺略踈漏者，亦有矣。幸而朱子之《全書》具存，諸家之解釋未盡湮没，遡而考之，以補《大全》之闕，不亦善乎？至於古注疏，則固漢唐千餘年閒學者之所講求，程朱之學，亦從此出而益精焉耳。雖曰得不傳之學於遺經，然非鄭康成、孔穎達之流闡發於前，程、朱亦豈能鑿空創造耶？故程、朱之於古注疏，猶孔子之於老彭也。幸而其書尚存，不至如夏殷之無徵，是亦不可以不考也。」

曰：「然則學者所當讀之書，盡於程氏所編乎？程氏以前諸子百家之書，程氏而後諸儒之書，亦有當讀而玩者乎？」曰：「程氏特言其切而要者耳，書固不盡是也。先秦之時，若《國語》、《戰國策》，以至老莊之道德，荀卿之言學，管、韓之論治，孫、吴、司馬之談兵，雖皆駁而不純，儒者亦當知其梗概。漢以後若楊雄、董生、王通之書，雖未及洛、閩之精，而亦往往爲先儒所取，固當擇而讀也。然程氏而後，若薛文清之《讀書録》，胡敬齋之《居業録》，羅整菴之《困知記》，陳清瀾之《學蔀通辨》，皆所以辨學術之得失，丘瓊山之《大學衍義補》，所以明政事之源委，是皆羽翼經傳之書，不可不深考也。宋元以來之治亂，則有若成化之《續綱目》，薛方山之《續通鑑》。有明一代未有成書，而其時政得失，雜見於諸家之記載者，亦不可不知也。」

曰：「然則窮年累月於章句之中，不近於支離、博而寡當乎？且世益遠而書益多，後之讀者，不愈難乎？」曰：「一代卓然不可磨滅之書，固不多有。其他紛然雜出之書，隨出隨没，惟患讀之無法耳，不患其多也。亦惟謹守是編之法而已。以讀書爲支離，是固近年以來陽儒陰釋之學，非我所敢知也。是編之法，非程氏之法，而朱子之法也；非朱子之法，而孔孟以來教人讀書之法也。舍孔孟讀書之法，而欲學孔孟之道，有是理哉！」

書四書惜陰録後

江陰徐子爾瀚以所著《四書惜陰録》示予。謂之惜陰者，其大旨以爲，聖賢之學隨知隨行，若知而不行，雖讀盡十三經、二十一史，徒敝精神，其光陰可惜也。故嘗深痛舉業之驅人入鄙，欲學者實從事於聖賢之道，而勿務空知。蓋其旨與曾子之「尊聞行知」、董生之「正誼明道」相爲表裏，而每於一章之中，三致意焉，豈非所謂喫緊爲人者歟？學者誠知其所惜而勉强焉，以孔孟之言爲範圍身心之資，而勿視爲爵禄之資；以程朱之解爲指點行道而設，勿視爲作文而設；知人心道心之辨矣，則必實使道心爲主，而人心聽命；知理義之性、氣質之性有殊矣，則必實以理義變化其氣質，勿徒曰吾姑辨之，姑言之，發爲議論，可以悦人耳目而已。一息勿敢懈也，一言一動勿敢慢也，如是可謂不負其陰，而於聖人之道不遠矣。雖然，徐子所惜，亦就知道而不實用力者言耳，若夫甘陷溺於道外，孜孜矻矻，以聲色爲可娱，以勢利爲可慕，以辭章爲可誇，以虚無寂滅爲可樂，或援儒以入墨，或推墨以附儒，其於道也尚不能知，又何論行，其爲可惜，更何如哉！其可不以陷溺之餘，轉而從事於聖人之道哉！

余不敏，少嘗汩没於舉業，中年竊聞先儒之緒論，始若望見涯涘，而未能得其堂奥。今髪種種矣，尚不免於出入。紬繹徐子惜陰之義，不覺惶然汗下。遂書於其末，以誌仰止之意。願以餘年竭其駑鈍，作秉燭夜遊之計，以庶幾無愧於曾子、董生之言。徐子其尚有以策我哉！

陳氏三世崇祀録跋

余嘗怪漢末諸君子，如荀朗陵、陳太丘，皆一代正直之儒，而子孫仕魏晋閒者，不免從俗浮沉，雖才猷爛然，家聲稍墜矣。宜興陳端毅公，爲東林翹楚，讜言直節，載在國史，洵宇宙完人。而子定生先生，早奮鷹鸇之志，晚堅箕潁之節，身雖未遇，先烈彌光。至孫其年，以俶儻非常之才，發爲文章，目空四海，遂從諸生登天禄石渠，年雖不永，克揚祖德，正氣直道，三世如一，可謂盛矣。子萬爲其年難弟，與余同官恒陽，以所輯《三世崇祀録》示余。余喜子萬不忘其祖父兄之懿德，蓋將以朗陵、太丘之後人浮沉流俗爲深恥，其所以夙夜匪懈，思無忝於前人而益振其家聲者，當無不至。陳氏之盛，其有未艾也夫！

曹魯元交友尺牘跋

古之以一藝名者，皆有不可一世之意。如僚之丸，秋之弈，由基之射，負其能，視天下莫與儔，雖使周、孔、顔、曾在其旁，吾知吾技耳，又焉知其他！書家如唐之歐，宋之米，亦莫不然。嗚呼，此其所以爲藝，而遠於道也。

曹魯元先生，余母舅行，當今書法妙天下。嘗與卧子、彝仲諸君子游，集其手牘，裝成一卷，珍若拱璧。

諸君子之書法，不能加於先生，特以重其文行，故寶而藏之如此，此豈知有藝不知有道者哉！余既喜睹諸君子之手澤，又深歎先生之虚衷謙懷不可及也。使讀書談道之士，用心皆如此，其所造豈可量耶？遂爲之跋。

翁養齋教子圖跋

客有持養齋翁君教子圖請跋者，展而閱之，奇松怪石，出没煙霞，而翁君挾四子徜徉其間，左圖右書，顧盼自得，洵人間樂事。宜乎軒冕之士，皆咏歌而歎美之。然我不知翁君之所以教子者如何也。夫教之途至雜，而其收功不一。無論溺於佛老，汩於詞章，蕩其心而不可以爲教。即五經四書，人誰不讀？然有讀之而得其精英，出則澤潤生民，處則名垂天壤；亦有讀之而得其糟粕，借以獵取富貴，而未嘗真知聖賢之道，熙熙攘攘於名利之中，爲世之蠹而已。翁君誠分别以示其子，使之出乎此，勿出乎彼，取舍既定，然後日就而月將焉，則今之挾一編咿唔松石間者，行當爲祥麟威鳳，光耀宇宙，而兹圖洵足羨也矣！

題許勖亭小像

坐柳陰深處，清流激湍，映帶左右，洵讀書佳境，但未知所讀何書。蘇子瞻兄弟，古今稱讀書人，然早拾蘇、張之緒餘，晚醉佛老之糟粕，君子惜焉。若盧、駱、王、楊之徒，沉醉風雲月露中，又無足論矣。讀一句有一句之益者，其惟濂、洛、關、閩之書乎！知我勖亭，世學相傳，必能辨乎此。曾點春風沂水所詠，必係尼山删定無疑也。

題上谷參軍王天市小像

讀書楓溪畔，作吏一畝泉上。君不見，程明道爲上元主簿，胸中有天地風雲氣象。

宗伯董文敏公像贊

公之學殖，見乎文章。公之翰墨，藝苑稱長。肅瞻遺像，我心洋洋。人知公聲名被乎八荒，不知其夙興夜寐、孜孜矻矻，日就而月將。宜乎至今有耿光。

董季苑先生像贊并序

先生爲宗伯文敏公季子，抱道自高，不攖世網，於紛華之會，泊如也。余從弟鼎勳爲先生壻，故得熟聞先生孝友之實。壬申仲夏，先生嫡孫某以宗伯公及先生遺像，索余一言，以誌懿行。余不敢辭，謹爲之贊焉。❶

惟公肅乎其容，淵乎其兢兢業業之衷，惟孝惟友，一經是崇，惟懼箕裘之弗克承。顧我後之人，永弗替

❶「贊焉」，原形訛爲「替爲」，今據四庫本改。

文敏之遺風。

自箴銘

《洪範》六極，弱居其一。所貴讀書，變化氣質。當斷不斷，爾自貽戚。

座右銘

生者待汝養，死者待汝葬，天下後世待汝治。汝無或輕爾身，以徇無涯之欲而喪厥志。

書座右

楊慈湖知温州，自奉最菲，常曰：「吾敢以赤子膏血自肥乎！」陸象山知荊門軍時曰：「簿書目數之閒，此姦貪寢食出没之處。」故于錢穀事，綜核不遺。張子韶僉書鎮東判官，大書于壁曰：「此身苟一日之閒，百姓罹無涯之苦。」❶讀此三言，可悚然于清、慎、勤之不可須臾忘矣。是三先生學術皆偏僻，不可爲訓，而其居官乃能如是，學程朱者，其可不知愧哉！書之壁閒，朝夕自儆。又當思三先生天資如是之美，所以不能入聖人之室者，則以其不善學也。仕優而學，又居官者所當汲汲哉。

❶「罹」，原作「羅」，今據四庫本改。

三魚堂文集卷之五

書

答嘉善李子喬書

伏承手教，示以先儒學問淵源，捧讀再三，知先生苦心此道，非世儒所及。又蒙不鄙，欲使陳其蒭蕘之見。隴其末學無知，豈敢妄言先儒得失。然有道當前，不以生平所管窺者一就正焉，是自棄也。雖知其淺陋，敢不敬陳，以俟君子之終教之。

隴其嘗以爲近世學術之弊，起於不能謹守考亭，故救弊之法無他，亦惟有力尊考亭耳。以有明一代之儒論之。文清、敬齋，所以確然爲學者規矩準繩而無遺議者，以其所言所行，無非考亭而已。自是而後，厭正學爲支離，輒欲以胸臆所見，自闢門户，自起爐竈，始於新會，盛於姚江。天下翕然宗之，以至於横溢奔潰而不可止，其爲世禍，亦既彰明較著矣。其閒非無大儒鑒其流弊，欲起而正之，而不免依違出入於兩可之閒，不能一以考亭爲主，是以其學半明半晦，微言大義，終於蓁塞，良可歎也。

晚明諸儒學術之正，無如涇陽、景逸。其扶植綱常之念，真可與日月争光；其痛言陽明之弊，亦可謂深切著明矣。而考其用力所在，質之紫陽，亦有不能無疑者，姑取高子書中數端言之。其《困學記》所謂「旅舍小樓見六合皆心」者，朱子有此光景乎？其行狀所謂「焚香兀坐，坐必七日」者，朱子有此功夫乎？其遺疏所謂「君恩未報，願結來生」者，朱子有此等語乎？又朱子自云平生精力盡於《大學》，而「格致」一章，則其教人起手之所在也。良知之家，所最不滿於朱子者在此。景逸既尊朱子，而亦以古本爲是，以不分經傳爲是，以格物爲知本，此何謂也？又陽明「無善無不善」之説，淵源告子，不知性之甚者也。景逸既深知其非矣，却又云「無善之説，不足以亂性，而足以亂教」，夫性與教若是其二乎？既足亂教，而謂不足亂性，又何爲也？此皆大綱所在，而相左如此，學者將何所取舍乎？故竊嘗謂有明諸儒，不特龍谿、緒山、心齋、東郭、念菴、近溪顯樹姚江之幟，以與紫陽相角；即涇陽、景逸，亦未能脱姚江之籓籬，謂其尊朱子則可，謂其爲朱子之正脉則未也。整菴之學最爲近之，然其論理氣，必欲舍朱子而自爲一説，竊所不解。少墟、啓新尚未見其全書，恐亦與高、顧之學不大相遠。凡此諸家，非不好學深思，以羽翼聖道爲己任，然窺其微旨，皆不免有自闢門户、自起爐竈之意，而不肯純以朱子爲師，何怪乎講學者衆，而學益晦乎！

夫朱子之學，孔孟之門户也。學孔孟而不由朱子，是入室而不由户也。故隴其謂今日有志於聖學者，有朱子之成書在，熟讀精思而篤行焉，如河津、餘干可矣。若夫新會、姚江以來諸儒之説，真僞錯雜，不可不精擇而慎别之也。一隅之見如此，先生沉深積學，去取之閒，必有定見。所輯五先生語録，不識可惠教否？因乏便羽，久稽報命，統希垂鑒。臨楮神馳。

上湯潛菴先生書

隴其浙西鄙儒，無所知識。蒙先生不棄，惓惓欲叩其所學，此前輩不遺葑菲之意，末學何幸而遇之，急欲出其胸中所疑，以就正有道。然知先生素敦淳古之風，不欲學者詆毁先儒，以開澆薄之門。若直陳所見，妄論先儒得失，恐迹涉詆毁，以蹈於澆薄之咎，是以跼蹐而未敢陳。退而思之，詆毁先儒者，學者之大病也；辨别是非者，又學者之急務也。使避詆毁之迹，混是非而不辨，恐有適越而北轅之病。且使所見未盡當，亦正宜陳之大君子之前，以求鍼砭，遮掩覆匿，非切己自治之道也。是以敢布其固陋，惟高明終教之。

隴其嘗竊以爲孔孟之道，至朱子而大明，其行事載於《年譜》、《行狀》，其言語載於《文集》、《語類》，其示學者切要之方，則見於《四書集註》、《或問》、《小學》、《近思録》，其他經傳凡經考定者，悉如化工造物，至矣，盡矣，不可以有加矣。學者舍是而欲求孔孟之道，猶舍規矩準繩而欲成室也，亦理所必無矣。是故前朝以其書列於學宫，使學者誦而法之。其背叛乎此者，雖有異敏才智，必黜而罪之。有明一代之制，無有善於此者。方其盛時，師無異教，人無異論，道德一而風俗淳，其明效大驗，亦略可睹矣，雖百世守之可也。學者但患其不行，不患其不明。但當求入其堂奥，不當又自闢門户。

自陽明王氏，目爲影響支離，倡立新説，盡變其成法，知其不可，則又爲《晚年定論》之書，援儒入墨，以僞亂真，天下靡然嚮應，皆放棄規矩，而師心自用。學術壞而風俗氣運隨之，比之清談之禍晋，非刻論也。

今之君子，往往因其功業顯赫，欲爲回護，此誠尊崇往哲之盛心。然嘗聞之前輩，所紀載其功業，亦不無遺議。此姑無論，即功業誠高，不過澤被一時，學術之僻，則禍及萬世，豈得以此而寬彼哉！且陽明之功，孰與管敬仲？敬仲之九合一匡，孟子猶羞稱之，而況陽明乎！故嘗竊謂，今之學者，必尊朱子而黜陽明，然後是非明而學術一，人心可正，風俗可淳。陽明之學不熄，則朱子之學不尊。若以詆毀先儒爲嫌，則陽明固嘗比朱子於楊墨洪水猛獸矣，是以古之詆毀先儒者，莫若陽明也。今夫黜陽明，正黜夫詆毀先儒者也，何嫌何疑乎？

羅整菴之《困知記》，陳清瀾之《學蔀通辨》，其言陽明之失至詳且悉，豈皆好詆毀人而爲是嘵嘵耶？其亦有不得已者耶？學術之害，其端甚微，而禍最烈。故自古聖賢，未嘗不謙退貴忠厚，而於學之同異，必兢兢辨之，其所慮遠矣。不然，當今之世，有能真實爲陽明之學者，其賢於庸惡陋劣之徒，相去不萬萬耶？何爲其議之也？至於陽明之後，如梁谿、蕺山，皆一代端人正士，而其學亦有不可解者。名爲救陽明之失，而實不能脱陽明之範圍，其於朱子家法，亦盡破壞。每讀其書，未嘗不重其人而疑其學。昔孟子於伯夷、柳下惠，推爲聖人百世之師，至於論知言養氣，則曰乃所願則學孔子也，夷與惠皆不得與焉。蓋天下有興起之師，有成德之師。興起之師，廉頑立懦，能拔人心於陷溺之中；成德之師，切琢磨磋，能造人才於粹精之地。使以興起之師而遂奉爲成德之師，則偏僻固滯，其弊有不可勝言者。故如梁谿、蕺山，以之興起人心則有餘，以之成就人材則不足，其學亦恐不可盡宗也。芻蕘之見如此，不審先生以爲何如？恃愛之深，敢發狂言，以待君子之教正。舊文數首，并塵台覽，統希垂鑒。臨楮悚惶。

附答書

先生正學清德，爲人倫師表，某私心嚮慕久矣。承手教及大作，仰見崇正道、闢邪説至意，嘉惠良深，敬謝敬謝。台諭云孔孟之道至朱子而大明，學者但患其不行，不患其不明，但當求入其堂奧，不當又自闢門户，此不易之定論也。再讀《學術辨》云：「天下有立教之弊，有末學之弊。」又云：「涇陽、景逸未能盡脱姚江之籓籬。」聖人復起，不能易也。非先生體認功深，何能言之鑿鑿如此！獨謂某不欲學者詆毁先儒，是誠有之，然有説焉。

某少無師承，長而荒廢，茫無所知。竊嘗汎濫諸家，妄有論説。其後學稍進，心稍細，甚悔之。反覆審擇，知程朱爲吾儒之正宗，欲求孔孟之道，而不由程朱，猶航斷港絶潢而望至於海也，必不可得矣。故所學雖未能望程朱之門牆，而不敢有他途之歸。若夫姚江之學，嘉、隆以來，幾徧天下矣。近來有一二巨公昌言排之，不遺餘力，姚江之學遂衰，可謂有功於聖道矣。然海内學術之漓日甚，其故何歟？蓋天下相尚以僞久矣。今天下深明理學者固衆，隨聲附和者實多。更有沉溺利欲之場，毁棄坊隅、節行虧喪者，亦皆著書鏤板，肆口譏彈，曰：「吾以趨時局也。」亦有心未究程朱之理，目不見姚江之書，連篇累牘，無一字發明學術，但抉摘其居鄉居家隱微之私，以自居衛道閑邪之功。夫訐以爲直，聖賢惡之。惟學術所關，不容不辯，如孟子所謂不得已者可也。今舍其學術而毁其功業，更舍其功業而訐其隱私，豈非以學術精微未嘗探討，功業昭著未易詆誣，而發隱微無據之私，可以自快其筆舌，此其用心，亦欠光明矣。在當年桂文襄之流，不過同時忌其功名，今何爲也？ 責人者，貴服人之心。 自古講學，未有如今之專以嫚罵爲能者也。

或曰：「孟子嘗闢楊、墨矣，楊、墨何至無父無君？ 孟子必究其流弊而極言之，此聖賢衛道之苦心也，何怪今之君子歟？」竊以爲不然。 孟子得孔子之心傳者，以其知言、養氣、性善、盡心之學，爲能發明聖人之藴也。 蓋有所以爲孟子者，而後能闢楊墨、熄邪説，閑先聖之道。 若學術不足繼孔子，而徒日告於人曰：楊、墨無父無君也，率獸食人也，恐無以服楊、墨之心，而熄其方張之焰矣。 孟子曰：「今之與楊、墨辨者，如追放豚，既入其苙，又從而招之。」則知當日之與楊、墨辨者，亦不乏人矣，今無片言隻字之存，則其不足爲輕重可知也。 然則楊、墨之道不傳於今者，獨賴有孟子耳。 今不務爲孟子之知言、養氣、崇仁義、賤功利，而但與如追放豚之流相頡頏焉，其亦不自重也已。

台諭曰：「陽明嘗比朱子於洪水猛獸，是詆毀先儒，莫陽明若也。 今亦黜夫詆毁先儒者耳，庸何傷？」竊謂陽明之詆朱子也，陽明之大罪過也，於朱子何損？ 今人功業文章，未能望陽明之萬一，而止效法其罪過，如兩口角罵，何益之有？ 恐朱子亦不樂有此報復矣。 故某之不敢詆斥陽明者，非篤信陽明之學也，非博長厚之譽也，以爲欲明程朱之道者，當心程朱之心，學程朱之學，窮理必極其精，居敬必極其至，喜怒哀樂必求中節，視聽言動必求合禮，子臣弟友必求盡分。 久之，人心咸孚，聲應自衆，即篤信陽明者，亦曉然知聖學之有真也，而翻然從之。 若曰能嫚罵者即程朱之徒，則毁棄坊隅、節行虧喪者，皆將俎豆洙泗之堂矣，非某之所敢信也。

某年已衰暮，而學不加進，實深自愧。惟願默自體勘，求不愧先賢。或天稍假以年，果有所見，然後徐出數言，以就正海内君子未晚，此時正未敢漫然附和也。今天下真爲程朱之學者，舍先生其誰歸？故某將奉大教爲指南焉。道本無窮，學貴心得。胸中欲請教者甚多，連日五更入朝，薄暮下直，容專圖晤，求先生盡教之。不宣。

答徐健菴先生書

伏處荒城，惟懼涉奔競之迹，數年來不敢以隻字入都門。故雖知己如先生，殊覺落落。然高山景行，則固靡刻不在胸臆閒也。竊禄一方，無寸績可道，惟硜硜一念，猶然故我。今已行年六十，頭鬢盡白，將來退老當湖之滸，整理書生舊業，不敢復問當世事矣。

辱賜羣書，展卷伏讀，珠璣滿目，俗吏胸襟，爲之一洗。至蒙下詢《明史·道學傳》，隴其向雖好竊窺先儒緒餘，然自汨没簿書以來，久矣茅塞，何足以議此？閒嘗見張武承《讀史質疑》云「《明史》道學傳可以不立」，初甚駭其論，潛玩味之，覺此言非孟浪。嘗竊因其意推之，史有特例，後人不必盡學。如司馬遷作《孔子世家》，所以特尊大成之聖，後世儒者述孔子之道，不必盡列世家也。《宋史》作《道學傳》，前史所未有，蓋以周、程、張、朱紹千聖之絶學，卓然高出於儒林之上，故特起此例以表之，猶之以世家尊孔子耳。後世儒者，述周、程、張、朱之道，不必盡列道學傳也。非必薛、胡諸儒不及周、程、張、朱，但作與述則須有辨。道學未明，創而明之，此作者之事也；道學既明，因而守之，此述者之事也。雖其閒闢邪崇正、廓清之功不少，要皆以宋儒所已明者而明之，初非有加於宋也。於《明史》中去此一目，以示特尊濂洛關閩之意，亦可以止天下之好作而不好述、未嘗窺見先儒之源委本末而急欲自成一家者。

且以「道學」二字論之。道者，天理之當然，人人所當學也。既爲儒者，未有可不知道學。不知道學，便不可爲儒者。自儒林與道學分，而世之儒者，以爲道學之外别有一途可以自處，雖自外於道，猶不失爲儒，遂有儼然自命爲儒，詆毁道學而不顧者。不知《宋史》道學之目，不過借以尊濂洛諸儒，而非謂儒者可與道學分途也。今若合而一之，使人知道學之外，别無儒者，於以提醒人心，功亦不小。尊道學於儒林之上，所以定儒之宗；歸道學於儒林之内，所以正儒之實。《宋史》、《明史》相爲表裏，不亦可乎？不識先生以爲何如？

至以諸儒之學言之，薛、胡固無閒然矣。整菴之學，雖不無小疵，然不能掩其大醇。其論理氣處可議，其闢陽明處不可議。薛、胡而下，首推整菴，無可疑者。仲木、少墟、涇陽、景逸，守道之篤，衛道之嚴，固不待言，然其精純，恐皆未及薛、胡。景逸、涇陽病痛尤多，其於陽明，雖毅然闢之，不少假借，然究其實，則有未能盡脱其籓籬者。其所深惡於陽明者，「無善無惡」一語，而究其所謂善，仍不出虚寂一途，言有言無，名異實同。故其大節爔炳，誠可廉頑立懦。而謂其直接程朱，則恐未也。以《宋史》尊程朱之例尊之，亦不無可商。

因承下問而妄言之，不自揣其非分也。陳清瀾立傳，最足爲考亭干城。《學統》一書，傾慕已久，今始得見之，荷教非淺。其中條理，尚容熟玩請正。承詢及論學之書，生平自慚淺陋，未嘗敢著書。零星偶及，率不成編，無以報命。年來偶爲此閒諸生點竄講義百餘章，聊供村學究兔園册。草本呈正，伏惟裁教。外附縣志并雜刻三種，統希垂鑒。使旋匆匆，不盡欲言。臨楮曷勝悚惶。

答山西范彪西進士書

僕浙西鄙人也。夙聞山右辛復元先生之名，而未見其書。承乏恒陽，幸與山右接壤，則又聞先生今之辛復元也，且盡刊行辛書。因託人私訪之，未敢通姓名於左右者，誠欲得先生之書讀之，然後當竭誠求正也。乃蒙不棄，辱賜手教，且示以《理學備考》諸書。展卷讀之，元元本本，議論所及，皆足發明先儒之藴奥。且《三錫集》、《居喪草》，具見出處不苟，守禮謹嚴。蓋非徒言之，實能行之，有功於世道何如哉！不敢私諸篋笥，將攜以南歸，徧告我鄉後進，俾知太行之西，龍門之東，復有大儒出其閒，王仲淹、薛敬軒之遺風未墜，相與討論而傳習之，其爲惠不亦多乎！微有商者，《備考》中薛、胡、王、陳兼收並列，無所甲乙。取朱子《名臣言行録》之例，而不取《伊洛淵源録》之例，曰以待後之君子甲之乙之，此誠見先生虚懷若谷、望道未見之心。然僕謂亦有不可不甲乙者。譬如適京師者，必先辨其孰爲坦途，孰爲險徑，然後可以命駕。倘並舉以示人，而不告之以坦險之分，萬一有誤入荆棘者，吾心安乎？況王、陳之爲險徑，薛、胡之爲坦途，前人論之詳矣，非吾敢甲乙之也。以前人之甲乙者告後人，何礙其爲虚懷乎？至《備考》序中謂「學問只怕差，不怕異」，此又有説。學當互相發明，小有異者，不害其爲大同，但可以言聖門游、夏之徒，大同而小異者。若王、陳之與薛、胡，則非直小異也，是大差也。即其一身言行，豈無可取，然豈可以小醇而并取其大疵？每怪世人以陽明之功業烜赫，遂不敢議其學術。不知管仲、墨翟，非無功業者也，何以見譏於孔孟？其中曲折，非一二語可盡。嘉靖中，粤東陳清瀾先生有《學蔀通辨》一書，備言其弊，不識先生曾見之否？近有舍親刊其書，謹以呈覽。又有大興張武承著《王學質疑》一編，言陽明病痛亦甚深切著明，僕新爲刊之，今并附呈。區區之意，非欲效世儒之聚訟也，但不分别路徑，恐學者不知所取舍，不識先生以爲何如？辛先生書，尚有數種欲訪求者，别楮附懇。拙詠并正，統希垂鑒，不盡。

附來書

僕之知先生姓氏也，自魏環溪薦疏始也。薦疏有曰：「陸某清操如冰，愛民如子。」又曰：「與妻同駕一小舟，惟有圖書數卷，其妻織機一張而已。」僕讀至此，不禁舉手加額，遥望典型，日作北面人宗之想。自愧抱病山中，頑如木石，絶迹城市者二十年有奇，負笈有心，通聲無緣。會李藥鋪索書之役，因路長難以畢郵，先檢數種，伏候筆削。附以小引粗箋，并求珠玉，永作先人華衮。臨楮瞻望，不盡。

又

前因奉謝台教，偶及薛、胡、王、陳之辨，非能尊之抑之也，不過述前人之成論，以求指示。過蒙獎譽，殊深顔汗。至來札以國典爲嫌，鄙意王、陳之崇祀，不過明季一時之制，原未可爲萬世定論，正賴儒者討講，以備禮官之採擇，非所謂矛盾也。往者荀況、楊雄之徒，皆嘗濫入兩廡，俱賴諸儒議論，得以改正。我輩未有議禮之任，雖不可過爲激論，涉於橫議，豈可便置而弗問耶？來札又云，此種學問，或亦足救泥章句、耽支離者之萬一，此又有説。欲救章句支離之失，莫如理會朱子居敬窮理之學，内外本末，交相培養，自無一病。若欲以王、陳救之，恐章句支離之弊未去，而虚無放蕩之病先成，爲害非細。且即欲取其所長，亦非盡發其病痛不可。譬如附子、大黄，自非法製，豈可入藥，不識先生以爲何如？尊刻謹拜登受。辛書在絳州者，并祈留神。承諭欲借先儒諸集，惟蔡虚齋、賀克恭集在南中曾見之，此間無有。曹月川亦止見《夜行燭》等七種，其餘諸集，皆嘗訪求而未得。匆匆草復，拙刻二種附正，統希垂照不既。重訂《垂棘》并《二續》、《三續》俱已奉教，尚未見《初續》一編，希并惠賜，以成全璧。再懇。

又

接台札，過蒙獎掖，悚惕何如！兼惠辛先生書，暨《垂棘》、《備考》諸編，奚啻百朋之錫。簿書鞅掌中，盥手一讀，茅塞頓開，先生惠我無疆矣。至來札中惓惓指示，不欲以荀、楊比王、陳，則尚有不能無疑者，敢再瀆陳之。

來札云荀、楊之黜祀，在品行，而不在著述。即使《法言》與《論語》並美，豈掩其「莽大夫」三字。至哉斯言矣！然品行固不可不重，而著述亦不得獨輕。荀卿未嘗爲莽大夫也，止以「性惡」一論，遂不得厠於諸儒之列，孰謂著述可以任意耶？今以朱子之昌明正學，而陽明指之爲楊、墨，詆之爲洪水猛獸，顛倒其中晚之年，使天下盡廢其書，而獨持其所謂良知，其視荀卿性惡之論，爲何如耶？弟前札云大黄、附子，自非法製不可入藥，夫法製猶可入藥者，如荀卿之論兵要，論軍制，亦得見採於《綱目》，特不用其「性惡」之説耳。若就「性惡」一論言之，則直無處可用，雖欲爲荀卿解，不可得矣。今先生若欲採王、陳之長而去其短，固無不可，牛溲馬勃，猶見收於良醫，而況王、陳乎？若便謂崇祀不可議，直與程朱大儒等而視之，則是謂牛溲馬勃可與旨酒嘉殽登几案、饗嘉賓也，有是理歟？

來札又云孫鍾元述張逢元之言曰：「建安没而天下之實病，不可不瀉；姚江没而天下之虚病，不可不補。建安、姚江，雖不可並重，亦可謂識變化之方。」不佞則又有説焉。建安之學，補瀉備矣，偏於窮理者則瀉之以主敬，偏於主敬者則補之以窮理，何病之足患耶？建安没而天下之實病，不可不瀉，則亦以建安瀉之而已，何以姚江爲哉！以建安、姚江交相濟爲識變化，則是孔子當與佛、老交相濟，孟子當與楊、墨交相濟也，可乎？假使天下無楊、墨，無佛、老，則孔孟之道豈便不可行乎？必不然矣。閲《理學備考》中嘗採《學蔀通辨》之言。此書辨陽明病痛，至明至悉，先生既有取焉，則此中是非，固自分明矣，特不欲過毁前賢，開天下輕薄之門耳。此意誠厚，然某非好毁人者也，况敢毁前賢乎？顧恐是非混淆，則學者誤入荆棘，私心有所不忍，故不敢隱其所見。每言及此，不覺諄諄爲人道之。

識淺言疎，固所不免。伏祈先生勿吝切琢是禱。辛先生《經世石畫》、《衡門芹》諸書，并祈訪求，便中見賜。統希俯鑒，臨楮神馳。

答同年臧介子書

别後感冒暑氣，半睡半起，不飯者將十日矣。精神疲倦不可言。忽接手教，莊誦一過，不覺頓爽，如飲我以冰也。年兄爲己爲人之義，最爲近裏著己，學問以此爲主腦，知必有超然於世俗之上者。至論正、嘉風俗之壞，非姚江之過，學姚江者之過，此今日調停朱、王者，大抵如此立論，然僕則以爲有不可調停者。風俗之壞，實始姚江，非盡其徒之咎也。若徒歸獄龍溪輩，而謂與姚江無干，則非惟不足以服龍溪，且將使天下學者，不見姚江之失，復從而學之，其害可勝道耶！

大抵學術之弊，有自末流生者，有從立教之初起者。如學考亭不得，則流於腐，此自末流生者也。若姚江，則立教之初已誕矣，何待學之不得而後流於誕，此不可同日而論也。《學蔀通辨》一書，年兄曾見之乎？行篋中偶帶一本，今以奉閱。寓中無事，細考其條理，可不辨而明矣。

至來札所云「士大夫立身行己，自有大公至正之一途，而沾沾於好異，何爲耶」，此論甚正。然今天下學術不明，有本好異而自以爲大公至正者，有大公至正而舉世目爲好異者，此又不可不辨也。惟專力於考亭之學，然後真大公至正、真不好異者見矣。又來札云：「心切於救世，即不幸而爲降志辱身之事，不失爲聖賢心。急於徇名，即爲高視一切之行，而無補於名教。」夫徇名者，無補於名教，是固然矣。若「降志辱身」四字，則自有分寸，不可概言之。古人雖云降辱，然常置其身於規矩準繩之中，於所不可處，斷斷有所不爲，所謂不以三公易其介。今人一言降辱，便置其身於規矩準繩之外，視世俗之事若無不可爲者，此其間相去不啻霄壤。關係世道升降之故，若不論其分寸，而概以救世許之，其弊有不可勝言者，此尤不可不辨也。若佛入中國之事，謂宣聖早已知之，亦恐不然。夫聖人亦有所不知焉。謂夫子知後世必有異端，則可；謂夫子知後世必有佛，則恐近於漢儒讖緯之學，而非所以語大聖。

某學疎識陋，又病中狼狽，承年兄殷然下問，敢直陳其所見，惟高明恕其狂妄。

答秦定叟書

僕學問疎淺，蒙先生之不棄，遠辱惠教，常佩於心，冀一望見有道，開其茅塞。癸亥孟夏，適在武林，咫尺高齋，又囪囪不及造廬一晤。因草具數行，仰質高明，亦不能盡記其所言。而於《紫陽大指》一書中，尚不能無纖毫之疑，不敢自隱也。再承手教，兼示以答中孚、潛齋、擴菴諸書刻本，反覆莊誦，益歎先生之篤學精進，迥出流俗。如答擴菴書，謂周子主静之静，朱子看做對待之動静，原自不謬，陽明恐人偏於静，而易爲程子「動亦定，静亦定」之「定」，此陽明之誤，非朱子之誤也。又答中孚書，謂今人但知動中有静、静中有動爲得體用之一原，不知此但知一原耳，未可爲體用一原也。先須分明體用，後識一原，然後有下功夫處。此皆足以破俗儒之惑，有功正學，僕深服膺，不容更贊一辭者也。而於前日所疑，猶有未能盡釋然者，敢悉陳之。

來書謂未發已發，朱子一生精神命脉之係也，知未發已發，則知静存動察。又謂今之學者，相率入於困而不學，其源皆起於立教者以本體爲功夫，而不分未發已發之誤。此固然矣。然以此論朱子則可，而謂陽明之所以異於朱子者專在此，嘉、隆以來人才風俗所以不如成、弘以前者專在此，則恐有未盡者。蓋陽明之病，莫大於「無善無惡心之體」一語，而昧於未發已發之界，其末也。既以無善無惡爲心之體，則所謂未發，只是無善無惡者之未發；所謂已發，只是無善無惡者之已發。即使悉如朱子静存動察，亦不過存其無善無惡者、察其無善無惡者而已，不待混動静而一之，然後爲異於朱子也。朱子中和舊説，雖屬已悔之見，然所謂心爲已發、性爲未發，亦指至善無惡者言，與陽明之無善無惡相楹莛。即使朱子守舊説而不變，仍與陽明不同。所以陽明雖指此爲朱子晚年定論，而仍有「影響尚疑朱仲晦」之言，職是故耳。此僕所以謂考亭、姚江如黑白之不同。先生《紫陽大指》書中乃云「無善無惡一句是名言之失，而非大義之謬」，是僕所深疑而未解也。

來書又云《晚年定論》一書，陽明不無曲成己意，不敢雷同，即其窠臼。此固是矣。然考《紫陽大指》中載《答何叔京》三書，而評之曰：「此三書實先生一轉關處也。」則猶似未脱陽明之窠臼者。嘗合朱子一生學問前後不同之故考之，朱子之學，傳自延平，延平教人静中觀喜怒哀樂未發氣象矣，教人反覆推尋，以究斯理矣。朱子四十以前，出入佛老，雖受學延平，尚未能盡尊所聞，是以有中和舊説，有《答何叔京》諸書，與延平之學不免矛盾。及延平既没，朱子四十以後，始追憶其言而服膺之，《答林擇之書》所謂「辜負此翁」者，則悟中和舊説之非，而服膺其未發氣象之言，此朱子之轉關也。《答薛士龍書》所謂「困而自悔，始復退而求之於句讀文義之閒」，則是以答叔京諸書爲悔，而服膺其反覆推尋、以究斯理之言，此又朱子之一轉關也。是朱子之學，一定於悟未發之中之後，再定於退求之句讀文義之後。若夫《答何叔京》三書，則正其四十以前出入佛老之言，於未發已發之界，似若轉關，於窮理格物之功，則猶未轉關也。先生乃儱侗以爲朱子之一轉關。竊先生之意，却似以居敬爲重，而看窮理一邊稍輕。雖不若陽明之徒盡廢窮理，而不免抑此伸彼。故《答李中孚》書，遂以《大學補傳》爲可更，而以陽明之獨崇古本爲能絶支離之宿障，爲大有功於吾道，亦是看窮理稍輕之故。夫居敬窮理，如太極之有兩儀，不可偏有輕重。故曰涵養莫如敬，進學則在致知。未有致知而可不居敬者，亦未有居敬而可不致知者。故朱子平日雖説敬不離口，而於《大學補傳》，則又諄諄教人窮理，又於《或問》中反覆推明，真無絲毫病痛。朱子所以有功萬世者在此，所以異於姚江者在此。此而可更，孰不可更！即曰格物以知本爲先，所謂當務之爲急，然於格物之中先其本則可，而如古本《大學》謂知本即是知之至則不可。是又僕之所深疑而未解也。

至於先生惓惓居敬主静，可謂深得程朱之旨，而切中俗學之病矣。然敬之所以爲敬，静之所以爲静，亦有不可不辨者焉。嘗觀朱子之言敬，每云「略綽提撕」，蓋惟恐學者下手過重，不免急迫之病。故於延平觀喜怒哀樂未發一語，雖悔其始之辜負而服膺之，然於「觀」之一字，則到底不敢徇，見於《答劉淳叟》諸書，❶至《觀心説》一篇，極言觀之病，雖指佛氏而言，而延平之言不能無病，亦在其中。此用力於敬者所不可不知也。又朱子雖云「敬字工夫通貫動静，而必以静爲本」，却又云：「不必特地將静坐做一件工夫，但看一敬字通貫動静。」❷又云：「明道説静坐可以爲學，上蔡亦言多著静不妨，此説終是小偏，纔偏便做病。」蓋《樂記》

❶「叟」，原作「臾」，今據四庫本改。

❷「看」，據《晦庵集》卷六二《答張元德》，疑當作「著」。

之人生而静，《太極圖》之主静，皆是指敬而言，無事之時，其心收斂不他適而已，非欲人謝却事物，專求之寂滅，如佛家之坐禪一般也。高景逸不知此，乃專力於静，甚至坐必七日，名爲涵養大本，而不覺入於釋氏之寂滅，亦異乎朱子所謂静矣。此用力於静者所不可不知也。先生諄諄示人居敬主静，而未及敬與静當如何用工，是又僕所不能無疑也。

又讀先生答人書，謂「陽明之弊，只在無善無惡，若良知之説，不可謂非孟子性善之旨」。夫陽明之所謂良，即指無善無惡，非孟子所謂良也。孟子之良，以性之所發言，孩提之愛敬是也。陽明之良，以心之昭昭靈靈者言，湛然虚明、任情自發而已，一有思慮營爲，不問其善不善，即謂之知識而非良，是豈可同日語哉！又謂「陽明之學，真能爲己，而非挾好勝之心者」。夫陽明大言無忌，至以孔子爲九千鎰，朱子爲楊、墨，此而非好勝也，不知如何而後爲好勝耶？合先生之論陽明者言之，謂其真能爲己矣，良知之説合於性善之旨矣，崇古本《大學》能絶支離矣，惟無善無惡一語不能無弊，又是名言之失而非大義之謬矣，《晚年定論》雖不無曲成己意，而採《答叔京》諸書，又未爲盡過矣，所不滿者，惟不分未發已發一節耳。又《答李中孚》書云「此不過朝三暮四、暮四朝三之法」，則并未發已發，亦與朱子名異實同矣。前輩以陽明爲指鹿爲馬者，皆非矣。僕極知先生從學術世道起見，與世俗之以私意調停者不同，而埽除未盡，不免涉於調停之迹，恐遺後學之惑。所以不揆愚陋，不敢自匿其所疑，輒以上陳，伏候教示。知先生諒其求正之心，不以指摘爲罪也。嘉靖時，清瀾陳氏《學蔀通辨》一書，先生曾細閲之否？近時北方有張武承諱烈所著《王學質疑》一卷，其言陽明之病，亦頗深切著明，惜其已故。僕頃爲刊其書，敢并附正，統希垂鑒，不吝賜教，幸甚。臨楮曷勝翹企。

又

客歲遠承尊札，兼惠教《紫陽大指》，捧讀之下，且喜且愧。喜其不爲賢者所棄，而愧其以優游虚歲月，不如先生進道之勇也。自嘉、隆以來，紫陽之教微矣。今日起敝扶衰，惟在力尊紫陽，高明著書之旨，豈非世道幸哉！然僕心尚有欲商者。蓋尊意所力辨，在陽明「影響尚疑朱仲晦」之句，故歷舉朱子之言與陽明合者，以見其不影響。愚意朱子之學，原與陽明迥然不同，其言有時相近者，其實乃大相遠。故陽明雖有《晚年定論》一書，而到底以爲影響，此無足怪也。但取朱子《觀心説》及《大學》、《中庸》首章「或問」讀之，則其異同不待辨而知。若就其近似者以見其不影響，則恐反不免於援儒入墨之病也。世之溺於陽明而終不能自振拔者多矣。先生始而入之，繼而覺其非，雖賁育之勇，何以加諸！然猶似未能盡脱其範圍。所以於兩家分途處，猶未劃然。陳清瀾《學蔀通辨》一書，辨析最精，聞先生以爲過峻。願高明奮其衛道之力，必使考亭、姚江如黑白之不同，勿有所調停其閒，則大指得而世道其庶幾矣。僕才質駑鈍，於學無所窺，謬承下問，敢罄其愚。

復房師趙耐孺先生書

客歲兩接手教，如親承函丈。知近祉康吉，曷勝忻慰。隴其羈絆荒城，無一善狀，雖於鞅掌之隙，閒涉陳編，然識粗氣浮，無足道者。所修縣志，因邑人本子草率成書，疎漏良多。傅君著作，因其自成一論，不與俗同，故存之志中，欲以就正有道。便加「卓識」二字，則涉僭妄，此亦疎漏之一端也。得承指教，裨益良多。至所欲就正者，敢一陳之，望折衷焉。

如以江陵爲權，張桂爲佞，來諭謂其已甚，是矣。或又曰：以此論人，則似過刻；而存此一段議論於天壤，使後世知立朝事主，不可一毫苟且，苟違大道，雖以江陵、張桂諸人之才學，不免於爲權爲佞，似亦防維世道之一助也。其説何如？又如劉文成開國名臣，出幽遷喬，似不當在雜傳之例。然或又曰：置之雜傳，亦可提醒朝秦暮楚一流。《魯論》之仁管仲，程朱謂管仲與子糾，未可以君臣名分繩之，與王珪、魏徵事體不同，故孔子猶有取焉。若文成既爲元進士矣，又爲高安丞矣，又爲儒學提舉矣，又在行中書幕矣，其於元也，將與子糾一例乎？將與建安一例乎？儒者之道，惟出處兩端。出處中間，更别無路。若文成既已仕元，又不妨佐明，是出處之閒又有一道矣，可乎哉？向使如金仁山、許白雲輩，一生高蹈，遇風雲之會，奮袂而起，又當别論。文成豈其倫乎？諸葛孔明高卧隆中，未曾受人爵禄，故可擇君而仕。文成身登仕版，見異雲起曰：「天子氣也。十年後英主出，我當輔之。」是何言也！如以伊尹就湯、就桀之例言之，非常之事，固不可以常理論。然苟其心事絲毫不類伊尹，雜之一字，恐被之而不能辭。抑以《綱目》誅廉丹、予孟達之例言之，守貞者未必是，而達權者未必非，然恐文成所處，又未可與廉、孟同論。楊鐵菴《老婦謡》是或一道也。但曰出幽遷喬，即不爲雜，不知何以服危太璞乎？故謂文成之雜，異於趙孟頫、留夢炎之雜則可矣，然不可謂非雜也。猶之江陵立朝，未嘗無功，謂其異於分宜之權則可矣，然不可謂非權也。張桂議禮，不無可採，謂其異於鄧通、董賢之佞則可矣，然不可謂非佞也。此其爲説，然乎？否乎？伏祈裁教。

傅君之書，卷帙浩繁，未經付梓，其家無副本，不肯遠借。往歲曾録一本送史館，可就觀也。其他未純之處，亦頗有之，其亦不敢盡以爲是。獲鹿、臨城兩令親，皆古道照人，得託舟誼，幸甚。便中附候興居，率泐不既。

上魏環溪先生書

恭惟閤下當代夔龍，人閒麟鳳，海内瞻山斗之日久矣。隴其浙西鄙儒，幼讀聖賢之書，私心竊慕，以爲當吾世而苟有其人，雖隔萬里，猶將跋涉從之。長而蹉跎，雖不敢謂當世之無其人，而伏處里門，聞見不出一邑之中，未知其果有焉否也。三四年以前，始聞今臨朐相公破例而薦閤下於朝，海内舉以爲得人，天子亦倚以爲耳目，其條陳時務，皆正大久遠之計，與一切苟且之謀，相去楹莛。隴其在草莽之中，得而讀之，不勝竊慕，以爲此非尋常學者所能辦。及細詢北來之人，萬口一辭，謂是當世真儒。隴其益怦怦動於中，以爲此真向所云雖隔萬里猶將跋涉從之者也。

乙卯之春，謁選入都，咫尺耿光，欲脩贄而造於門下者屢矣。又以尊卑闊絶，恐涉攀援之嫌，跼蹐而不敢進。出都以來，常懷耿耿，謂末學小儒，不得大君子之磨礪，終不能有所成就。幸而遇其人矣，又以嫌疑而不能近，此生將汩没，無由自進於聖賢之域。及敝親自京歸，出詩一幅授隴其曰：「此少司農魏公寄以贈子者也。」隴其拜讀之際，且喜且懼，謂海濱末吏，何由得此於大君子？且閤下又非肯輕以色笑假人者，乃謬承贊譽如此，此必有以隴其欺閤下者，閤下姑信之而姑譽之，未必真以爲可取也。然又竊喜，向之耿耿於中、避嫌而不敢進者，今姓名既已得達於君子之前，則雖通尺幅以自敘其情，可以無攀援之嫌。雖未獲跋涉從之，而區區之誠，亦可以少慰其萬一。正擬修書自通，而部議以不才罷黜矣。念廢棄之吏，不敢輒上書於大臣之門，因又徘徊而不敢前。

然隴其聞之，士無故而輕造於公卿者，諂諛之徒也；有鴻才碩德之公卿先加禮焉，而終自引退者，鄙固之儒也。是二者皆非君子所以自處也。今以閣下之曲加接引，若使隴其終無一言以自達，不特有違於夙昔向慕之誠，亦恐冒君子之譏。故敢敘其情，以陳於左右，閣下覽之，庶知其非傲慢而遲回不報，其中心之感仰，固不啻如其書之所言也。至若隴其之所以不合於俗、自取罷黜，與其平生之所學、欲就正於閣下者，則固不敢以輒瀆也。臨稟曷勝悚惶之至。

與某書

歲底見足下所刊文，細讀之，奇氣矯矯，溢於楮墨，此誠未易才也。然有説焉。制義一道，所以發揮聖賢之理，非欲以炫奇而鬬麗也。苟有炫奇鬬麗之心，則根本已差，雖美無足觀矣。不知者謂足下文太奇，恐礙俗目而難售，愚意則不然。愚之所以未滿於足下者，非憂其難售也，竊以爲如此而售，雖售亦非所貴耳。今之務爲怪僻而躋顯榮者，豈無其人，識者不之取也，足下何爲而流入於此哉！愚所以取足下者，以其高明之資，可與深造，而非以今日此種之文爲可取也。願足下細心静氣，取程朱大儒之書，沉潛反覆其中，真見聖賢意旨所在，然後執筆爲文。復取先正守溪、荆川、涇陽之作，循其規矩，範我馳驅，不必務爲奇異，而自卓然遠於流俗，此則天下之至文也。何爲舍坦途而馳驟於荆棘哉！

至聞足下刊文之意，欲挾之以走京師，謁顯要，則辱在相知，尤不敢不一言以相規。夫所貴爲儒者，卓然自立，而不染於流俗；安分守己，而不屈曲於人；刻勵於中，而不肯炫燿於外。其遇與否，聽之命焉。一有屈曲炫燿之心，則君子恥之。昌黎之文，照耀今古，而上宰相諸書，先儒猶病其輕進。三閭大夫之《騷》，上追《風》、《雅》，識者猶嫌其露才揚己。而況材未如三閭、昌黎者乎！自世教衰微，士不以干進爲恥，亦不知以樸實爲尚。吴下豎子，稍知句讀，輒刊刻詩文，以誇於儕輩。稍不得志，便迫不能待。苟可以進身者，不問其何途而從之，視聖賢安命守義之學，不啻如弁髦。究竟其遇與否，皆有命焉，彼其所爲，何曾有毫髮之益哉！此在世俗，無怪其然，而非所望於賢者也。願足下深以古道爲期，而勿以流俗自處，以學問勵於己，以遇合聽於天，以樸實爲寶，而以吴下輕佻之習爲可鄙，則將來所售，自不可限量。區區之事，何足道哉！相期之深，故昌陳之。伏惟鑒諒。不宣。

與陳藹公書

去春獲親儀範，如飲醇醪。頃復承賜尊集，展卷一讀，琳瑯滿目。湯先生所謂脱手即妙，斯言不誣。古今文人，患其專意詞章，無與於道。先生立言，必以道爲準，讀《與汪比部論文書》，真能埽盡文人習氣。但道無終窮，粗言之，則韓退之、歐陽永叔之文，已可謂見道；精言之，則必如洛閩，如洙泗，方盡乎道之妙，方盡乎文之妙。知先生所以自期待者，正未可限量，而徒沾沾歎羡先生之文者，猶未免藪澤之見也。昔吕涇野先生謂空同李子，一爲歌行近體即如李、杜，一爲古樂選府即如曹、劉、阮、謝，一爲賦記序書即如屈、宋、賈、馬。向使李子一爲《定性》、《訂頑》，即如程、朱，一爲《大學》、《中庸》，即如曾、思，惜其力不加之乎此耳。僕敢以是爲先生望。劉静修、孫鍾元皆先生鄉人也，以先生之好學深思，何難媲美前哲耶？所欲請正者甚多，簿書羈絆，不獲朝夕左右，曷勝耿耿。便中附候，統希台鑒。不宣。

三魚堂文集卷之六

尺牘

答同年許子位

憶自西湖别後，久濶台顔，時深飢渴。不意奉命承乏貴邑，擬於涖任後躬叩龍門，快聆大教。忽蒙台翰宣頒，深感殷勤至意。但隴其生平勵志，以廉潔自期，而力薄才劣，又值國步多艱之日，便民利國，勢或相左。擬學第五倫之躬斬馬草，鄧伯道之自運家糧，敢期保障，庶免繭絲。生平簞瓢自樂，行且冰蘖知甘。然何以除稂莠而植嘉禾，何以親鸞鳳而遠梟獍，何以遺利澤於百年，何以解倒懸於今日，撫字何方，催科何法，大而移風易俗，小之剔蠹損煩。先生理學經濟，夙著東南，蒼生望澤甚殷，況貴邑利弊所熟悉者乎？惟期一一賜教，開我愚蒙，敢不虚己以聽！使嘉邑受某一分之益，即大君子一分之賜也。臨楮不勝仰企之至。

復房師趙耐孺先生

前到吴閶，匈匈違侍，至今悵然。世兄來，捧讀手教，得悉近履，殊慰遥思。但隴其勞生虚擲，方顧影以自慚，何煩尊者念及，致蒙世兄枉臨，隆情疊錫，益增汗下。猥浛任以來，才庸事劇，手亂絲棼，交盤諸務，毫無頭緒，新舊積逋，盈億累萬。憲檄雨飛，餉急莫應，不知奏銷作何景狀。兼之素性迂拙，凜凜春冰，不敢自玷生平，以負康成門下之知。故泠署蕭蕭，祇覺坐愁城而避債無臺。感遇如老師，尚無以爲情，惟深惶仄而已。世兄淵才雅度，令人心儀，但猪肝一片，地主之誼歉然耳。嘉貺愧不敢當。即藉附璧，外具不腆，略申鄙私，幸爲哂納。感愧縷縷，難罄筆端，統惟原照。不宣。

與李子赤茂

數年契闊，得一聚首，又冗劇之際，不能細罄衷曲，耿耿何如！此時此地，爲有司者，其日在荆棘閒，何如物外軒中，擁萬卷書，焚香吟詩，具人閒樂境耶？願足下寶此閒暇，專志正學，勿以有用光陰，浪擲旁門，此則故人所私禱耳。前聞留心《文獻通考》，此儒者有用之學，以大才肆力於此，欣羨，欣羨。但程朱文集、語録，及明儒薛敬軒、胡敬齋諸録，尤爲體用兼備之書，不可不讀，高明豈有意乎？淵伯常會否？所作《貽安録》一書，大有關係。弟已爲作序，但文樸陋，不足以表揚。似不可少物外軒一序，幸速成之。

答表叔李慧生

違範日久，每廑馳依。知杖履近多康吉，欣慰何似。譾材而試巖疆，錢穀之積逋者，新舊累億，憲檄催餉，奚啻如火。曉夜徵輸，苦莫以應。嗟我勞人，惄焉如擣。不知將來作何奏銷。至若守兔凜冰，又姪素性。荒署依然壁立，更難爲親知道者。斗大䁥城，竟等茫茫苦海矣，奈何！至戚如表叔，尚無一芹將獻，惶愧難言！當從容申敬。高年玉趾，幸慎跋涉。

答曹微之進士

久違教言，每深雲樹。遥知道履綏佳，神全養到，將來駿馬春風，定膺首唱矣。慰羨慰羨。弟以迂疎之質，任此繁劇，蚊負鳩營，惟恐隕越，以貽枌社憂。奈事事棘手，不知所措。催餉之檄如雨，積逋之案如山，晝夜艱辛，癯欲骨立。至於冷署蕭條之況，依然故我，更難爲知己道也。今而後知宦遊之味，不惟似蠟，抑且若蘖矣。辱承雅愛，翰傳汪年翁雲誼，中心藏之，何日忘之！第恐鹿鹿魚魚，不足以當鼎植耳。手口卒瘏，容徐徐親塵，乞爲叱謝。高情縷縷，感愧率復不盡。統冀鑒照，曷勝依切。

與雲閒陸郡博

恭惟先生學有淵源，教育之澤，久著三吴。玆者秉鐸雲閒，事事步武前人，譽髦之士，蒸蒸向化。此地久汨没於辭章，近復馳逐於聲利。以先生方正篤實之學，爲之砥柱，轉移之機，當不遠矣。弟嘗竊思學校爲天下根本，當今欲整頓缺壞，必自此始。而上下皆不甚留意，近來益復龐雜。居此職者，亦往往多自菲薄，不肯以古人自期待。然胡安定、曹月川所以赫赫今古者，正以其能爲於舉世不爲之時也。使舉世皆已爲之，則亦無貴乎安定、月川矣。然則今之龐雜而苟且者，不可謂非豪傑振興之時也，先生豈非其人哉！弟夙仰高風，秋閒在玉峰，晤靈昭令姪，益悉道範。又獲讀《四書定解》，如親承指示。高山之仰，何啻飢渴。而台駕枉臨，不及倒屣，每用耿耿。兹因舍姪壻居生王機，獲在門牆，敢附數行申候，并謝教益。居生爲亡弟幼壻，向曾執經於弟，年少有志，先生進而教之，俾知聖賢之學，得有所成就，幸甚！臨楮曷勝悚惶之至。

答川沙王守備

日者得聆塵言，喜慰無似。霏霏玉屑，至今猶令味思也。兹承教，并將禁條頒示，具見親臺留意巡防、未雨綢繆之思，不獨裨益疆圉，即弟輩亦叨庇多矣。至論及私販之徒，出没踪跡，燎若列眉。愚民爲蠅利所驅，而不知累及身家，誠屬可恨。今欲窮其源而塞之，似亦至論。但慮賣鹽之家，而根究出洋之犯，轉展推求，恐捕緝之輩，又於從中播弄，或至擾害，反與不計轉展攀指之律有礙。莫若辨鹽色，嚴禁坐賣之家，有犯必究，則頓者無人，而販者自絶。更於編甲之内，互察嚴查，飭以隱諱連坐之法，如是則利無所營而趨者少，害有所叢而避者多，自然姦志潛消矣。老親臺與弟見合符，即當示曉愚民，專役協查也。疆索遼闊，鞭長不及者，惟親臺加意焉。率復不既，統惟犀照。

上座師張素存先生

自山左道上，得侍函丈，匆匆言别，不及細聆教言，至今耿耿。遥想老夫子從容侍從，皐、夔事業，行當照耀宇宙，豈惟門牆之内，實寵嘉之。隴其荷蒙垂愛，夙夜惕厲，思欲稍自樹立，以圖報稱。不意才疎政拙，不能免於部議，遂遭罷黜，固分所宜。但私心竊懼者，世俗不諒，謬以隴其爲過於寬厚，有誤催科。此言流傳，功名之士，遂將以寬厚爲殷鑒，其害非細。其實隴其於催科，較之他邑，不大相遠。核其民欠，尚少於他邑。特勸諭多而敲扑少，其迹類於縱弛耳。隴其方自愧不能盡用德教，而論者乃以爲寬厚之誤，豈不誣乎！既退歸田園，悠悠之口，應置勿論。然此乃人心氣運所關，故敢於知己之前一陳之，使大君子鑒焉。知其罷黜之故，由於學不至，德不足，而寬厚無罪焉，則庶幾耳。至若一身之得失榮辱，雖不能如古人之塵視軒冕，然聖賢義命之學，則固嘗聞之矣，豈敢以此咎人也。兩載鹿鹿，未獲一候起居，疎慢之罪，不可言狀。兹因便羽，聊展寸忱，不莊不備，統希鑒原。臨稟曷勝悚切之至。

答崑山邱近夫

夏閒接手札，未獲裁報，時懷耿耿。年翁學問文章，夙昔欽仰，過承謙抑，殊不敢當。不棄駑鈍，得常親道範，斯厚幸矣。今之志於道者鮮，如年翁之卓然以正學自任，此真斯世之祥麟威鳳，豈特夐絶三邑已耶！惟望益加砥礪，如陟泰岱，進而彌高；如遡星宿，探而愈深。直造其巔，直窮其源，使古學之不絶如縷，復昭昭於天壤，則世道之福也。嘐城學者雖衆，然與之言舉業，則欣欣樂聞，與之言爲己之學，多捍格而不入。惟諸莊甫超然功利之外，可謂篤行之士，所著文字，亦彬彬可觀。近常相往來。猶記高明之極口贊歎，洵不虛耳。瞻望咫尺，未獲把臂，罄所欲言，悵悵何如。因便申候，臨楮曷勝神馳。

復房師陳省齋先生

客歲從關使者得老師札，即作一稟附呈，想已入台覽。兩載鹿鹿，未獲專使一候起居，罪何可言！隴其本屬菲材，荷蒙提拔，驟得一官，硜硜自守，惟恐有負知己。不意以此見諒於君子，亦以此獲戾於世俗，命也，復何言哉！錢糧雖無大挂礙，然亦小有未完，冬底可竣局。寒家本無貲蓄，今亦適還故我。幸而老親亦安貧，不以蕭然爲苦。明歲尋得一訓蒙地爲餬口計，當世之事，不敢復問矣。自念生平學力疎淺，此後或得以閒暇之身，究心古人之學，倘或稍有進益，不終於昧昧，即爲厚幸，敢尚有他望哉！前歲爲老師尋一十七史，因恐浮沉，蹉跎未寄。舍親北來，即當送呈。臨稟曷勝悚切之至。

與李枚吉壻

在吴門遇來使，知吾壻欲援近例，愚竊以爲不可。朝廷設科取士，三年一舉，此正典也。方正之士，莫不由之而進。今科之設，不過爲急於功名者，使之稍助軍需，亦得一體進取，原非所以待豪傑也。吾壻英年有志，前程遠大，苟發憤力學，將來鳳翥鵬翔，何可限量。奈何不以豪傑自待，而甘心出於此耶？且就吾壻今日所處，又有大不可者。禮，爲人後者，爲其本生父母降期，然服雖降，而一切食稻衣錦之事，必有不安於心者。蓋可降者服，不可降者心也。故考試之事，但當與歲考，不當與科舉，秉禮之士，莫不皆然。今吾壻期年雖滿，而心喪未畢，儼然與應舉之士角逐於文場，可乎？不可乎？況功名遲速有命，難易亦無一定。

苟命應得，雖在千萬人中，自當脱穎而出。如其不然，即兩人相較，亦有得失，況十五人而中一人，安在其必得耶？即功名未必得，而徒冒不韙，竊爲高明不取也。相愛之深，不覺盡言。惟吾壻熟籌之，幸勿以吾言爲迂愚。交盤尚未完局，秋涼當歸，草勒不悉。

示大兒定徵

我雖在京，深以汝讀書爲念。非欲汝讀書取富貴，實欲汝讀書明白聖賢道理，免爲流俗之人。讀書做人，不是兩件事，將所讀之書，句句體貼到自己身上來，便是做人的法，如此方叫得能讀書人。若不將來身上理會，則讀書自讀書，做人自做人，只算做不曾讀書的人。讀書必以精熟爲貴。我前見汝讀《詩經》、《禮記》，皆不能成誦。聖賢經傳，與濫時文不同，豈可如此草草讀過！此皆欲速而不精之故。欲速是讀書第一大病，工夫只在綿密，不間斷，不在速也。能不間斷，則一日所讀雖不多，日積月累，自然充足。若刻刻欲速，則刻刻做潦草工夫，此終身不能成功之道也。方做舉業，雖不能不看時文，然時文只當將數十篇看其規矩格式，不必將十分全力，盡用於此。若讀經讀古文，此是根本工夫。根本有得，則時文亦自然長進。千言萬語，總之讀書要將聖賢有用之書爲本，而勿但知有時文；要循序漸進，而勿欲速；要體貼到自身上，而勿徒視爲取功名之具。能念吾言，雖隔三千里，猶對面也。慎毋忽之。

答嘉定李生玉如

不孝生平積愆，禍及先人，遠辱光唁。心肺方裂，不能一敘契闊，悚惕而已。方期賢者積學奮飛，爲時羽儀，不謂亦罹此大故，何天之降罔，一至於斯！苫塊之中，未得以生芻一拜几筵，兼謝厚誼，徒懷耿耿。使者來，知方爲葬事經營，而手札諄諄下詢，惟恐稍有弗當，則終身莫贖，此一念已得禮之本，擴而充之，知必有大過人者。但不孝平時學業鹵莽，未能徧考古今之禮，動多窒礙，豈能爲高明決疑辨惑耶？承問不容自已，姑據所見言之。

壽壙一事，《儀禮》、《家禮》皆無明文，然古人往往爲之，似無預凶事之嫌。左氏所謂「預凶事非禮」者，蓋指含襚賵賻之類言之，至於棺槨之屬，則不可以此論。故《檀弓》有「君即位而爲椑」之文，《王制》云「六十歲制七十時制」，未聞以爲嫌也。至若有庶母之葬，而以兩邊俱葬、壽壙居中爲疑，則庶母葬位，於禮原不應與嫡母相並，或另祔於旁，或稍退一二尺，如此則與壽壙亦似無嫌，而亦不必停庶母之葬以有待也。惟是世俗封壽壙純用吉禮，則哀樂同時，誠有如來札所云者。不孝亦嘗疑此，而未有所考據。查《儀禮》筮宅，「主人皆往兆南，北面免絰」，註云：「免絰者，求吉，不敢純凶。」疏云：「主人之服不純吉，免絰，亦不純凶也。」此是卜葬宅之禮。以此推之，則封壽壙亦當稍參以吉，但不可如世俗之純用吉禮。或者暫釋衰絰，以素服臨事可也。然當更詢之博聞知禮者，臆度之言，不足據也。冗中不敢久羈尊使，匆匆草復，知無當於禮意，伏惟鑒諒。不一。

答同年顧蒼巖表叔

舊冬都門獲接尊札，并領《學蔀通辨》，正欲覓便致謝，忽聞家變，狼狽南歸。一載以來，煢煢苦塊，不復知有人世應酬之事。未獲以一字達左右，乃復遠蒙光唁，施及先人，曷勝悲感。又蒙垂愛，欲延之家塾，深荷惓惓之意。但隴其明歲已受虞山主人之訂，不容中更，當另訪一友，與表叔祖商定，再圖報命也。《月川先生集》謹已拜登。此書求之十餘年不可得，一朝獲之，何啻百朋之貝耶！但月川尚有《四書詳説》、《存疑録》等書，不在此集中，不知彼中尚可尋覓否？更望留神。家鄉風景如舊，但今歲米價驟騰，人心皇皇。蓋民窮財盡，譬如尫羸之人，稍遇風寒，百病交作。明歲若再加長，其勢便難支撑，可爲隱憂者此耳。中州光景，度必相同。催科之事，勢不能全緩。須使百姓洞然見我惻怛之意，然後急之而不怨。所謂信而後勞，斷斷不誣。吕新吾講究荒政，最爲詳悉，宜急求其書觀之。擇與地方相宜者，爲小民盡力經畫一番，此根本之計也。匆匆草復，并謝隆誼，不盡欲言。

答某索序

先生以箕穎高踪，道揚風雅，爲後進表儀久矣。乃辱俯念，謬以珠玉問序於章句鄙儒，其亦古人芻蕘是詢之意乎？然黄鐘大吕，豈淺學所能贊一詞？所以聞命逡巡，而不敢答也。兹者更值家變，煢煢苦塊，不復知人世有斯文之事，雖琳瑯在前，不知其爲何物，而況能序之乎？竊恐高明未鑒，病其懶於奉命，敢佈愚忱。至若古之詩人，必先有志，其志卓然出於流俗之上，可以對天地，質聖賢，然後發而爲詩。故其詩正大高明，而非風雲月露之學所能彷彿其萬一。知先生於此，必有所得力，伏惟不棄愚矇而教之，則所厚望焉。

與閩臬趙公

恭惟先生道原洙泗，文遡韓歐。霖雨之澤，已徧乎中外；斗山之仰，益重乎朔南。隴其自乙卯都門獲瞻道範，願學之私，常深寤寐。山川閒之，不能時奉大教，每切耿耿。茲者台旌秉憲八閩，正值朝政寬仁、與民休息之時，風動之美，當不讓庭堅種德，非特如漢于公昌大門閭已也。況八閩爲考亭朱子闡道之鄉，以大君子式臨茲土，刑措之餘，知必將振揚風化，興起儒烈，俾紫陽遺澤，重光海宇，世道之幸，爲何如耶！又紫陽門人，如勉齋、北溪、西山、九峰之徒，皆係閩産，遺書久湮，搜緝而表章之，其在斯乎！企望企望。舍弟承烈，係先伯墨濤公嗣子，來叩台墀，肅此附候。舍弟向來杜門株守，未曾涉歷世故，進謁之時，深望教誨。統希俯鑒。臨楮曷勝悚惶之至。

復席治齋虞部

不肖弟以樗櫟下材，與時牴牾，承高賢顧盻，付以師友之任，垂愛之殷，有倍尋常。方圖報稱，不謂生平積愆，弗爲天佑，至於大故，狼狽南歸。乃更辱憫憐，遠勞賻唁。心肺方裂，未獲以寸簡致謝，耿耿何如！春初，令親到舍，傳述盛意，感切寤寐。但不肖方煢煢在疚，秋冬又當經營先君窆事，未能遠出，有虚高誼，惶悚而已。令郎天資英妙，必成大器。鄙意目下但當多讀書，勿汲汲於時文。《左傳》之外，《易》、《詩》、《禮》諸經皆不可不讀。讀必精熟，熟必講解，聰明自然日生，將來便不可限量。養其根而俟其實，古人爲學皆然。世俗子弟所以多壞，只緣父兄性急，一完經書，便令作文，空疎杜撰，不識經史爲何物。雖僥倖功名，亦止成俗學，與前輩學問，相去殊絶，此不足效也。芻蕘之見，惟高明採擇。肅此布復，并謝隆施。苫塊餘生，言不能盡，統希鑒原。臨楮神馳。

又

春杪曾有一札奉謝，未知得達否。嗣後復承令親到舍，爲明歲之訂。弟自揆愚鈍，無毫髪之長，可以有裨高明，而謬蒙垂愛，惓惓無已，感荷之私，豈筆能述！但弟明年尚在苫塊中，長安道上，非棘人所宜。不能馳赴台命，遥望龍光，耿耿而已。令郎今歲學業，必更精進，幼學工夫，不患不長。但如築室，須堅其基址，然後可起樓閣。五經四書，皆基址也。時文，則樓閣也。須先將各經熟讀細講，浸灌其中，使之有得，然後及於時文。循序漸進，而不欲速，自然所就不可限量。榮補未知當在何日，仕途遲速，皆有定命，不必攖心。肅此附候，并謝高誼，統希垂鑒。臨楮曷勝神往。

答楊某

不孝廢黜之餘，更值家變，伏處苫塊，不知何自姓名入於高明之耳。遠辱台翰，過蒙獎譽，皆非薄劣所敢當也。豈高明欲攬當世之英賢，而姑先從其所最不足數者而惓惓焉，古人所謂「請自隗始」者乎！不孝雖嘗有志於古人之學，然才質駑鈍，無所知識。偶膺民社，未有絲毫之益於時，輒遭罷黜，皆所自取，不敢尤人。來翰以古之撫字心勞者比之，此以告者過耳。巢來昆季，盛稱賢者之志行，知胸中所負，必有超出尋常流俗者。惜未得一對叔度，消其鄙吝也。猥承高誼，敢布區區，統希俯鑒。

與趙生魚裳旂公

七夕邊適苦瘧疾，故尊篇久留未歸，茲同《康齋集》暨《龜山通紀》一併奉到。細看康齋文字，大抵返躬克己之意居多，明初儒者一派真實工夫，真不可及。但康齋於格致上，微覺未足，故其議論尚少發明，而行事亦時有未滿人意處，方之薛、胡，不無高下焉。近來昆仲所用何功？雖舉業上不得不著力，但必使字字從身心上體貼出來，則舉業無非聖學矣。日記一編甚好，讀書如此留心，方不是俗學。但判斷前人尤易，磨勘身心爲難耳。晚村評金黃稿尚未見，必有可觀，正在尋覓也。便中附此，不盡。❶

與周好生

兩月之内，再遭家變，此實生平積愆，天降大罰，復何言哉！惟有痛自刻責，庶天其厭禍。偶書一二語置

❶ 「晚村」至「不盡」二十四字，乾隆後印本剜去。

坐右云：「老大始知氣質駁，尋思只是讀書粗。」以此當韋弦，即以此代祈禳。但恐粗處未能盡知，駁處未能盡見，惟兄有以教之。兄處淡漠，奉老親，此乃人生不易得之境，上天所以篤厚兄者甚至，豈弟所可望耶？研田遠不如近，必不得已，則亦無可如何者也。陸學師札奉上。此公素聞其方正，前在玉峰，承其枉顧，因弟先解維，不及一晤。覿佚見時，可一致意。弟歸期當在望後，歲内當圖至武塘。種種俱俟晤時悉之。

答某

己未之春，承駕遠臨，時不佞正在苫塊之中，心肺方裂，不能一敘契闊，至今耿耿。服闋以後，念學疎性拙，與俗多睽，未敢遽出。兩年旅食虞山，借村學究伎倆，爲餬口計，門外之事，一無所與。來札巡鹽冒犯云云，皆屬訛傳，並無此事。惟去秋遭西河喪明之慘，情最不堪，此乃生平積愆，天降之罰，無足言者。讀來札，知高明力學之志，不少退屈，爲之喜躍。世俗滔滔，篤志如此，真不易得。但札中所謂近年少有所得，自以爲孟子後無人知者，未知所得如何？竊以爲孟子後無人知，但可語宋以前，若宋以來，則有周、程、張、邵，有考亭朱子，不可謂無人知。賢者此語，得無未深考而言之太易乎？不然，則辭未達意也。愚近年所見，覺得孟子之後，至朱子知之已極其明，言之已極其詳，後之學者，更不必他求，惟即其所言而熟察之，身體之，去其背叛者，與其陽奉而陰叛者，則天下之學，無餘事矣。未審高明近所得者，從朱子而入乎？抑不從朱子入乎？此中得失，相去懸殊，得一面論之，幸甚。或詳書所見寄示，使不佞得辨別焉，亦所願也。使回匆匆，不盡欲言，臨楮神馳。

與曾叔祖蒿菴翁

一身遠出，幼子無知，所恃者，師保得人耳。臨行匈匈，言不能盡，想太翁亦不待言而知其意也。舟中細思「一齊衆咻」之義，覺得「咻」字情狀萬千，愈思愈覺可畏。非必有意引誘，然後爲「咻」，凡親友來者，或語言麤鄙，或舉止輕率，一入初學耳目，便是終身毒藥。故有心之「咻」猶有限，無心之「咻」最無窮。此孟子所以必欲置之莊嶽。然莊嶽勢不易得，惟恃一齊人之辭嚴義正，能使衆咻辟易，望風而靡，則瀟湘雲夢，盡成莊嶽矣。舟行吴江道中，半日悶鬱，思至此，又不覺欣然慰也。至於户外之事，惟有一静。仲書「夬履貞厲」之占，切中其病，神明如見。晤時幸時提撕此意，内無咻，而外無夬，千里遠懷，便可坦然矣。惟太翁留意。

又

六月初二到京，部例急選與大選不同，文書必自勳司而轉功司，自功司而達選司，有二十餘日之擔閣，非一日便可投供也。選司題覆，又有一月工夫。總之，補期在九月矣。初意欲改教職，部中無此例，只得聽其自然。但將來做法甚難，諸君子之期望亦最難副，十分小心，猶或庶幾。倘得一世俗所謂美缺，家中人切不可以爲喜，望太翁居常時時提醒此意。在京師自覺紛華盛麗不能動此心，頗浩浩落落。但時一念及稚子愚蠢，未有知識，輒不能不膠擾於中，未知近來讀書何如？姪孫意惟欲其精熟，不欲其性急。太翁可取程氏《分年日程》，細體古人讀書之法，使之循序漸進，勿隨世俗之見方妙。《周禮》、《禮記》俱宜令其温習，一季得一周，庶能記得。姪孫幼時温書，皆一月一周也，《左傳》諸書，迄今猶能成誦，皆當時温習之功，惟太翁留神。館中凡有不便，不妨直言，不比在别家也。惟有一事，意中欲望太翁之裁節者。向在家時，屢欲言之，躊躇中止。到路上思之，不言畢竟是客氣，非所以待太翁也，敢一陳之。煙之爲物，從古所無，明季始有之，吴梅村以爲妖，見於《綏寇紀略》中。姪孫見今之大賢君子，無喫此者，蓋皆知其非佳物也。太翁留心正學，而嗜好偶同於流俗，何難一舉而絶之？一則見克己之勇，一則免火燭之虞，一則後學無效尤之弊，一舉而三善備焉。不識太翁不以爲妄言否？便中草附，不能盡悉，臨楮依依。

又

到京三月，家信未通，心甚懸懸。八月十七，始接得閏月中信，喜不可言。姪孫已經投供，但部中新例，急選不論項款，惟以文書到部日爲先後。而近來教官、縣丞兩項捐陞知縣者，聞改歸單月，姪孫名次在七十人外，補期尚遥遥矣。冬末春初，或作南歸計，亦未可定，尚在徘徊也。家中百事都放不下，所恃以寬其内顧之憂者，惟以學生子付太翁耳。明歲不敢另具約，奉教自應如舊。姪孫教子之念與他人異。功名且當聽之於天，但必欲其爲聖賢路上人。望時時鼓舞其志氣，使知有向上一途。所讀書不必欲速，但要極熟。在京師見一二博學之士，三禮四傳，爛熟胸中，滔滔滚滚，真是可愛。若讀得不熟，安能如此。此雖尚是記誦之學，然必有此根脚，然後可就上面講究，聖賢學問，未有不由博而約者。《左傳》中事迹駁雜，讀時須分别王伯邪正之辨，《註疏》、《大全》，此兩書缺一不可。初學雖不能盡看，幸檢其易曉者，提出指示之，庶胸中知有涇渭。冬天日短，應囑其早起，夜間則又不宜久坐。欲其務學，又不得不愛惜其精神也。聞家鄉米價甚賤，此最是喜信。季飛叔姪近況何如？晤時并希致。人處境不佳，只有和平一法。怨尤之氣減得一分，有一分受用也。

示三兒宸徵

前有一字，寄嘉善柯寓匏帶歸，不知曾到否？我在外甚安好，家中不必懸念。但汝讀書要用心，又不可性急。熟讀精思，循序漸進，此八箇字，朱子教人讀書法也，當謹守之。又要思讀書要何用，古人教人讀書，是欲其將聖賢言語，身體力行，非欲其空讀也。凡日間一言一動，須自省察曰：此合於聖賢之言乎？不合於聖賢之言乎？苟有不合，須痛自改易，如此方是真讀書人。至若《左傳》一書，其中有好不好兩樣人在内，讀時須要分别。見一好人，須起愛慕的念，我必欲學他；見一不好的人，須起疾惡的念，我斷不可學他。如此方是真讀《左傳》的人，這便是學聖賢工夫。汝能如此，吾心方喜歡。勉之，勉之！

與前令董子祁

奉教兩月，如飲醇醪，不覺心醉。東郊言别，曷勝依依。一路老幼捧觴遠送，聞寅翁馬上酣醉，猶諄諄勸百姓完糧息訟。嵩陽父老，以爲數十年來勝事，中山誌中，又添一段佳話矣。弟以菲材，幸承善政之後，成法可師，事逸功倍，叨庇宏多。但駑鈍性成，雖喜附驥，實愧續貂，未知將來作何景狀也。使旋奉覆，匆匆不既。

答鄭唐邑

忝叨同譜，山川遥阻，不獲常瞻光霽，祇聆教言。惟神馳左右，時切依依而已。某駘駑庸才，向待罪南中，已遭蹉跌，不知退遯，復承乏疲邑，每事掣肘，撫字催科，皆無良策，内懷慚愧。遥想足下，宏才偉抱，必有超軼絶倫者，曷勝仰止。未獲專力修候，乃蒙手翰下頒，復承隆貺過情之賜，何以當之！細讀來札，知足下冰雪爲操，留心民隱，只「不敢剥民擾民」一言，已足爲某輩南車。至云「所講求者己政之得失，非官階之崇卑」，卓哉斯言！益令某歎服不已。則足下教我實多，乃復下詢芻蕘，某何能更進一籌耶？老年伯尊稿及李道臺佳什，俱已領入，第「衛水占星」之句，某何敢當，足下庶幾無愧耳。

上井陘道李梅崖先生

前者憲駕光臨，山僻疲邑，諸事草率，不恭之罪，無所逃避。乃執事汪汪千頃之量，不督過之，又寵榮之。頃某縣某令傳致衛水尋源詩，區區下吏，荷蒙注念，何幸如之！至恭誦詩詞，慨然於萬古聖人飢溺同民之意，此大儒有本之言，非月露風雲家所能道其隻字。豈惟下吏實受其賜，衛水增光多矣。當尋片石，敬勒水濱，以誌不朽。前蒙面諭疏通此源及查趙王臺高若干，卑職隨令村民將所指舊源處，疏掘至丈餘纔有水，然甚微。土人謂此水隨旱潦爲盈縮，大抵然也。又據土人言，其旁更有一源，擬於農隙時再督其疏濬，使一番憲節按臨，與禹之明德俱永也。趙王臺在縣治西十五里故城村，城周圍約十五六里，已多圮壞，然規模尚在。臺在城中，約高五六丈，無磚石，但巍然一土阜，上有武靈王廟。廟甚陋，係近時里民所修，然其所由來則遠。廟前一望，平山、井陘、獲鹿諸山，皆歷歷在目，滹沱河環繞其下，誠佳境也，宜其爲武靈所流連哉！臺下相傳舊有八角井，今已無形迹可考。臺東里許有養魚池，周圍約四五里，今已爲田，但四圍高而此獨下，儼然池形也。卑職更有陳者。《禹貢》恒、衛二水，皆屬真郡境，衛在靈壽，諸書無異論。恒水則行唐誌謂即派河，曲陽誌謂即沙河，府誌則恒水、沙河、派河又各自爲一水，未知其孰是。宜討求畫一，使有定論，亦羽翼經傳之一端也。因論衛水，而并及之，統希憲鑒。

與鄭唐邑

上谷把臂，匆匆言別，不及從容就正爲悵。年兄學有淵源，議論丰采，迥異流俗，膏澤及民，將與唐水俱永，敬羨，敬羨！承許貴治邑誌，專役走領，大茂山勢曲折，并望指示。此山諸書皆以爲即恒山。《禹貢》太行、恒山自是二山。前聞年兄之論，却似恒山即太行之隨地異名者，不知果是一是二。恒嶽之辨，乃畿南一大疑案，得年兄考正，愉快何如！邑中有文獻可開茅塞者，惟勿吝賜教是荷。一芹之微，聊申鄙忱，并祈哂納。

答張西山先生

恭惟先生學貫天人，聲徹内外。隴其自某年某處得瞻仰高山，私心向往。年來南北閒隔，無由執鞭。

兹幸承乏靈邑，得與令郎朝夕共事。涖任之始，又蒙不鄙，遠辱台翰，重以尊刻，曷勝忭慰！《儒宗理要》一書，補《近思》之缺，去《性理》之煩，真足爲學者指南。《衍義補删》筆削精嚴，有功文莊不淺。讀《青齊政略》諸書，則皆得之涉歷體認，又令人爽然自失矣。受教宏多，肅此奉謝，統希垂鑒。

與各鄉紳勸戒賭

謹啓：某學疎才短，生長南方，未諳北上情形。承乏兹邑，入境以來，見地瘠民貧，禮教廢弛，蹙焉内傷。求所以撫字之方，教化之術，使家給人足，風清俗美，不知何道而可。恭惟諸老先生年臺，一方表率，利弊必素知之。苟有益於民生，有裨於風俗，切實可行者，伏祈詳悉指示，勿吝讜言。隴其將奉以周旋，或可稍逭尸素，皆高明之賜也。至不佞，亦有芻蕘之言，望諸君子之採擇者，敢并陳之。

如賭博一事，實民閒大害，然而有司不能禁也，禁之其心必不服，何也？彼見鄉紳士大夫皆聚而爲之，而有司所禁者，獨此蚩蚩之民，宜其心不服也。夫移風易俗，必自貴者始。諸老先生年臺中，高明遠見者，自能洞燭此理，不待下吏之言。或有向來習慣，以爲此游戲之事，無傷大體，不知愚民因而視效，開盜賊之源，成惡薄之俗，皆此游戲爲之。且士大夫家一有此風，子弟慕效，因而蕩廢祖業，敗壞家門者，恒必有之。是非特一方之害，亦本家剥膚之災也。詩書中滋味甚長，何可爲此？伏冀俯採鄙言，互相戒勉，以爲民法。禮讓之風既敦於上，則酖毒之害自去於下，蚩蚩者將不待禁而自止矣。統祈垂鑒。不宣。

與席生漢翼漢廷

科場一時未能得手，此不足病。因此能奮發自勵，焉知將來不冠多士？但患學不足，不患無際遇也。目下用功，不比場前要多作文，須以看書爲急。每日應將四書一二章，潛心玩味，不可一字放過。先將白文自理會一番，次看本註，次看《大全》，次看《蒙引》，次看《存疑》，次看《淺説》，如此做工夫，一部四書既明，讀他書便勢如破竹。時文不必多讀而自會做。至於諸經，皆學者所當用力。今人只專守一經，而於他經則視爲没要緊，此學問所以日陋。今賢昆仲當立一志，必欲盡通諸經。自本經而外，未讀者宜漸讀，已讀者當温習講究。諸經盡通，方成得一箇學者。然此猶只是致知之事。聖賢之學不貴能知，而貴能行。須將《小學》一書，逐句在自己身上省察，日間動静，能與此合否，少有不合，便須愧恥，不可以俗人自待。在長安中，尤不宜輕易出門，恐外邊習氣不好，不知不覺被其引誘也。胸中能浸灌於聖賢之道，則引誘不動矣。切望，切望！尊公先生不及另札，祈一致意。

與呂無黨❶

自違道範，不覺一紀。不佞服膺尊公先生之學，有如飢渴，所不同者，出處耳。嘗愧不能脱去塵埃，相

❶ 此篇乾隆後印本剜去。

從於衡門泌水閒。自謂登堂受教，尚應有日，何圖遂至於斯！聞訃痛悼，非爲私悲，爲斯道慟耳。即欲走一介奉慰，而南北閒隔，蹉跎至今，負歉何可言喻！兹因便中附寄小文一首，微禮一函，乞致几筵，冥冥之中，當不我棄也。至於尊公未竟之業，將來責在足下，伏惟爲道節哀。鄙意尊公闢邪崇正之學，悲時憫世之心，主於隨事指點，故往往散見於時文之評，而未有成編。足下讀禮之際，宜輯其關係世道者，彙爲一書，如河津《讀書録》、河干《居業録》之例。❶若聽其散於時文中，譬綴明珠於敗絮，恐難垂久遠。或更有微言奧義，未經問世者，總收拾於一書中，以成千秋之物，此純孝第一事也。至尊公所急欲表章者考亭諸書，亦宜及時整頓，用成先志。足下好學深思，平時志行，已表見於世，必能步武前人，無待叮嚀。區區之心，不能自已，敢一及之。臨楮惓切不盡。

附答書

不孝癸亥秋遘先君之變，以道路修阻，不及訃聞於門下。乃蒙先生遠賜弔賻，重以哀章，展讀之餘，辭誼真篤，在旁觀者靡不雪涕，況不孝輩耶！憶昔年侍先君於禾城寓舍，得聆先生言論，與先君有水乳針芥之合。不意此後雲泥異方，遂成永訣，宜先生之深致痛悼者！惟先君平生志力，自荷甚重，而遭逢非偶，功不見用於時，即欲闡先傳之緒言，窮異端之邪遁，庶幾立言，以待後之學者。而天復不假以年，中

❶「河干」，依文義當作「餘干」，《居業録》作者胡居仁乃餘干人，此集内屢稱之。

道捐棄。所未就之書，惟朱子《近思録》及《知言集》尤爲緊要。先君常語學人曰：「此二書不成，則吾虛負此生矣！」是以抱病以後，猶勤批纂，易簀之際，不廢丹鉛。有勸以静攝養疴，暫輟以俟稍愈者，先君毅然曰：「一息猶存，不敢不勉！此時精神尚可料理，後此更何及耶！」然引端示緒，竟不能成也，悠悠蒼天，此恨何極！先君時與學者講論及家常語言，皆因人隨事，不主故常，當時恨無録記。至今追憶，音響尚在，而精微不傳。惟時文評語，出於手著，先生勉以纂集成書，以垂久遠，固是不孝之責，當即尋記編次，就正於有道而後出之，亦不敢不鄭重耳。不孝邇者因多塵務，内則米鹽零雜，外則門户應酬，不能專力於讀書。去秋❶嗣後更得先生不棄其愚，時賜誨之，此不孝之願，而亦先君之所望也。新刻朱子遺書六種，又朱子《家禮》及《小學》、《近思録》合刻各一册、先君《書義》四秩呈覽。目下刻《儀禮經傳通解》已將及半矣，明歲可得竣事，更容奉寄。兹特踵門泥謝，因附片言以復，辭不次第，伏惟鑒諒，不宣。

與鄰邑某

足下中州名彦，家學淵源，夙著海内。某初至靈邑，自謂得近耿光，可以從容就正。不意台駕遄行，不得稍致寸敬，悵歉何似！某以菲材，待罪疲邑，雖外簡僻，而鵠面鳩形之衆，無術焉可以起之，難乎其爲撫字。我輩叨朝廷一命之榮，無可報效，惟愛養赤子，爲國家培植元氣，是其職分。而學疎才短，每切悚惶，未

❶ 此下有闕文，以空格多少度之，蓋闕六十一字。

審足下何以教之。肅此附候，不盡欲言。

答某縣令

伏蒙寵錫龍川巨編，所以品題之者，劑量曲當，非素有所主於中者，能爾乎？弟嘗謂本朝理學大明，而戰國縱横之學，如三條四列，隱見起伏，錚錚於本朝者，尚四人，蘇老泉其巨擘乎？其次爲李太白，其次爲王雪山，其後爲陳龍川。獨龍川登晦翁之門，日就斂挫，縱横之餘氣，到此遂收，此理學大明之功之驗也。執事以爲何如？敢因求教。

與祁州某

足下江漢鍾英，荆衡毓瑞，循良之績，聲滿祁陽，某仰止高山之日久矣。幸於上谷，獲晤丰采，如飲醇醪。兹啓：某先生爲某地理學之宗，某生長吴越，無由私淑。兹幸待罪中山，密邇貴治，足下能爲悉致其遺書，俾樗櫟之質，得沐浴於大賢之訓，如親炙其人，而開其茅塞，當不啻百朋之錫也。統希垂鑒。貴治誌書，并祈賜教。一芹之微，稍申鄙私，伏冀哂存。臨楮悚切。

三魚堂文集卷之七

尺牘

上座師魏栢鄉先生

新春即擬趨侍函丈，緣上臺以越境爲嫌，不能得請，祇懷耿耿。遥知閤下福履倍增，發揮道藴，日新月盛，凡在門牆，慶慰何如！隴其昔在南方，獲見《知統録》一書，知閤下主持正學、津梁百代之意，至精至深，每思盡讀師門講學之書，以開其愚蒙。待罪恒陽以來，私心竊喜，謂可朝夕於高山景行，而荏苒經年，尚未獲立雪台墀。雖常兩奉教言，銘几書紳，不敢須臾忘，而微言大義，未聞者實多。伏惟夫子不鄙愚鈍，凡開示學者之書，盡得賜教，俾朽木糞牆，得與雕文刻鏤之盛，何幸如之！專使附候，敬陳微芹表意，不莊不備，統希俯鑒。臨稟曷勝悚惶之至。

上巡道吴公

新春進謁憲墀，仰荷從容教誨，字字句句，皆切學者身心，民生利弊。雖駑駘下吏，無能仰測高深，敢不銘几書紳，奉以周旋，期不負知己。今春地方雨澤稍多，比之舊歲，民情畧定。然積荒之後，觸目皆鵠面鳩形，艱苦萬狀，久在執事睿鑒中，無庸贅陳，諸事祈垂仁格外是荷。聞尊刻《苑洛志樂》已經告竣。隴其於聲音之理，未能窺見萬一，然仰苑洛、椒山兩先生之遺風，不啻高山景行。數年前，曾在江南一見其書，未得細讀。兹幸大君子之表章，倘得俯賜一册，得於簿書之暇，一聞黄鐘大吕遺響，消其鄙吝，而引其天真，沐浴於執事甄陶之内無窮矣。辱叨知愛，輒敢冒昧上請，伏祈台鑒。

答張玉甲先生

先生當代名賢，不遺葑菲，山僻下吏，荷蒙垂盻，俯賜教言，感佩何如！每讀《青齊政畧》，剔弊釐奸，澄源端本，無一不中俗吏之膏肓。愚駑之姿，獲此鞭策，受益宏多。但瞻之在前，忽焉在後，抱愧良深耳。至大集中扶持正學諸篇，直指金溪、姚江爲禪，此尤世俗所依回而不決，得大君子之論定，可以爲學者指南矣。令郎英年好學，以謝室芝蘭，衍孔庭詩禮，將來名業，正未可量。但靈壽一邑，荒凉殊甚，學宫尤極蕭條。近奉部文，有修學紀録之例，雖不必因此起見，而整頓黌序，亦羽翼聖門中一事也。不識先生能爲令郎一助乎？便中瀆布，統祈台鑒。不宣。

又

日仰高山，地分齊趙。不得時覩耿光，曷勝依依。惟反覆《理要》、《政畧》諸書，如面承指示，啓愚翼懦，不啻在羹牆間也。敝治蕭條，學政久弛。自蒙先生捐俸修葺，稍稍有起色。諸生感佩德意，亦皆知鼓舞。隴其獲同令郎講書論文於其間，皆先生作興之賜也。又蒙頒《文廟考畧》板至學，士子皆知聖學淵源，一洗其固陋之習。大君子之德教，惠及窮鄉曲學，真不淺矣。便中附謝，不莊不悉。

答義山叔

契濶不覺八載，吾叔從容翰墨之塲，養成舟楫鹽梅之器，視鹿鹿簿書者，真霄壤也。接手教，知近來閉關静坐，灑然自得，益見深造境界。乃猶以淪於枯寂爲懼，何耶？竊意吾叔所謂静坐，必非作瞿曇、慧能伎倆，不過是謝絶一切，專意讀書養氣，充此氣象，塞天地，配道義，作用皆從此出，何枯寂之有？或自熙熙攘攘一流視之，以爲枯寂，則非君子之所謂枯寂也。侄自慙學問粗淺，年來每思隨暇讀書，然如荒村老農，從胼胝之餘，坐隴畔唱耕田歌，思與太常樂工較高下，難矣。至於承乏畿南，土瘠民貧之壤，無可展布，只得假蓋公治道貴清淨之言，稍與休息。自分作滹沱河濱一庸吏可矣，何知其他耶？適修縣志，有序例數條奉正，亦足見此間荒涼棘手之概。家鄉志書曾付梓否？得吾叔主持，必有可觀。嘉靖間，吾族有石居公，篤信陽明之學，學雖近僻，然實篤行君子。行囊中偶帶所傳文集，今并附閲，不知曾入志否。倘未及表章，不可不增入。使旋草復，并謝厚貺。匆匆未有一芹將敬，統希垂鑒。不盡。

答隣邑某

承詢及車木一項，此真目前最難處之事。我輩本心原不忍派民，重以憲票森嚴，尤不敢不仰體，只得且捐俸採辦，未知其能就緒否也。各邑情形不同，執事酌量，可另設法固妙，倘不能不問之民，寧可借庫先爲料理，俟工完總算，則所費尚有限。若目下即責成里長，則所費即數倍，恐不勝其騷擾。大抵向來積弊，上下皆以里長爲可啖之物，一使里長出頭，步步皆荆棘矣。不識高明以爲何如？事本掣肘，總無長策，管見如此，惟執事尊裁之。

與隣邑某

足下愷悌性成，英姿天授。淵瀍伊洛，古今才藪，明道、伊川、康節、温公之遺風在焉。意必有端人正士，生於其間，以爲當代羽儀，足下豈非其人哉！製錦之才，烹鮮之政，知未足以盡高明之藴也。某生浙西，未聞大道。嘗引領中原，思得如古人者以爲儀型，而未遇也。兹幸附鵬翼，獲隨驥尾。不得見程、邵諸君子，得見其鄉人之能步武前賢者，如見數君子矣。開其茅塞，引其固陋，其在斯乎，雀躍何如！仰冀照臨，曷勝翹企。

與周井陘

前月終，驚聞足下遭本生之戚，未得一展微忱，罪歉殊甚。知士民攀轅彌切，未容以一己私情，抛却綿蔓河頭數萬赤子也。捧閲新志稿本，韓淮陰背水遺踪，程嬰子孤臺故跡，了然在目。且足下數載以來，饑溺心腸，亦具見其中。惠教非淺，不識何時可付剞劂？新道臺未知何人？將來郡中聚會，想必不遠。匆匆附候，不盡欲言。

答崔平山

别來忽又經月。近事多棘手，傳聞之言，駭人耳目，總非疲邑所能辦。弟之愚蠢，無他見識，惟以仕途利鈍，聽之造物而已。道之將行也歟，命也；道之將廢也歟，命也。孔聖之言，豈欺我哉！惟盡吾所當爲，此外非所知也。不識高明以爲何如？來札中「各行其志」一語，與鄙見最相契。匆匆草復，不盡欲言。

答宗冀州

郡中獲接耿光，如坐春風。羡慕之私，寤寐以之。執事處兹繁劇，游刃有餘，真同人之師表。某之愚蠢，承乏疲邑，鳩鵠情形，猶然如故，毫無益於地方。過蒙嘉奬，惶愧何似！承賜州誌，得觀漳滏之勝概，郤大夫、董江都之遺風，受教多矣。肅此謝覆。

答席生漢翼漢廷

讀近作甚快。雖間有出入，然大體都在範圍中，熟之而已，無他法也。所望者，要將聖賢道理身體力行，不要似世俗只作空言耳。偶得呂晚村所刊《小學》、《近思録》，附來使奉閲，此二書最切於學者。❶《小學》不止是教童子之書，人生自少至老，不可須臾離，故許魯齋終身敬之如神明。《近思録》乃朱子聚周、程、張四先生之要語，爲學者指南，一部《性理》，精華皆在於此。時時玩味此二書，人品學問自然不同。外《六論集解》係此間新刊，雖爲愚民而設，然暇時一覽，亦甚有益。相去遼遠，時切依依。但賢昆仲能以聖賢自期待，便如終日覿面也。

又

前月寄來閩中詹先生《太極》、《河洛》、《洪範》諸解，細讀深服其察理之精。今日能留心此種學問，便非尋常人，且一以朱子爲宗，尤見趨向之正。至於處處鞭策學者，不空談理數，尤後學所當服膺也。不佞方鹿簿書，未敢率爾作序。其中有一二欲商量者，謹録於左，便中可一請正。

---

❶「偶得」至「學者」二十五字，乾隆後印本剜去。

與李枚吉壻

舊歲懸望壻輩，有高發北來者，可以一慰契濶，不意竟寂寂也。文教日興，青年不可不奮志努力讀書。讀書又當知有向上一途，不可專事俗學。在北方見呂晚村所刊《小學》、《近思録》最精，曾尋看否？此是晚村臨殁，拳拳爲學者之意，不可不時玩味也。❶家務雖不能盡擺脱，然要見得此中都是道理，觸處皆是此理流行，則不患俗務累人矣。愚在此掣肘事儘多，幸於此看得一二破，心不爲所動者，只欲隨時隨處，盡其職分之所當爲耳，然正難言之。大計後，儻得免罷黜，亦當尋一脱身計，不能久向勞擾中作生活矣。諸外孫讀書何如？經宜多讀，寧迂其途，勿趨捷徑。更宜教看《小學》，以正其根脚，不必急急學時文也。今歲江南錢糧捐免，有田者應推廣皇仁，稍寬佃户之一二，庶爲不失本心，不識吾壻以爲何如？署中俱各平安，勿煩掛念。惟蕭然景象，日甚一日，無可奉寄，殊爲歉然。人歸匆匆，不多及。

與魯瞻弟

到靈壽者，雖皆知其清苦，然不圖清苦之至於斯也。大抵署中之人，莫不有歸志。獨見吾弟札中「此是好消息」一語，爲之三歎。居官凛四知，此不是難事，能使一家之人皆知此是好消息，此境界最難得。然只

❶ 「在北」至「味也」四十字，乾隆後印本剜去。

是自己學問未至，不能感動人，非關他也。吾弟境界雖苦，然亦無別法，只是耐去。但館於市鎮中，要不戾於俗又不溺於俗方好。不戾猶易，不溺甚難。須常以古人爲鏡，方能自照見。《小學》一書，不可不常看也。茹素甚不必，非儒非釋，於義無取耳。人回匆匆，武修、覲文俱不及作字，均此不盡。

答傅君維檯修志議

恭讀志議，皆據理近情，具見留心史學。如人物、選舉之嫌於太畧，賦役之嫌於太繁，前藁誠有此病，既承指示，敬改削呈政。然其中亦有不能盡如台教者。

考賦役一類，若斷自本朝，甚覺簡便。然孔子生於周世，乃欲考夏殷之禮者，蓋夏殷之禮存，則周家損益之善與損益之未盡善者，皆可得而見。故杞、宋無徵則惜之。有明之法，亦本朝夏殷之禮也，幸而足徵者，可不存乎？雖時異勢變，有法美而不可行者，然存餼羊，即所以存告朔，難與官師選舉同一例也，不識高明以爲然否？

至於慈聖、樂、曹、韓諸公行事之當詳也，《報燕惠王書》、《僖祖廟議》、《請虛東向之位疏》當載也，高明以史遷、班固之例律之，是固然矣，然又有説焉。昔春秋之人物，莫大於孔子，文章亦莫過於孔子。左丘明作傳，序孔子之事，不如叔向、子產之詳，載孔子之文，不如叔向、子產之多。一切相魯、適楚、删書、正樂，事之彰彰於萬世者，曾不一見焉。一切《孝經》、《論語》、《文言》、《繫辭》，文之昭昭於萬世者，曾不一及焉。是非詳於叔向、子產而畧於孔子也，誠以孔子萬世聖人，不必沾沾稱述於一書，所以尊孔子也。今樂、曹諸公之在靈壽，非一邑之士，而天下之士，其人其文已見正史，膾炙於天下人之口，不待邑志而始著。畧舉其概而不詳，亦所以尊之也。且太史公作《管晏列傳》，亦云管氏《牧民》、《山高》、《乘馬》、《輕重》、《九府》及《晏子春秋》，其書世多有之，是以勿論，論其軼事。則有詳有畧，固太史公之例也，似無可疑。鄙見如此，敢復質之左右。儻其中更有當商者，伏惟勿吝賜教是荷。

答仇滄柱太史

自聞高捷，喜溢寤寐。非喜先生之得木天，喜木天之得先生也。去秋獲承手教，兼讀《銀河篇》，有韻之言，直可羽翼經傳，率天下詞客爲窮理之功者，其自先生始也乎！即欲作一札奉候，因適當計典之時，不敢輒通書都門，恐涉世局情態，故雖知己如先生，不敢聞問，惟耿耿於中而已。乃先生代爲不平之鳴，至昌言於朝，此在高明，激濁揚清之意，欲先從隗始耳，然非隴其之所敢當也。隴其自待罪畿南，雖硜硜一念可矢天日，而鳩鵠滿野，猶然如故，「才平」二字，乃是定評，豈敢不自反而怨人耶！所可喜者，今春局面忽轉，三輔氣象聿新，不才庸吏，得於光天化日之下效其馳驅。雖復鞅掌簿書，亦甚快也。便中附復，并候起居。

與同年柴炯如

去歲令郎至敝治，得悉近祉。有一小札奉候，想已入台覽。遼左風景雖異家鄉，然賢者處之，自能險易如一，想讀書樂道之懷，不減在西子湖頭也。東坡海外，伊川涪州，學問更復精進。身外之境，豈能阻汪汪千頃之度耶？顧足下勉之矣。便中附候興居。拙刻一種，并呈記室，臨楮翹企。

答沈友聖

僻處山署，忽接手教，一消鄙吝之私，何幸如之。平生未嘗學問，又不能跳脱世網，日對鳩形鵠面之衆，愧無活人手段，有虚先生救民行道之望。惟一念硜硜，不敢自負初心，或不爲君子所鄙耳。江左風雅一脉，先生鼓倡其間，古道賴以不墜。南巡諸詩，畧見一班矣。伏惟珍重。便中草復，不盡。

答安平令陳子萬

時届始和，遥知新祉駢集，欣慰欣慰。前承借《剥復録》，數十年前邪正之辨，得了然在目，荷教非淺。抄録垂竣，當另專人奉歸記室。《文廟考畧》二本呈上，此書所以正《會典》之失。去歲江南李學臺題請改正，蓋本於此，但部議未允。今當兩存，以待論定。某有一跋語附後，不識高明以爲何如？外雜刻三種，并塵台覽，率復不既。

答藁城令姜

上谷握手，匆匆言别爲悵。承賜熊峰文集，何啻百朋之錫。山城樸陋之區，得讀先正鴻篇，一消鄙吝，惠教無疆矣。安敬仲先生元朝大儒，著作竟付荒烟蔓草，良可歎息。儻猶可訪求，一爲表章，其爲武城生色更不淺也。望切望切。草泐奉覆，兼謝鴻誼。

答阜平令潘

久失候問，時切耿耿。承詢審丁事，前到保郡，曾於撫軍及守憲前痛陳一番，未蒙見許，然亦不甚以爲怪，尚在兩岐間。在吾輩原非有意缺額，不過將地方真實情形陳之上臺，自信無愧守定初念可也。雖駁詰固所不免，然亦怕不得。況查從前州縣，亦有缺額之時，不是吾兩邑今日獨創。至貴治之蕭條，久在各憲洞鑒中，只須立定脚跟，諒必無妨。芻見如此，不識高明以爲何如。敝治向係通詳，近復將原册送府，未見批轉。即使再駁，弟亦惟有補牘復上也。草復不既。

答陳世兄

契濶之久，數載以來，鹿鹿塵冗，山川間隔，未得一候。老師暨足下起居，惟耿耿於中而已。足下以英姿妙才，從容清華之地，益廣家學，欣慰欣慰。前月獲承瑶翰，正擬覓便鴻附候，頃許使來，復蒙手教，惓惓深荷注念。但某於仕塗中，惟謹守「安命」二字，奉先人之遺訓，不敢失墜。故所遇上臺，無論知己與不知己，皆未嘗稍有干瀆。舊冬掣肘，已決計藏拙，不意新撫涖事，畿輔氣象改觀，故暫且盤桓。至行取一局，原非所敢望。足下暨許先生垂愛至意，謹銘之心腑，然斷不敢作此想，聽之造物可也。許先生素蒙不棄，真可謂取之牝牡驪黄之外。但吾輩所共砥礪，當在學問之消長，至一官之升沉，何足以煩知己耶？匆匆未及作札，晤時幸一道意。臨楮悚切。

答曹彝士太史

戊午冰雪中，旅店把臂，不覺九載。喜丹山之鳳遂羽儀天下，而樗櫟散材猶然留滯山城。世遇不足言，而學問無能長進，良可愧也。每思祇候興居，因外吏不敢輒通書都門，故雖在至戚，殊覺落落。然景行之思，固時耿耿胸中。捧讀瑶章，恍然如置身龜山、整庵之側。《困知》一編，得此生色十倍。知衛道精進之心，卓然砥柱中流，不徒作木天詞賦客，敬服，敬服！年來向往斯道者雖有人，而含糊兩可者實多。晚村既没，益覺孤寂。以晚村之學昌明於廊廟，❶舍先生其誰望哉！伏惟爲道珍重。使旋草復，種種疎畧，統希俯照。不宣。

答王新河

郡中握手，仰荷教益，鄙吝一消，何快如之！吕先生《呻吟語》某所去取，與尊意不甚相遠，然總不如貴友所云「先儒書不用選，宜全刻」，所見甚高。蓋吾輩在簿書匆忙中，一時筆削，恐未必遂可爲定論。且前輩議論，瑕瑜不妨並存，俾後人得睹其真面目，而討論之愈覺意味深長。縱有病痛，正不必爲之揜也。俟刻成

---

❶「晚村既没」至「廊廟」十八字，乾隆後印本剜去。

後，某有所疑數則，附志於末，使學先生者知所決擇焉，不識可否？容另呈正也。原書奉歸記室，至摘本中間，有數條爲原本所無者，今附載於各卷末，此亦甚是。但須註一「補」字於下，恐後人以原本相對，不知其何所出也。刻樣照《朱子遺書》，而每行加二字，甚好。但書既全刻，刻資浩繁，宜算字若干，應價若干，傳知諸同寅，共成勝事可也。統祈裁鑒，不既。

又答安平令陳子萬

春間偶讀崔子真《政論》有感，恐爲酷吏藉口，故借足下誕辰，發出一段迂論。知爲有識所嗤，乃蒙瓊瑶之報，豈所敢當乎！田梁老田梁紫爲中州夙儒，素爲湯潛庵先生心折。《呻吟語》序，深服其學問淵源，但內一二語及陽明者，某所素疑，故偶爲足下道之。聞中州人主持陽明者甚多，恐又開一聚訟之端，如何如何。草荳一事，實非長策，妄意就近采買，庶彼善於此。敝治巡檢前往料理，未知能有就緒否也。使旋率復，并謝不一。

又

前接台翰，論及出處。在足下年力方壯，不應遽作蓴鱸之想。若某頭鬚半白，今冬必爲藏拙計，當就十畝間，追尋村學究事業，不能久向簿書作生活矣。徐健庵先生最承惓惓，真朱門先達中僅見者。某向以外吏，宜安於卑賤，不敢輒通一字都門，殊覺落落。然知己之感，則固常在胸臆間也。便札中幸一道及。《呻吟語》板樣甚精，内有一二字應改正者，另紙呈閲。

又

承教後，又復累月，時切耿耿。蒙發來《呻吟語》，當即照單分送諸同人。所示田先生大序，意義深遠，發明隨時立教之旨，最得前賢心事，不勝歎服。用以弁首，實可爲此書生色。中間惟説及王伯安一語，微似可商。蓋伯安與諸儒大有異同，非徒激不激之間也，幸致請正之意。外有敝同年張武承《王學質疑》一册，前歲偶爲刊行，謹并附致，不識田先生以爲何如？制藝拙選，偶爲初學指點，淺陋可笑。過蒙獎譽，愧何如之。承諭又奉一部，聊供覆瓿。使旋草復。

又

驚聞尊夫人之變，未獲一展微忱，罪歉殊甚。讀行畧，字字可作閨範，不但如安仁之悼亡已也。崇祀一録，深慰高山景行之思，承教自當隨諸君子之後，一詠其盛，容另呈正。田先生來札，展卷恭誦，篤實真摯之氣，溢於言表。所云「今日沉疴，惟在利之一端。我輩當實實於本分當知上討論，實實於本分當行上勇爲，只求自信，不圖人知」，真可作座右銘。蓋昔孟子一生，雖以距楊、墨自任，而必以對梁惠王數語爲開卷第一義，此亦急則治其標之意也。田先生可謂善讀《孟子》者矣。覺向來汲汲於朱、王之辨者，未免氣浮而躁。原札敬歸記室，恨相去道遠，不能一識荆州，盡質其所疑也。尊跋義精詞確，此刻所必不可少者。當并田序，更求數紙，補入前印諸本中。匆匆草復，不罄。

又

契濶良久，掣肘情形，想同之也。前讀尊夫人行畧，閨範之妙，久心銘之。兹奉教言，自不敢以不文辭。容稍從容，一抒固陋呈正。至於隆貺，則非所敢當，相知兄弟中，從無此例也。樓山先生集，向所寤寐未見者，得承賜教，又蒙賜令兄詩集，真惠我無疆矣。健庵先生，某渴欲請正，向以外吏，不敢妄瀆，惟心仰止。明歲當猛圖解組，扁舟過玉峰，從醉白堂中，盡質生平所疑，便中希道及。《宣公奏議》，寒家有一舊板，前印數部，到此俱送相知。訖容覓便再印呈奉。統希垂鑒，不盡。

又

半載來刻無寧晷，既以散賑而驅馳山谷，復以祈雨而匍匐街衢。加以册籍之駁换，上下之牽制，俗吏狼狽，至斯極矣。目前得雨，雖有秋禾之可望，難救夏麥之枯焦。鳩鵠之民，不能枵腹以待西成，如何，如何！接台翰，知彼此情形，大畧相同。敝治亦已報過夏災，不知將來作何景象。承賜感悼及倡和諸什，情文俱極其至，宜巢民先生之擊節不置。尊夫人女中大賢，非固陋所能表揚，不敢附銘誌之例，草成壙記一篇，正欲專人馳上，兹附來使呈閱，愧不能盡刑于之萬一。傅冢宰遺疏，其家俱已散逸，所存不過十之一二。有伊令嗣回札，并《西山文廟考》附呈，惟轉達高先生是荷。盧龍前令，家叔也，舊歲最荷垂愛，時切感念。外有耿氏《農書》一册，以其可佐備旱一籌，因重梓之，并塵台覽。諸不盡言。

答曲沃令蔣

數載契濶，每憶魏里盤桓時，恍如昨日。足下素敦寬厚，筮仕名封，天眷吉人，良非偶然。好生來，辱賜瑶函，兼承嘉貺，曷勝感佩。恒陽風景蕭條，加以硜硜之性，動與時違，掣肘萬狀，無可爲知己道者。想貴治雖云衝疲，舒展尚易。吾輩叨朝廷一命，無可報稱，值此凋敝之際，只有寬卹民力一事，當常在胸臆。寬得一分，盡吾輩一分之職。處刑名錢穀中，時時提醒此念，如是而已，不識以爲何如？貴治咫尺絳州、安邑，前朝絳有辛復元先生，安有曹自梁先生，皆一代名儒，其遺書不識可訪求否？儻若惠賜，沐大教非淺。好兄回車，肅此，臨穎神馳。

候井陘道李公

三載托庇帡幪，不期忽遭意外，世路風波，真不可測。然在執事，春風沂水襟懷，固自險夷如一，紛紛變態，何傷叔度汪汪千頃也。況自古豪傑，往往從艱貞之時，倍加精進。蘇子瞻之文章，愈窮愈工；程伊川之學問，彌困彌粹。一番否剥，焉知非造物有意玉成大君子耶？伏惟爲道珍重。隴其今歲掣肘益甚，萬難支吾。大約冬間必爲藏拙之局。聞駕到郡，渴欲一叩起居，種種牽制，未獲如願。肅此附候，統希垂鑒。

上真定焦軍廳

荷蒙垂愛種種，愚鈍得免掣肘，曲成之恩，非可言謝。道憲執事一項，向派靈邑安置，原有額設錢糧，久已奉裁，而仍責之原派地方。從前苦累，已不可勝言，然大約多派之里下，苦累在民，而官固不難於完辦也。今則里長俱已奉憲裁革，雖欲私派，無處可派。而此項費用浩繁，欲告無罪，惟有賠耳，那耳。而一蕭然窮員，本年錢糧又盡經蠲免，賠無可賠，那無可那，實有難爲無米之炊者。敢懇執事，俯憐窮邑，酌量設法。或查無事州縣，均攤分任，則衆擎易舉。或請署印道憲，責成本道衙門掛名直堂諸役，此輩不下百餘人，各認些須，便可竣事。使疲邑永免大累，十四里鳩鵠之民，世世詠甘棠於勿替，職之私感，刻骨銘心，又無足道矣。事急情迫，冒昧瀆陳，曷勝悚惕之至。

復谷老師霖蒼先生

自庚戌暮春，都門追隨函丈，不覺十有八載。知己之感，靡刻不盤旋胸臆。世兄來，兼領手教，得悉起居萬福，無任欣慰。閣下斗山重望，海内瞻仰。即《紀事》一編，迄今史家奉爲指南，已足同班、馬千古。況教育之恩，洋溢浙水東西，年彌久而聲彌彰。雖中遭顛沛，家業寖微，閉户授徒，益徵高節。其爲及門，榮寵何如！隴其樗櫟下材，蒙閣下拂拭於塵埃之中。初仕江南，狼狽而歸。再官畿甸，動與時違。稍將未完整頓，亦便當尋蓴鱸滋味，終不能脂韋求合，强其性所不能也。世兄遠辱，荒署蕭然，負歉殊深。率泐附復，統希俯鑒。臨楮曷勝悚切。

答張西山先生

承教惓惓，最荷垂愛至意。但隴其自承乏以來，無寸益於地方，素餐之愧，常疚於心。兼以頭鬚半白，精力漸衰，既不能有裨蒼生，而平生舊學，日就荒落，爲己爲人，兩無成就，豈不重爲大賢所嗤乎！故每念乘此餘年，退就十畝間，將村學究伎倆稍稍整頓，庶不虚過一生，或亦君子之所許乎！歲内尚爲未完覊絆，開春便當力請。來教謂不當作自了漢，此在高明之士固然，恐非所論於碌碌者也。且自了亦正未易，少壯已過，胸中尚爾茅塞，及今磨琢，不知能追隨昔人萬一否也，況復蹉跎耶？恃愛敢一布之。

答呂無黨❶

接台翰，兼惠教行畧、講義，喜尊公先生正學不墜，得箕裘而益振，何啻邵子文、蔡九峰家學相承也。《儀禮通解》訪求數年，僅得經傳正文，今大刻告竣，何幸如之！更有望者，張考夫先生遺書未有刊本，前偶見其《備忘》一册，篤實正大，真足救俗學之弊。想尊處必有其全本，表章之責，非高明而其誰哉！顒望顒望。弟留滯恒陽，汩没簿書中，無一善狀。雖閒與學者談及書理，只是村學究舊話頭，無足道者。惟到處

❶ 此篇乾隆後印本剜去。

勸人讀尊公先生書而已。平生雖不能追隨高蹈之風，今頭鬚半白，已是藏拙時候。略將未完整頓，便當從十畝閒，温尋舊學，冀稍有進，免終爲流俗人也。台駕尚在長安，秋閒或得一晤，未可知。便中率復，不盡。

答席生漢翼漢廷

三載不晤，時切惓惓，未識尊公先生近況何如。頃使來，得閲近作，充滿流動，比舊時功夫大進，不勝雀躍。以此入塲，不難搴蝥弧而上也。但在熱鬧處，最宜謹慎。稍有不安命之説進者，須立定脚跟，萬萬不可隨意。賢昆仲身家重大，不比他人，寧可學成而未遇，一毫僥倖不得。此是利害關頭，不但是理欲分塗處也，慎之！慎之！至都門交游錯雜，亦須胸有主張。伊尹所謂「逆於汝心，必求諸道；遜於汝志，必求諸非道」二語，當書紳。總之，離親遠出，以謹身爲第一義，功名次之，至囑，至囑。愚留滯荒城，無一善狀，大約今冬當作南歸計。使旋率復，不悉。

上陳房師

自睽函丈，忽踰十載。所喜老師聲揚嶺外，望重朝端，舟楫鹽梅之任，在指顧閒。世兄復戰勝藝林，益振家學，欣慰何如！隴其昔遭廢黜，自分長老泉石，不意復爲當世所採擇，承乏畿南。但迂拙之性，猶然如故，掣肘情形，不減於昔。恐駑駘終不能追隨驥足，不得不動蓴鱸之想。且年來鹿鹿，不覺頭鬚半白，平生學業，汩没簿書，恐爲流俗人，有負門牆，尤所深懼。目下擬作乞歸計。庶幾以閒暇之身，整頓書生伎倆，冀稍有得仰報知己。私心自矢如此而已，他無足道也。

候山東河防朱又韓

前歲承賜曹志，考核精確，經緯燦然，洵諸志之冠，佩教良深。頃季飛來，知近祉嘉勝，欣慰欣慰。議河事者，紛紛未有定論，正大才脱穎而出之時。知將來賈讓、王景事業，游刃有餘，不特曹南一區，尸祝無窮也。《河漕志》不識可惠教否？簿書俗吏，不應越俎而問司空之事，不過書生舊習，欲一窺河濟源流，爲讀《禹貢》地耳。拙刻二種奉正。便中附候興居，不悉。

寄趙生魚裳旂公

索居山城，無一善狀。好生歸，想能備述梗概，不贅。賢昆仲近況如何？人生學問，正當在失意磨鍊出來，勿爲境累也。不佞年來爲此間諸生講書，句句欲引入他身心上去，好生抄數十篇歸，曾見否？雖尚須删改，未是定本，然大段意思，是要鍼砭學者書自書、我自我之病，此意可採取也。新春又刻得《讀書分年日程》，因較對間細閲，其工夫次序，真可爲學者法。今奉到三部，其一部煩寄我園。因驢背不能多帶，鎮上相知，未能徧及，俟下次續奉也。外有寄杭州秦定叟先生札一函，不識張雲先處有便可轉達否，如無便，則與好生商量，寄在宋崑友處轉達可也。匆匆不悉。

與俞存齋先生

向讀《紫陽大旨》序，知先生干城吾道之盛心，未獲親依道範，山斗之仰，時切寤寐。去歲接手教，知方從事《二程遺書》。當王事鞅掌之時，不忘談經講藝，真超出尋常萬萬哉！隴其少不知學，徒汩没制舉業中，掇其糟粕，未嘗識前輩淵源。率爾涉世，動與時違，所至掣肘。亦思與當世君子熟講而力行之，而年已六旬，非復强仕之時，行將從十畝詩人，歸老於當湖之滸。或得以其暇整理舊業，稍稍窺見古人緒餘，庶不負此生，然非所敢期也。來札過蒙獎許，殊非敢當。僻處荒城，久稽裁答，時切悚惕。便中附候，拙刻三種，并塵台鑒，統希垂照，不盡。

與刁再濂

不佞在江南時，已聞尊公先生之名，恨未得讀其書。頃至恒陽，見《用六集》，稍慰饑渴之思，猶以未得生平著作爲恨。聞尚有《斯文正統》及《潛室劄記》、《易酌》、《辨道録》諸書，謹專人走請，其已刻者，幸將來紙刷印賜教；其未刻者，乞將原本借抄，抄畢即當專人奉歸記室，斷不敢遺失，亦不敢污損。想高明諒其求教之誠，必不吝也。尊公先生行實并求賜教。統希垂鑒，不宣。

答施行唐

前接台翰，因往府未及裁報，罪罪。拙詳已蒙太尊轉申，未知撫軍之意若何，恐未必有益也，容再奉聞。鹽憲查積鹽一事，前此從未曾有，某正在躊躇。鹽隨引銷，自是正理。若云有積，則引銷而鹽未去，非捏銷乎？且其所積，不知果引内未銷之鹽乎，抑引外夾帶之鹽乎？吾輩亦無從查核，恐未便竟以有積回覆也。但商人惟恐一報無積，日後有加引之累，此亦當爲酌量。某意只可以本年荒歉難銷之狀，爲之訴苦一番，不識以爲何如？且宜從緩，再看鄰封光景。某處若有定稿，當另奉正也。率復不既。

又

上碑村中，竟夕領教，荷益非淺。兼擾郇廚，更覺慙悚。承詢學臺供應，此費本無正項開銷，向多出於里下，殊爲累民。敝治自革除里長以來，俱係捐俸支應。上年因城中有官地，廟會時，市民願賃以開鋪面，稍抵此項之費，然亦屬權宜，恐非可久之道。總之，掣肘之事，本無良策，在高明調劑之何如耳。

上房師趙耐孺先生

春間接手教，深荷指示，兼知老師於公務之暇，閉户讀《易》，惜未能追隨函丈，一窺其緒餘也。《易》學至明季龐雜已甚，擴而清之，因程朱以見羲文，當於老師是望矣。高景逸有《易孔義》，訪之久未得，不知其書何如？貴鄉尚有板否？《一隅》拙選，偶爲初學指點，過蒙獎譽。兹再奉到十部外，《讀書日程》二部附呈，并望裁正。便鴻率泐，匆匆不盡。

又復谷老師霖蒼先生

世兄來，得悉老師近祉康吉，深慰羹牆之思。竊見古人不朽事業，成於林下者，較之當途更盛。遥想老師静觀世變，閉户著書，必有超出時賢之上者，不特《明史本末》一編，足式訓千秋已也。惜匏繫一方，不獲一親函丈，開其茅塞，悵何如之！隴其待罪恒南，不覺六載。素餐之愧，與日俱積。今年已六旬，頭鬚半白，行當歸尋三徑，一了書生未完之事，不能久鹿鹿簿書矣。拙刻三種，奉塵台覽。掣肘中愧無可以展寸忱者，惟深愧歉耳。種種景象，世兄歸自能述之，不敢瑣瀆。統希垂鑒，不宣。

答栢鄉魏荔彤

接手教，并批點《王學質疑》，知足下留心正學，師門箕裘不墜，喜何如之！自王學盛行以來，漸漬於人心，高明之士，多陷溺其中，不可救藥。武承一書刊行，不滿者甚衆，甚有欲毀其板者。如足下之咄咄歎賞，豈可多得哉！嘉靖時，粵東陳清瀾曾著《學蔀通辨》一書，其言朱陸異同尤詳，曾見之否？近年新刊其書於南中，當另覓奉也。外程氏《讀書分年日程》言工夫次第，確是程朱家法，弟新爲刊行，謹奉正。師門諸書，惟《知統》、《偶筆》數種已經佩服，至奏疏、文集、譜傳及《鑑語》、《約言》諸書，俱未得寓目，欲悉受讀，以當羹牆。謹備紙張，專人走刷，惟勿吝賜教是荷。統希垂鑒，臨楮神馳。

答周好生

五月初接台札，始悉去冬風波情狀，兼知尊體平復，深慰遠懷。承諭處逆境之難，某於「子路問成人」章講義畧敷衍及之，似可玩味。今歲讀辛復元書，并熊敬修《學統》，備載前賢壁立千仞之概，悠悠宇宙，固不乏人，吾輩不可自外也。《一隅集》何足辱廣老之盛心，恐翻刻校閱，又增賢者一分逆境，如何如何！若《松陽講義》，則正須斟酌，萬萬未可授梓。夏秋間因呈送學臺，又校訂一番，改易數處，容面時奉正也。孚九青年志向，便能如此，可謂良友。此間別來無他事，惟今歲旱災異常，民生甚艱，已經題請，得旨量蠲，稍救萬分之一耳。平山公於七月中丁艱謝事，亦無大虧空，目下便可回籍也。便羽匆匆，不能多及，統候續音。

寄曹星佑壻

自去歲八月使者歸後，此間即因旱災，上司往來查勘，絡繹不絕，錢糧盡行捐免。今春又復奉上諭放賑，簿書煩雜，日無寧晷。屢欲遣人回南，輒復阻滯。不佞久處荒城，無一善狀，硜硜之性，動與時違。祇恃方寸泰然，不以得失動於中，故雖在掣肘中，得免狼狽。看來此道到底難行，惟書生舊業，更覺津津有味。《分年日程》一書，平生所最服膺，故特梓行，欲學者胸中先知有讀書規模，然後以漸加功。倘從前已經蹉跎者，一二年補讀一經可也。吾壻試事何如？秋闈在轉盼間，磨礪以須，斯其時矣。高發北上過此，庶可盤桓，望之，望之！《考亭淵源録》奉還，此書儘有滋味，細閲一番，有益於學問不少。《松陽講義》，吾壻所見者幾篇？今録一部，校對奉寄，望細閲之，即未講者，亦可類推而見。來札云「養氣」、「盡心」諸章，今當漸次及之也。刊刻尚未敢輕言，恐有粗疎處，須細加斟酌，方可問世。餘俟人歸續悉。

與栢鄉魏荔彤

舊冬承賜諸書，得窺師門之奥義，荷教良多。内《小學》一書，最關係風俗人心，某欲多印幾本，分給邑中士子，但其中尚有訛字數十。今先將較本呈上，望命梓人改正，當另差人持紙來刷印也。外《多識集》一書，尚未得讀，倘有先刷者，便中幸一惠教是荷。《農書》一册附呈，統希垂鑒。

答嘉定吴生燮臣

初春遠辱光臨，匆匆言别，殊覺悵然。接手札，知近履康泰，且刻刻以工夫進益爲念，此段光景，殊難得也。舊本《日程》已抄畢，謹奉歸記室。此本上截所載旁証，甚有益學者，惜向未見，止據韓求仲刊本付梓，不能令學者盡覩程氏苦心也。必將此本重刻，乃爲善耳。《學蔀通辨》一册，并拙刻《日程》、《質疑》各二册附覽。其《一隅集》及《松陽講義》俟刷印覓便再寄。尊處所有焦弱侯《小學》刻本，便中倘可一借閲荷甚。

答　某

敬讀尊公先生之書，網羅宏博，皆有關世道之言，不特爲高門一家典型也。足下繼述而表章之，此純孝中第一事矣。某學淺識疎，雖高山知仰，不能盡窺其微奥。承命不敢自外，敬識數語於簡端，豈能揄揚萬一耶？其先後之序，考先儒隨手記録之書，多不拘次序。鄙意每卷内，凡周、程、張、朱五先生之語，應檢出列於前，畧見學術所宗，其餘則俱仍舊可也。内有字畫誤謬者，臨刻時應檢原書對明。魏叔子一傳，亦宜并梓，使讀者知尊人大德，真能行其所聞，尤見是書足重也。肅此奉覆，統希台鑒。

寄曹星佑壻

南北間隔，音問動輒經年。一官羈絆，未能脱身。舊歲滿擬吾壻秋闈一捷，不意又復杳然。未識近來用功何如？此道非難事，惟屢折而志益鋭，則將來必勝之兆也。科舉文字固不能不做，然須本原上著力，要看作是真實道理，不要看作一時應試之事，沾沾徒求之時文中方妙。石門近來新刻《晚村語義》曾看否？此書北方亦甚行，可與朱子《四書》、《語類》相參看。❶外孫能讀書最可喜，尤當教看《小學》，以正其根脚。今年會塲策題，亦以《小學》爲問。蓋近日大老中賢者，皆留心此書，不可視爲迂濶。其他種種，來

---

❶「石門」至「參看」三十一字，乾隆後印本剜去。

人自能詳之。

答李金華

足下生長文靖之鄉而學其學，方正之概，已著於恒陽。兹幸借重金華，撫殘黎而挽頽俗，當於足下是望矣。敝鄉撫軍，亦大賢也，將來自必有水乳之合，意者天所以成足下乎？宋吕東萊及何、王、金、許四先生，皆金華産也，其遺書殘闕已甚。得大賢訪求而表章之，此尤同志之所共禱。某碌碌無能，承乏西臺，展布實難，惟隕越是懼。不審高明何以教之？遠辱台翰，奬許過當，曷勝惶汗。便羽率復，統希垂照。

答范彪西

捧讀來教，知先生於王、陳之學，舍短取長，正與《綱目》取荀卿之論一例。弟前札恐學者混淆，未免過慮。來教云「學術一道，全在躬行」，此真大儒名言，足救近世學者空言之病，當敬書之座右，以當嚴師。至詢及靈壽之政教，不覺汗下。自計承乏此邦，將近七載，惟不敢爲暴而已，實無一善狀。嘗歎今日事勢，百病之源，起於民窮，故以寬賦税、絶私派爲救時急務。然動多肘掣，不能盡如其意。至民風士習，興起之猶易，變化之尤難。孟子所謂一杯水救一車薪之火，雖由火之難熄，亦由在己之水止一杯耳。今雖僥倖量移，然猶是火也，猶是水也。且頭鬚已白，壯猶不如人，況老乎？每念先生超然泉石，讀書樂道，乃真當今第一流。此處未能決斷，又何他躬行之可言，惟高明有以啓廸之。辛先生經世碩畫，敬拜受教。其他著述，有可賜教者，并祈不棄。統希垂鑒。

答周好生

別後留滯山城者又二年，無日不在掣肘中。救過不遑，家鄉音問遂爾濶絶。今夏忽蒙量移，初意謂或可稍展所見，不意目前時局，處處棘手，孫綽遂初之念，倍殷於昔。接來札，尚期望之深，惶恐，惶恐。《一隅集》猥蒙重刻，極承雅愛，但恐未必能多行，徒費足下一番經營耳。至如來札所云欲將八科問答附刊集後，斷斷不可。此係偶然評閱，未經删削，豈可問世。久經棄置，不知足下從何處見之，萬祈爲之藏拙，不可畫蛇添足也。崑友《習是編》可佩服者極多，但亦有繁碎處，竊欲爲之酌量删減，輒以簿書牽制而止，故久未爲作序。便時幸先道意，容續圖請正。京邸無他善狀，惟覺紛紜熙攘中，此心耿耿如故。匆匆，不多及。

與曹翁臻萊

屈指契濶，不覺九載。令郎到京，得悉近祉，深慰渴思。某自慙固陋，留滯都門，無一善狀。夏間幾蹈不測，僥倖得免。掣肘情形，莫可言喻。愈覺親翁優游園亭，真爲至樂。曾點之春風沂水，賢於僕僕風塵者多矣。令郎一番遠遊，恢擴見聞，不爲無益。至於時局功名，則某深知其不佳，不欲以此損少年之志氣。勸其專心致志於正塗，求一出頭，以爲顯揚計，不識以爲何如？聞令孫今歲亦已就試，愚意亦不必汲汲。與其勉强早入泮，不如多讀幾年書，使之學問充足，下筆沛然，不患功名不到手。此一生受用不盡之道。若一味欲速，未培其根，先求其華，總得僥倖，恐病痛非小。此某年來閱歷人情世態，所見如此，敢以質之高明。此間種種景象，令郎歸自能道之，不贅。

與叔元旂翁

吾叔歸後，諸事日積。又以沿海軍工，上臺臨縣益加繁擾，苦不可言。錢糧完數寥寥，當此荒月，雖加鞭扑，終無濟事，惟有坐受承差之逼迫而已。南翔盜案頗有葛藤，然此有大數，非姪所憂。時局中事，必不能爲，諸友多以爲倔强，實非倔强也。解銀一事，以往來協助之人未定，故暫令張錦、何瑞元爲之。此元非長策，只可權宜一時，俟吾叔來再商之可也。匆匆不能盡言，總望吾叔撥冗即至是荷。懇切懇切。

又

夏閒寓匏南歸，姪附一信，想已入覽。嗣後兩次信歸，俱匆匆不及作字。然靈壽景象，吾叔必已知其大概矣。此邑接連山右，幸不當衝，錢糧亦少而易完，但地瘠民貧，在真郡三十州縣中最爲貧苦。又連年荒旱，憔悴不堪，又有協濟鄰郡之苦。以姪處此，雖簡僻相宜，而撫字亦正不易。惟喜上臺皆寬仁長者，凡事俱在情理之内，絶不似南中光景。署中覺人太少，故急欲家眷北來。然路途遥遠，須得老成照管，方能放心。姪雖囑履平弟同來，然渠未曾經歷長途，必欲吾叔撥冗一來。姪到此會計一年，經費僅可支持。此番人歸，手無一文，北來盤費未有着落。吾叔可於城中覓主，緩急百金妙甚。家中種種，俱望主裁。凡事經吾叔剖斷，姪無不心服。前承吾叔惓惓爲姪銶斯計，最荷至愛。目前匆匆，似難及此，萬一有可商量者，并望留神。威叔、貽孫不及另札，俱乞叱致。吾叔來須乘騾轎，不可惜小費跨騾也。并囑。

又

別後不覺已經月，未審吾叔何日抵家，長途不困頓否？懸念懸念。月餘來，署中頗無事，惟奉憲檄，催取縣志甚急，不免拮据。今抄本已告竣送府，付梓則尚未有期也。錢糧忽遇特恩，蠲免三分之一，歡聲徧山谷，時事之最可喜者。守道竟不起，巡道以易州一案降調，半月之内，兩臺盡更，殊出意外。偶筆匆匆，不盡。

又

別來忽復經年，吾叔近祉如何？懸念，懸念。恒陽光景，舊冬幾在昏黑中，幸逢新撫到任，氣象一新，州縣得偷安無事。但民生不辰，地方災祲叠見，舊歲水，今歲蝗，百計籌持，不能救其萬一，至一官之蕭條，固無足道也。吾鄉景象不知若何。因予馨久病思歸，急不能待。此中近狀，予老能述之。匆匆不悉。

又

吾叔南旋，不覺再易星霜，耿耿何如。此間兩年，變態叠出。所遇上臺，非臭味之不投，則意見之不合，莫非命也，固無足道。蓴鱸之想，時在胸臆，晤期當不甚遠。家鄉光景如何？北方去歲遭蝗蝻，氣象蕭條。今歲幸錢糧盡蠲，稍有起色。然此時尚未有雨，二麥可慮，將來又未知作何景狀也。署中俱平安，但澹泊之狀，比舊更甚耳。威叔聞已選拔，可喜之甚，不及另札，望道意。縣志并雜刻呈閲。匆匆不悉。

又

舊秋接來札，知吾叔近履佳勝，一慰遠懷。姪浮沉此地，愈久愈困。一官偃蹇，非關世局，只是學問不長進之故。地方幸去歲錢糧蠲免，民力稍舒，今春覺有起色。將來亦可藉此遂蓴鱸之願矣。嘉邑未完，殊出意外。造船一項，不見移咨，直撫必已在赦内，倘有混擾，回之可也。讀叔祖兩傳，簡核精確，無可更易。姪意欲待詩學稍進，作一長歌，以誌高山之仰。而日來胸次冗雜，未能成章，容續成上正。

又

去秋人歸，匆匆不及作一字。冬春以來，地方有蠲賑之事，刻無寧晷。家鄉音問，不勝遼闊。六月中到都門，見子展弟，知吾叔近祉佳勝，欣慰，欣慰。姪此番行取，出人意外。初欲借此告假回南，而勢不容遲，只得勉强到部，且再看光景何如。此時言路甚是煩難，且蕭然一身，在長安中，亦大費躊躇，不勝進退維谷，如何如何。種種景象，六符叔歸自能詳之，不贅。

又

家眷回南時，有一札呈吾叔，想已入覽。十月終旬，文端叔到京，接吾叔手札，知近祉佳勝，深慰遠懷。姪數年來，蓴鱸之想，時刻在胸。一番行取，初意或可稍展所見，不意目前時局，處處棘手，吾叔陽城有待之言，固屬老成之識，然恐不若孫綽之遂初更爲高妙也，如何，如何！《松陽講義》尚屬草本，乃蒙付梓，恐迂愚之説，未必能行，徒費吾叔一番經營也。所寄刻本中多差字，想係傳寫之訛，特託思遠弟較對，尚未能盡。前三兒帶歸一本，乃姪所自較，可取一對，改正爲妙。有脱落字句者，不妨雙行補入。承命率作一序，亦殊不文，聊志其大略耳，并呈上。叔祖至行，時時在念，因不敢草率屬筆，只管蹉跎。心境稍閑，即當有以報命。匆匆不多及。

又

兩接吾叔手札，知起居佳勝，深慰遠懷。《一隅集》、《松陽講義》復累吾叔，尤覺無謂，不知可稍償刻貲、不至大折否？講義止此一百十餘章，無續做者。蓋此只是完靈壽一局，原不必其全也。刻成幸寄數部到京是荷。姪在都門，終日鹿鹿，無一善狀。時事甚難，言路恐不可久居，如何，如何！

又

初夏人歸，有一札呈上，想已入覽。姪以不能隨衆，於六月中幾遭奇禍，雖蒙寬免，而勢甚可畏。目前又未敢便告假，不意世局之險至此。然只是聽命，無他法也。嘉定有未完二件：一係邊海城垣核減銀，一係河工解費。問之部中，此二案内，俱拖遲未完。若到原籍來催，照前回覆可也。望吾叔留神。姚親翁在京，並無他舉動，已有南歸之意，并聞。餘不悉。

又

中秋虞山館歸，匆匆即去，未得圖晤。講義稿本校畢呈上，但目下未能料理紙張，如何，如何！序文不必另刻，附數行於目録後，近日石門刻晚村《四書講義》，亦用此體，❶甚覺古雅，不識吾叔以爲何如？今并寫一式呈上。種種晤悉，不一。

與三兒宸徵

接汝臨清寄字，知舟行甚遲，未識何時抵家，心甚懸懸。我自九月初三夜在張家灣起身，初四日進城，

❶「近日」至「義亦」十二字，乾隆後印本剜去。

至初十始到暢春苑引見。十三日奉以御史用之旨，二十日奉補四川道之旨。廿四日到任，隨奉堂派協理山東道事，所管者稽察各省刑名事件，此尚不難料理。惟求盡言職，則甚棘手。我於十月初七日上畿輔民情一疏，自謂委曲之甚，見者猶目爲戇。面奏時雖蒙皇上首肯，竟阻於部議，可歎，可歎！大抵目前時勢甚難，且看光景。我寓中盤費，目前僅可支持，未能照管家中。汝母子到家，必甚窘迫，只得與五叔商量，可且借飯米數擔，俟過新春，再商接濟之法也。家中光景，可一一寫示我。我既在京，家中諸務，汝當留心照管，但不可以此廢讀書。求其並行不悖，惟有主一無適之法。當應事時則一心在事上，當讀書時則一心在書上，自不患其相妨。不可怠惰，亦不可過勞，須要得中。《小學》及程氏《分年日程》當常置案頭，時時玩味。元祈叔祖寄到所刻《松陽講義》中多差字，若欲將汝帶歸之本較對，可即送去，但對畢可即將原本取回，不可遺失。我在京有一江陰人徐名世沐者，講書甚精，近數與往還，頗得其益。將來欲採其説，附入《松陽講義》中，另刻一本，目前且不必論也。

又

正月初五接元祈叔祖札，始知家眷於十一月初八日到家，心始一慰。歲前我有一字寄子展帶歸，京中光景，想已知悉。不知家中何時可有人來，須人到方可遣歸接濟。汝到家不知作何光景，須將聖賢道理時時放在胸中，《小學》及程氏《日程》宜時常展玩。日間須用一二箇時辰工夫在四書上，依我看《大全》法，先將一節書反覆細看，看得十分明白，毫無疑了，方始及於次節。如此循序漸進，積久自然觸處貫通。此是根本工夫，不可不及早做去。次用一二箇時辰，將讀過書挨次温習，不可專讀生書，忘却看書、温書兩事也。目前既未有師友，須自家將工夫限定，方不至優忽過日，努力，努力！然亦不可過勞。善讀書者，從容涵泳，工夫日進，而精神不疲，此又不可不知。我意欲於二三月内告假回南，然未知可得否，且再看光景。五叔及各房諸叔俱不及作字，可一一説聲。

又

我自二月初六日欽點會塲外監試，至三月初一日揭曉始回寓。初七日用中及黄大等到，見汝兩字，洞悉家中光景。此等艱難之狀，不涉歷不知，到處可長學問，不可但心焦。至於讀書，在家中杜門静坐，須依我平日話頭去做工夫，不可優忽過日，一無長進。旁人之言，不可輕信，須要辨其是非，自家立箇主張。常將《小學》、《近思録》之言放在胸中，去聽人言，便如以鏡照物，自然是非了然。我在京安好，不必挂念，但常想南歸，未有機會耳。倘秋閒未得歸，汝當到京，來時須用騾轎，不可勉强跨騾。長途比不得靈壽至京也。汝雖在家，我心常在汝身上，汝當以父母之心爲心也。其餘京中光景，黄大歸自能言之。

又

黄大四月初三日在京起身，此時必已到家。我京中光景，渠歸想已備悉。一月來亦無他事。前月終因捐納之人紛紛，只得又上一疏，旨意甚好，然未知部議何如也。我前字中欲汝秋閒到京，然須再看光景。待我七月中再遣人歸商量。黄大若有盤費，可先遣來，若盤費艱難，遲遲亦不妨。新宗師必已發牌，汝於舉業尚未能精通，待下次考亦不妨。功名遲早，自有天數，不必强求，但讀書不可不勤緊。孔子曰：「不患莫己知，求爲可知也。」當常思此言。有便信來，須將所用工夫一一寫示我。然日間亦不可過勞苦，須有從容自得之樂，方是真會讀書人。誥命已領到，可對母親説聲。凡事自要立主意，不可輕聽人言。人言之是非亦不難辨，只是以聖賢之義理爲權衡而已。汝能不爲衆楚所咻，我心方慰。念之，念之。

又

我八月初已開列在外轉中，復蒙停止。目前又有試俸一局，未知作何光景。總之聽命而已。汝且不必進來。文宗幾時考嘉興？汝文章尚未能精進，且待下次考亦不妨。只要上緊讀書，不怕無功名也。我寓中日用甚窘，下半年俸銀因靈壽上年錢糧未完罰去，此番人歸，又無一錢可寄，當待仲冬遣人歸矣。汝事事須謹慎，不可輕聽人言，將書帖到府縣中。親友不知利害者甚多，須要自家有主意。若有要緊事務，須到城中與元旍叔祖商量。星佑此番來，一慰契濶，甚好。但我寓中清淡，不能有所加厚，甚覺歉然。惟勸其讀《小學》書。若平日能將《小學》字字熟讀深思，則可爲聖爲賢，亦可保身保家。汝當互相砥礪，人而不知《小學》，其猶正牆面而立也歟？彭年於中秋後到京，我亦勸其讀《小學》，近來愈覺此書有味也。

又

縣考一事，文理稍通者無有不取，所遺者不過十之一耳。此無論不宜干瀆，亦且不必干瀆。向來鄉紳多紛紛開薦，我所不解。汝見靈壽曾有一人來説乎？此一節賢於我鄉風氣遠矣。且預先要開薦，分明自處於極不通之地，少年志氣，亦不宜如此。此番汝與曹家外舅同就試，只宜聽其自然，但要用心做文字。文字若好，自無不取之理。一則可驗自己之力量，一則可見當事之公道，豈不美乎！如果落在孫山外，不過事之偶然。公道不泯，下次自然必取。但要讀書，不必以此爲慮。城中親族有欲開薦者，可俱以我此意説知。

與武修弟

今年正月内，始聞大姪之變，深可痛惜。此最樸實人，天何以使至此！我遠在京，不能少申其意，附代奠些須，弟可爲我備一享祀，以慰其靈。痛甚！痛甚！弟今止有兩姪，當爲其婚姻計，此是目前第一要務。然亦不必心焦，自然水到渠成也。我在京甚多掣肘，未知將來若何。弟明歲館地，且看我光景如何，再作計較可也。種種黄大自能言之，不多及。

與用中姪

見吾姪札，知爲天津靳公所招，不勝欣慰。靳公居官服政，極爲謹飭，愚向在都門，熟聞其概況。河臺先生之立德立功，吾輩心殊傾慕，諒其家風，必有彷彿。且渠令弟曾與我同城，姪得親炙之，亦三生之緣結也。但相與之間，必須誠敬，方可爲久。訓課之法，必導以聖賢路頭，如《小學》等書，不可不授。與幕友相接，要極和婉之中，須有一番主張，不可爲所轉脚跟也。大概作幕者自有一種氣習，若稍或漸染，便非儒者氣象。知吾姪雖有定見，然愚不得不囑。至於館政之暇，自家學業斷不可荒廢。愚自南旋以來，即謝去世故，舌耕餬口，仍館席氏。日對古昔聖賢，較之宦途鹿鹿，倍覺綽然自豫。東翁從未識荆，可道我景慕之意。羽便附此，不盡。

三魚堂文集卷之八

序

舊本四書大全序

舊本《四書大全》，余舊所讀本也。用墨筆點定，去其煩複及未合者，又採《蒙引》、《存疑》、《淺説》之要者，附於其閒。其萬曆以後諸家之説，則别爲一册，不入於此。依朱子讀書法，每讀一句，必反覆玩味，俟其貫通，然後及於下句。或思索未定，遇有他事當酬應，應畢輒復思此。嘗有一字一句，盤桓於胸中數日而後止。自戊戌至癸卯，用力六年而始畢。然是時雖粗知讀書之門户，而程朱之語録、文集，皆未之見，敬軒、敬齋諸君子之書，皆未知求。嘉、隆以後，陽儒陰釋之徒，改頭换面，似是而非者，猶未盡燭其蔀。自庚戌以來，乃始悉求諸家之書觀之，然後知向之去取，未能盡當。有先儒見到之語，讀之若平淡，而實關學術之得失者，不知取也。有先儒一時之言，讀之若無病，而實開假借之途者，不知辨也。又有先儒微言奥義，《大全》諸書所不及載或載而不詳者，則此本亦竟闕如。又有兩説互異，當存疑，而輒輕斷；當盡一，而務並存。每取而覆視之，輒赧然於心。欲遂棄之，則又念其曾用數年之力於此，不忍便置，且欲因此自知其陋，鑒於前者或訾於後也。故嘗櫝而藏之，不敢以示人。親友聞其有是書，皆欲得而觀焉，或且疑其有所吝惜，故敢序其始末以告，使知其陋，相與戒而勉焉，則勝於讀此書也夫！

松陽講義序

隴其在靈壽，簿書之暇，輒至學聽諸生講書，有所觸發，閒疏其意示諸生，或述先儒註解，或自抒所見，欲其即聖賢之言，引而歸之身心，不徒視爲干禄之具，使書自書，我自我。積久得一百十有八章。有攜以南者，家叔祖詁山翁、家叔訥菴翁見之，謂是有裨於學者，非獨可以教靈壽諸生也，遂謀付梓。既成，而寄於京師，命隴其自敘之。

隴其不敏，雖嘗有志於學，而不得其要領。中年涉獵先儒之書，始若稍稍望見涯涘，而質鈍功淺，終未得入其堂奥。自汩没簿書以來，益復鹵莽。嘗思乞身歸田，整理書生舊業，與同志之士講求討論，或可追隨先儒之萬一。而一官羈絆，尚未得遂。至於此編，因於諸生有一日之長，職當竭其愚，故據胸中一時所得告之，以稍逭尸素之慚云耳。非能著書講學也。若其拳拳於諸生者，則有之矣。董子有言：「仁人者，正其誼不謀其利，明其道不計其功。」程子云：「佛氏之言，學者當如淫聲美色以遠之。」此二者，學之大綱也。大綱不差，然後可漸而進焉。自明中葉以來，學術壞而風俗乖。卑者迷溺於功利，高者沉淪於虚寂。視董子、程子之言，若茹毛結繩之不可復行於後世。不知有大綱，又何論其他耶！是世道之憂也。故嘗以爲今之爲世道計者，必自羞乞墦、賤壟斷、闢佛老、黜陽儒陰釋之學始，而是編之中，亦三致意焉。此隴其所嘗奉教於君子者也。或有小補於世，意在斯乎！若夫擴而充之，探其深而盡其微，則尚願與學者共進之焉。

周永瞻先生四書斷序

學術之得失，世運所由盛衰也。然當衆説紛紜之日，非深識遠見之士，不能斷而得其所宗。今天下以四書課士，使天下士浸灌於孔孟之言，以培其德而閑其心，斯固教化之本，而治平之原也。然天下之言四書者，嘗紛紛其莫定矣。習功利者，以功利之見讀之，則孔孟之言，莫非功利也；溺虛無者，以虛無之見讀之，則孔孟之言，莫非虛無也。其卑瑣無識者，既得其貌，而不得其神，而高明之徒，又挾之以自申其説，此曰吾孔孟也，彼亦曰吾孔孟也，非無鋭志學聖之人，而不識其真，以爲是直孔孟也，始悦其言，繼移其行，漸涵浸漬，不可復變。即或覺其非矣，而其雄論宏辯，洞心駭目，汩没已久，亦且信且疑，而不能自振。於是孔孟之言，不足以成天下之材，而適以墮天下之行。蓋自漢以來，其發明聖訓以維持世道者，固不勝數。而其借以開釁於天下者，亦代不乏焉。有宋之興，程、朱大儒繼出，而正學始明。天下之士，如去雲霧覩日月，始曉然識吾道之真，而紛紛之説不足以惑之。其道雖未盡行於宋，而明興，尊而奉之，以爲規矩準繩。洪、永、成、弘之閒，上非此不以爲教，下非此不以爲學。天下之言，有不出於程朱者，如怪物焉，不待禁令而衆共棄之，學術正而耳目一。是故朝多純德之彦，野皆方正之儒，治化之隆，幾比三代，有由然也。嘉、隆以降，教弛而俗衰。天下之言，不歸功利，則歸虛無；不以程朱爲迂闊，則以爲支離。縱横之習，佛老之餘，皆陰託於孔孟，以誑惑於天下，曰：「孔孟之道固如是也，彼程朱所言，非孔孟之真也。」嗚呼！是何異適越而北其轍，而曰「此越之道也」哉！又何怪政日亂而俗日敗，以至於不可救藥也。故嘗論之曰：明之所以盛者，程朱之學行也；其所以衰者，程朱之學廢也。聖人復起，不易斯言矣。

武塘周永瞻先生，隴其父執也。以所著《四書斷》示隴其。隴其受而讀之，其書剖析疑似，貫串義理，固後學之津梁；而其大綱，則以程朱爲宗者也。方先生之始爲是書，天下之紛紛於異説者，猶未定也。先生獨識其正，而斷然從之，以爲學者倡。今天子敦崇正學，程朱之説復行於世。士之執筆爲文章者，非其言不敢道，非其書不敢讀，雖未能踐其實，而其學已不詭於正，駸駸乎洪、永、成、弘之初矣。然後服先生之能斷而得所宗也。隴其讀先生之書，益慨然於學術之不可不慎。先生留心世道，其於古今治亂之故，思之熟矣，其必以隴其之言爲不誣乎？敢序以質之。

周雲虬先生四書集義序

四書自考亭朱子集諸儒之大成而發明其義，《章句》、《或問》、《集註》而外，有《輯略》，有《精義》，有《文集》，有《語類》，大義明而微言著。其後西山真氏、仁山金氏、雲峰胡氏之徒，又各自著書，以發明考亭之意。及明永樂時，又彙爲《大全》，懸示於上，以爲天下之準繩。而河津之《讀書録》、餘干之《居業録》，又往往發其精微，以羽翼其閒，至矣，盡矣。後之學者，但取其成説而心會之，身體之，患不行，不患不明，不待復講矣。今之所以不能不講者，則以嘉、隆以來，姚江之説行，而考亭之學晦，白黑混淆，是非顛倒。譬白日在天，而浮雲蔽之，浮雲不去，則白日不見。故論四書於嘉、隆之時，不講則不晦；論四書於今日，不講則不明。學者苟徒拘守一説，而不深究其異同之故，孰察其毫釐之别，一旦聰明才辨之士，舉陽儒陰釋之論，雜而進之，其不爲所奪者，鮮矣。

吾邑周雲虬先生，潛心於諸家之説者四十餘年，輯爲《集義》一編。嘗北走京師，就正於孫退谷先生，深相契焉。退谷之學，深不滿於姚江者也，則是書之取舍可知矣。余不敏，於學無所窺。少時聞陽明之名，而竊誦其言，亦嘗不勝高山景行之思，而以宋儒爲不足學。三十以來，始沉潛反覆乎朱子之書，然後知操戈相向者之謬也。然猶且信且疑，未敢顯言於人。及考有明一代盛衰之故，其盛也，學術一而風俗淳，則尊程朱之明效也；其衰也，學術岐而風俗壞，則詆程朱之明效也。每論啓、禎喪亂之事，而追原禍始，未嘗不歎息痛恨於姚江。故斷然以爲今之學，非尊程朱黜陽明不可。而聞此説者，或以爲怪，嘗思就大賢君子而正之。適雲虬先生以《集義》自敘寄示，雖未讀全書，而莊誦其敘，則所宗者考亭也，所訾者文成也，所追思者成、弘以前也，所慨歎者嘉、隆以後也。撥浮雲而見白日，我知先生有同心矣，敢一言以附於其書之末。昔董生當漢武之世，百家並行，故其言曰：「諸不在六藝之科、孔子之術者，皆絶其道，不使並進。」此董生所以有功於世道也。繼孔子而明六藝者，朱子也。非孔子之道者皆當絶，則非朱子之道者皆當絶，此今日挽回世道之要也。先生著書之旨，已握其要，其有功學者，豈淺鮮哉！

朱子語類後序代

《語類》一書，朱子所以闡道妙而淑人心者具在，宗朱子者，宜弦誦不置，而卷帙繁衍，未能卒讀。魏里幾亭陳先生擇其尤要者，釐爲十一卷，復於其中採其説之切於六經四書者，别爲《經解》十四卷，使讀者便其簡要，樂其條貫，誠紫陽氏之功臣也。書甫成，而先生已全節爲完人，遂不及盛行於世，板亦多散佚。余不敏，幸生理學昌明之日，竊欲表章《語類》，用佐聖朝崇尚朱子之意，樂陳先生之先得我心也，就其家購求原板，訂補其缺，復成完書，以公海内。

慨自朱陸異同之説興，聚訟千古，以必不可已之學，而謂其殊途合轍也，異哉！謂陸之學尚高明，所以接上根一路；朱之學尚實踐，所以接中下者流。然則是朱子者，有實踐而無高明，可以接中下而不可以接上根乎？未得其門，未升其堂，未入其室，徒爲調停之説，適足見其妄，而爲朱子竊笑焉耳。以余所見，羅整菴《困知記》，丘文莊《朱子學的》，陳清瀾《學蔀通辨》，皆爲朱子洗剔其眉目。而或猶爲晚年定論，援朱入陸，顛倒附會，以文其説。不信朱子可也，誣朱子可乎？是編第芟其煩冗，正其互異，擷其菁華，恰還朱子眉目，公諸海内，使爲士者益生尊信之心，端在於是。

余始祖與考亭之祖同源而分派，況是書爲理學正宗，方且人奉高曾，家珍弓冶，余小子敢辭不敏，而不爲表章哉！

文廟考略序

《文廟考略》一卷，大興西山張先生提督江南學政時輯以示多士者也。其書備詳先賢先儒之名氏、行蹟，附以禮樂器數，皆學者所不可不知。先生又慨然於金谿、新建之從祀，不無遺議，而著其意於篇首，俾學者知陽儒陰釋之非，尤可謂卓然者矣。先生令子塏署靈壽教諭，攜其板至任。一時滹沱、衛水之濱，窮鄉甕牖之士，皆得聞聖學淵源，二千年來之賢若儒，歷在目前，高山景行之思，油然而生，不亦善乎？

教諭君又恐士子習其文而未識先生輯書深意也，請余一言導之，余因推先生之意，告諸生曰：先生之爲是書，非欲諸生知先賢先儒姓氏爵里，與夫從祀之歲月已也，又非欲諸生徒誦其嘉言懿行已也，《論語》不云乎，「見賢思齊焉」，見賢而弗思齊，猶弗見也。且賢又非難齊者也，乍而觀之，其巍然於百世之上者，似不可幾及，考其實，不過居敬窮理，循序深造而至乎其域者耳，又非高遠難行之事。諸生誠因是而奮興焉，退而求之六經、《語》、《孟》，以及周、程、張、朱子之書，博學、審問、慎思、明辨而篤行焉，精之一之，真積力久，安知今日之興起於滹沱、衛水閒者，不將有紹洙泗，繼洛閩，接河津、餘干，又爲後人之高山景行者哉！能如是，庶幾無負先生輯書之旨，與教諭君攜板之意。若徒推而尊之，謂是古昔聖賢，天授非人力，而不知此心此理之同，如窶人之視隋珠和璧，徒見其光輝燦爛，目眩心駭，自分爲終身必不可得之物，則是書亦徒爲陳編而已。

先生尚有《儒宗理要》、《孝經衍義》諸書，與是書相表裏。教諭君方將盡推其家學，以與諸生共砥礪，然必俟其憤而後啓，悱而後發，諸生其勉乎哉！

四禮輯宜序

儒者言禮，詳則有朱子《儀禮經傳通解》，約則有朱子《家禮》，是二書者，萬世規矩準繩也，人道之綱紀備矣。但自世教衰，其書雖存，講求而率由之者蓋少。後生小子見其父兄師友未嘗從事於是也，雖有舉而示之者，亦且以爲迂遠不可行：吾知隨俗而已，安用是爲哉！而秉禮之士，亦不能强以其素所不習者，一朝歸我範圍。使其一鄉一邑之閒，先有人焉，啓其端而動其心，然後示以禮之全，何至如爰居之駭鐘鼓乎？故曰不學操縵，不能安絃；不學雜服，不能安禮。

靈壽馬介慤公，嘗本朱子意作《四禮輯宜》一卷，以示其鄉之人。其書與紫陽原書雖閒有出入，然其惓惓爲風俗人心計亦至矣。學者觀之，則知禮非迂遠不可行之物。由是而求之《家禮》，又由是而求之《儀禮經傳》，吾知其不難耳。其爲操縵雜服也，不亦多乎！惜自兵燹以後，板毁不存，漸就湮没。後進之士，且不知先生有是書，又何論朱子所考定者哉！馬氏子孫謀復梓而傳之。余喜其能承先人之志，可以挽頹風敝俗，漸納之規矩準繩之中也，而爲之序。今而後讀紫陽之書者，當勿河漢也矣。

呻吟語序

《呻吟語》者，新吾吕先生省察克治之言也。謂之「呻吟」者，先生自視其身，若常在病中，時時呻吟，事事呻吟，察之嚴而克之勇，自不能已，故以是名其書。蓋嘗論之，人之生，具仁義禮智之性，然不能無氣稟之偏。及其感物而動，則又有物欲之蔽。故自大賢以下，鮮有無病者。其所以能不汨於流俗，而卓然爲天地閒偉人，亦在乎能知其病而已。知其病而呻吟者，治之也易；不知其病而不呻吟者，治之也難。自古賢人君子，未有不如是而能成其德者也。博文約禮，顔子之呻吟也。臨深履薄，曾子之呻吟也。戒慎恐懼，子思之呻吟也。知言養氣，孟子之呻吟也。人徒見其德之成，睟面盎背，暢於四支，發於事業，極天蟠地，繼往開來，而不知皆從呻吟中得之。吾見今人之病多矣，能知其病者有幾？氣質之不能變化，物欲之不能埽除，意必固我之念膠於中，聲色貨利之私誘於外，豈徒不呻吟而已哉！方且揚揚自得，以爲快意，所以揚其波而助其燄者，無所不爲，此和、扁所以望而却步也。使能呻吟如先生，庶幾其有瘳乎！先生當萬曆之世，天下方日弊，卑者溺功利，高者迷佛老，聖學蓁莽，生民塗炭。先生獨能以正大篤實爲學，卓然超出於流俗之上。其言皆與程朱相表裏，閒有出入者亦少矣，呻吟之功大矣哉！

是書止寧陵有板，未能遠播，購者艱難。康熙丁卯孟夏，真定諸州縣以公事會於郡城，語及同寅協恭之義，僉以善相勸、過相規爲約。適王子益仲，先生鄉人也，攜是書在郡。咸謂能以先生之呻吟者勸且規，則吾同人其庶幾矣，遂謀協力梓之。余喜先生之書得廣其傳，而吾同人皆將有以自拔於流俗也，謹敘於末。是舉也，賢於蘭亭之一觴一詠，豈不遠哉！

王學質疑序

余嘗聞高子景逸之言曰：「姚江天挺豪傑，妙悟良知，一洗支離，其功甚偉，豈可不謂孔子之學？然而非孔子之教也。今其弊昭昭矣。始也埽見聞以明心耳，究且任心而廢學，於是乎詩書禮樂輕而士鮮實悟。始也埽善惡以空念耳，究且任空而廢行，於是乎名節忠義輕而士鮮實脩。」斯言似乎深知陽明之病者，然余不能無疑焉。既曰「非孔子之教」，又可謂「孔子之學」乎？學與教有二道乎？陽明之所謂良知，即無善無不善之謂也。是佛老之糟粕也，非孟子之良知也，何妙悟之有？支離之弊，正由見聞未廣、善惡未明耳，埽見聞、埽善惡以洗之，支離愈甚矣，功安在乎？徒見其流之弊，而未察其源之謬，比之龍谿、海門之徒抉陽明之波者，雖若有閒，而聖人之道終未明也。以高子之好學篤行，充其力，豈難登洙泗之堂、入程朱之室？然猶溺其餘習，未能自脱莠之亂苗，鄭之亂雅，豈不甚哉！

康熙癸亥，余在京師，張武承先生示余《王學質疑》一卷，其言良知之害，至明至悉，特不盡埽龍谿、海門之毒，而凡梁谿之所含糊未決者，一旦如撥雲霧見白日。蓋自羅整菴、陳清瀾而後，未有言之深切著明如斯者也。近年惟吾浙吕子晚村大聲疾呼，毅然以闢陽明爲己任，先生與之不謀而合如斯，信乎德之不孤而道之不可終晦也矣。❶ 抑愚又有懼焉。當陽明之世，其害未見，故知之也甚難；而其病未深，救之也尚易。至今日其害已見，故知之也似易，而其病既深，救之也則難。無論顯樹姚江之幟、鋭與吾角者未易勝也，即聞吾言而唯唯歎息擊節，不敢置一辭，而遺毒之潛伏隱藏於肺腑者，不知其幾也，蕩滌而消融之，豈易也哉！孟子曰："「七年之病，求三年之艾。」我未有艾，而徒咎人之病，非良醫也。閲先生之書者，其急講蓄艾之術也哉！

王學質疑後序

余既序張武承先生《王學質疑》，方謀付梓，以公同好，而先生已於乙丑十一月捐館舍矣。因略述其生

---

❶「近年」至「也矣」四十七字，乾隆後印本剜去。

平，附於書末，使學者誦其書，知其人蓋非無所本而能爲是書者。

先生諱烈，其先浙江金華府東陽縣人。嘉靖時，先生之曾祖始自浙遷居大興。康熙丙午，先生以《易》中順天舉人，庚戌登進士。己未舉博學宏詞，授翰林院編修，充纂修《明史》官。乙丑六月，陞右春坊右贊善。自爲諸生以至立朝，始終以清白自勵，不屑世俗榮利，純如也。其學以程朱爲宗，深疾陽儒陰釋之徒，以閑邪衛道爲己任。晚尤嗜《小學》、《近思録》。故是書所發明，皆從平生學問中流出，非苟而已也。

先生又嘗論「道學傳」惟《宋史》宜有之，周、程紹先聖之遺緒，朱子集諸儒之大成，以「道學」立傳，宜也。餘則篤學如蔡西山父子，高明如陸子静兄弟，純粹有用如真西山，僅可列之「儒林」。元儒亦不立道學傳。若有明一代，純正如曹月川、薛文清，不能過真、許，而光芒横肆如陽明者，列之「道學」，恐後世以史臣爲無識。

其修《明史》，分纂孝、武兩朝，如劉健、李東陽、王守仁、秦竑、李成梁、金鉉、史可法諸傳，皆先生手筆。嘗曰：「吾此數傳，是非不爽銖兩。」其論孝宗，謂：「明知閹宦之壞法而不能遠，成陰勝之漸，是知不至、意不誠之故也。」其論李東陽，謂：「李公文章之士，與劉、謝同朝，則著侃直之風；與芳、瑾爲伍，盡露委蛇之態。而聲華素著，獎借後進，故競爲之掩飾，謂東陽若去，縉紳之禍，不知所底。此欺心之論也。五年之中，冤死者不可勝數，縉紳之禍，亦已至矣。李公拱手而不敢異，偶申救一二人，遂詫以爲善類賴之，則張綵救吴廷舉、劉宇救王時中，亦得爲保全善類耶？」又云：「楊文襄，功名之士也，以爲將之智，用之爲相，晚年欲以其術籠絡張桂，而卒爲所敗，齎恨以没。智巧之不可恃如此。」此皆卓然不可磨滅，而此書則其綱領也。

王學考序

自陽明之學行天下，迷惑溺没於其中者，百五十餘年。近歲以來，好學深思之士，乃敢昌言排之。然以其功業赫赫於人之耳目間者，疑信且半。錢塘應潛齋獨一言以斷之，曰：「陽明之功，譎而不正，詭遇獲禽耳。」又推其本而論之曰：「陽明自少，馳馬試劍，獨學無師，而始堅於自用。」則又直窮其病根，陽明復起，不能不服斯言。嗚呼！以陽明之天資豪邁，向使自幼涵養薰陶於《小學》中，加之以良師友磨礱砥礪，如二程之有濂溪，朱子之有延平，何至放言高論如此哉！所以敢爲放言高論者，其所由來漸矣。故愚嘗言《小學》一書，乃世道升降之本。《小學》行，而天下人才範圍於規矩準繩之中，然後學術一而風俗同。潛齋之論，可謂知本矣。

潛齋論性、論太極，頗與程朱牴牾，余不敢從。然其教人用功，必以窮理格物爲本，謹守朱子家法，故其言多可羽翼經傳。其論次陽明言行凡一卷，附於其所輯《性理大中》内。余以爲此當自爲一書，不當附《性理》，故特表而出之，而名之曰「王學考」。欲知學術異同之所由來者，其必有取於此也夫！

六論集解序

士讀聖賢書，無有肯虐民者。然孔子謂：「不教而殺謂之虐。」今之教，比古之司徒、黨正「三物六行」爲何如也？有毫髮不如古，而怒民之犯法，從而刑之，皆虐也。然則吾輩今日坐於民上，懲姦鋤暴，操三尺以從事，雖事事咸當厥辜，敢自謂不虐乎？ 曾子曰：「如得其情，則哀矜而勿喜。」痛哉言乎！

朝廷未嘗無教民之法。今州縣所奉行「六諭」，明白正大，二十四字中，一部《大學》修齊治平之旨，犂然具備。雖蚩蚩之民，咸可通曉，與古之「三物六行」何異？ 而移風易俗，未收其效，是有司之過也。

余承乏靈壽，目擊民情不古，每思孔、曾之言，不勝愧懼。閒嘗巡行村野，取「六諭」之義爲之講解，又恐其入於耳者，不能不久而忘也，因梓以授之，冀其漸磨於仁義，而自遠於刑罰。然七年之病，必三年之艾是求；車薪之火，非一杯之水能救。斯民之漸漬於薄俗久矣，豈區區一卷之書，朔望一讀，其遂能勝殘去殺、釋吾愧懼耶？ 亦以是啓其端云耳。若夫擴而充之，引而伸之，俾家喻户曉，淪肌浹膚，邪穢盡滌，渣滓盡融，則視乎繼自今而往行之何如耳。天下無不可化之民，而亦無易化之民。其必如程子之於上元、扶溝，朱子之於同安、南康，盡吾居敬窮理之學，勞來而匡直焉，庶幾免於虐也夫！

陸桴亭思辨録序

士生斯世而欲言學，豈不難哉！ 功利之習浸淫於人心，根深蒂固而不可拔。幸而能自拔於功利矣，則或溺於記誦詞章，終身竭蹶，而適長其浮薄驕吝之氣。幸而又不溺於是，而有志於道矣，則佛老之徒，又從而惑之，舍三代以來聖賢相傳之道，而欲求所謂虚無寂滅者，求之愈力，去道愈遠。幸而不惑於佛老，而歸於儒矣，而儒者之道，復分途各驅。宋之洛、閩，金谿，明之河津、餘干、新會、姚江，同師孔孟，同講仁義，其辨在毫釐之閒，而其流至於相去懸絶，若方圓冰炭之不同。學者未嘗辨其同異，晰其疑似，浮慕乎學之名而用力焉，其不舍坦途而趨荒徑者，幾希矣。於此有人焉以身示之，且別白而告之，其有功於世，何如也？

余家居時，聞太倉陸桴亭先生之學，而未獲親炙。及承乏嘉定，去先生之鄉咫尺，而先生已成古人。乃訪其遺書，得所謂《思辨録》者，其辨同異，晰疑似，一準於程朱。其於金谿、新會、姚江，雖未嘗力排深拒，而深知其流弊之禍世。其教人先《小學》而後《大學》，以立志居敬爲本，而以聖經之八條目爲程，然後漸進於天人之微，旁及於百家之言。其先後次序，悉洛閩之遺法也。雖未熟識其生平，然考其發於言而著於書者，可謂有道之士矣。蓋先生自言二十七歲即志於斯學，心體躬行，未嘗敢懈。則其所以能成就如此者，亦非一日之故也。嗚呼，處功利浸淫之日，而能自振拔，又不溺於詞章記誦，又不惑於佛老，又不惑於儒之近佛老者而卓然自立，豈不難哉！

先生之子諱顧正者，請余敘其書。余不敏，雖於先儒異同之閒，嘗聞其大略，然明不足以察理，勇不足以衛道，優游歲月，將汩没之是懼，何能敘先生之書哉！姑記其仰慕於先生者如此。尚當盡求先生之書，而訪於其良友高弟以琢磨焉，其庶幾乎！

静中吟序

《性理大全》一書，明初學者奉爲規矩準繩。其時士行醇而風俗隆，蓋其學使然也。自中葉而後，胥溺於詞章記誦、陽儒陰釋之學，此書雖存，無復講求而涵泳之者，風俗之壞，有由然矣。今朝廷尊崇正學，士非程朱之言弗敢道，於是此書復行於天下，然多襲其皮膚以塞功令，求其真信而篤好之者，亦罕其人焉。

三韓梁震先作《静中吟》一卷，其於《太極》、《西銘》之旨，伊川、考亭之論，言之親切有味，不啻燭照數計，蓋其講求而涵泳之者深矣。以是風於天下，尚有甘自溺於俗學而以性理爲迂者，其亦可翻然也夫！適余鄉馬子以是示余，余喜正學之將昌而風俗之將隆也，因書於其簡端，以誌欣慕之意云。

功行録廣義序

聖賢之書，勸善戒惡而已。或以義正，或以福誘，而勸同；或以義禁，或以禍怵，而戒同。夫禍福之於善惡，猶影之於形也。君子衡理不衡數，而其教人，未有不兼言禍福也者。理足以尊天下之君子，而言福然後足以引天下之中人，言禍然後足以懼天下之不肖。其見于經傳者，固已深切而著明矣。君子雖不以欲福而爲善，不以畏禍而不爲惡，而夫子猶曰「君子懷刑」，是以聖賢自勉，而恒以不肖自防也。於乎，此其所以爲君子與！

《周禮》司徒掌邦教，以擾安邦國。保息六以養之，本俗六以安之，三物以興之，八刑以糾之。月吉而始和，歲終而受會。鄉州黨族閭比之中，莫不以時而讀法。故其爲教也，有本有根，博而貫，簡而詳，蕩蕩焉，平平焉，無細碎蔓衍之説，而其時之人，亦但以爲道而不以爲利，知畏法而不知畏天。吉凶休咎之説，僅見於聖君賢相之誥誡，而非所以爲教民之具。明明棐常，絶地天通，此其所以爲盛也。聖賢不作，教化不明。法足以禁顯惡，而不足以禁隱慝。惟天之報施，終古不易，以濟人之所不及，而又不能無盈縮遲疾之異，錯綜參互之變，原始要終，不失累黍，而當時鮮不以爲杳渺而不可知。蓋禍福之自人者直而彰，自天者微而變。直而彰者既有所不及，而微而變者又不能以天下信，則中人以下，將無所畏而靡所不爲，仁人君子能無憂乎？不得已而博考古今，述其福善禍淫之迹，而備著其所由，以明天道之必然。家懸一律令於屋漏之中，户置一斧鉞於衽席之上，使覽者惕然於心，以去其所疑，而堅其所畏。雖其言若屑屑焉，而離類析歸，鈎深索隱，略顯惡而嚴隱慝，其察物也無遁形，可不謂慎獨之助與！宋之季也，而《感應篇》出焉。明之季也，而《功過格》出焉。是皆仁人君子居下位，不得已而救世之作也。故曰：「《易》之興也，其於中古乎，作《易》者其有憂患乎！」王道不明於上，而夫子作《春秋》。今雖萬不敢比是，而意則庶幾焉。此固非盛世之所宜有也。雖然，既已有作，則雖盛世有所不廢。又豈獨不廢而已，必將爲之敷暢其説，擴其所未備，闡其所未至，以丁寧天下之耳目，而惟恐其不信以從，是亦仁人君子之用心也。

瞤邑李子𫎇奇，字九蘭，所輯《功行録廣義》，蓋本《功過格》而敷暢其説者。余甚敬其用心之厚、用力之勤也。嗚呼！士君子得志於時，身任民物之責，舉先王之教而明之，大綱舉，萬目張，無取乎細碎蔓衍之説。而所以勸戒人者，亦不俟乎天降之威福，則是書可以不作。今李子既不得志於時，藴其意而無所發，蒿目而不能已於言，而又不欲其言之大且深，以無當於流俗也，乃取夫世所易信之書，廣爲衍説，平易樸茂，不飾不文，而勤懇曲至，應規入矩，期無失於聖賢之意而後已。昔賢有云：不爲良相，則願爲良醫。李子之書，其亦世之藥石與！假令李子得有爲之柄，以行其所欲，而不徒見諸空言，其所就果當何如也！

詒安録序

余向客武塘，與沈淵伯先生共晨夕有年，見其所爲詩文，皆有法度可觀，而先生又不欲僅以詩文自居，時時以古道相勖。嘗慨世之浮薄殘刻，如江河日下而不可止，而欲以篤實忠厚之道，維持而挽回之。蓋每談論及之，未嘗不歎息致意。數年以來，余與先生雖各居一方，然嘗佩服之不敢忘。

今年夏月，先生扁舟至畱城，既敘契闊，即出一編示余，顏曰「詒安録」。余展而讀之，則向之晨夕談論、歎息致意者，皆聚於一編中。先生又謂：「此吾筆以詒吾子焉耳，使知浮薄殘刻非所以爲安，而此乃所以爲安也，其庶幾乎！」噫，此豈獨可以詒先生之子哉！夫世之罹殃蹈尤而不知止者，彼豈好危而惡安哉，蓋未有以安之道告之者。故莫危於浮薄，而彼且以浮薄爲安；莫危於殘刻，而彼且以殘刻爲安。方其習焉而不覺，膠固於其中而不知變，方且自以爲得計，而不知其所以爲安者，乃其所以爲危也。使有人焉，持先生之書以告之，使知如是則危，如是則安，其孰肯舍安而就危耶？士庶人而知此，必不敢以浮薄殘刻行於鄉；卿大夫而知此，必不敢以浮薄殘刻行於國。小可以安一家，大可以安天下。其所維持而挽回者多矣，是豈獨可以詒先生之子哉！余既喜先生之來，得慰數年契闊，而又喜是書之成，行將使古道復敦於天下，遂操筆而爲之敘。

詒安録後序

淵伯先生既以《詒安録》授予，予授而讀之。凡先生之所言者，皆予之所欲言者也。先生復指其後一條示余曰：「與子不合者，獨此耳。」予取而視之，大約言三教之合一，尊佛老即所以尊孔孟也。先生知予持三教異同之辨甚嚴，而不欲自易其説，所謂各成其是者耶？然予竊有請焉。夫三教之不同若黑白，然白者之不可爲黑，猶夫黑者不可爲白，必欲合黑白而一之，寧有是理乎！爲此説者，蓋因近世學者不能深究天道之微，不幸溺於其學，又知不可自絶於孔孟，乃牽合附會，以自掩蓋焉耳，豈通論哉！以先生之文學行誼，後學楷模，因近年以來，偶涉獵於神仙，而深有取於其説，吾知其終當改正，而未必守爲定論也。先生若以余之言淺陋不足信，則古之大儒如程子、朱子，以及近世敬軒、敬齋、整菴諸子，皆嘗辨之，其遺書具在，取而讀之，則黑白明而取舍定矣。以先生之學力而爲此，豈其難哉！先生既以文學行誼自振流俗，偶濡迹於異端，而又不憚改絃易轍，粹然一出於正，後之人讀《詒安》一録，考其前後本末，豈不益歎先生之勇於從善而不可及也哉！雖與程朱諸大儒争光可也。

畜德録序

人之心譬如田，以良苗植之則成良苗，以稂莠植之則成稂莠。嘉言懿行者，人心之良苗也。浸灌於嘉言懿行之中，其心不明且正者，鮮矣。浸灌於淫辭詖説之中，其不昏且蕩者，鮮矣。王、何、嵇、阮，浸灌於虚無而成放誕，盧、駱、王、楊，浸灌於辭章而成浮薄。自明季以來，俗衰學駁，偏僻之説，淫艷之詞，所以眩人耳目、撼人心志者，雜然並作，如入五都之市，百怪之物具陳，非志定守固，其不舍布帛菽粟而逐紛華靡麗者幾希。取舍一移，日長月益，與之俱化，何所不至哉！故今之學者，不但不讀書之弊不可勝言，即讀書之弊，亦不可勝言。能於諸子百家中，精擇而慎收之，不離乎規矩準繩，則可以養其心，而爲吾道之羽翼矣。

席子獻臣，奉其先尊人文興公所纂《畜德録》示予，曰：「昔我祖太僕公有《格言類編》一書，我先人謹承先志，搜補而廣之。平生不好聲伎玩物嬉戲之具，而獨皇皇是書。病革時，猶置簀上，俯首睨視。」予授而讀之，則上自周秦，下迄近代，學士大夫之嘉言懿行萃焉。網羅博而取舍當，内之有益於身心，外之有補於世道。非如晉人《世説》，長傲助輕，唐人《藝文類聚》諸書，編輯風雲月露已也。可謂精擇而慎收者矣。予聞文興性孝友，好施與，周人之急，常若不及，雖久病，應得官而未仕，不及見之政事，而其篤行於門内、施及於鄉黨者，事事皆可爲法。江西魏叔子，不妄譽人者也，爲《席舍人傳》曰：「雖没而祭於社，無忝焉。」是其得力於是書者，豈淺鮮哉！吾以是益知人心之不可不養，而所以浸灌之者，不可不擇也。賈生有言：「習與正人居，不能無不正，猶生長於齊，不能不齊言也；習與不正人居，不能無不正，猶生長於楚，不能不楚言也。」讀書亦然。天下浮誇放僻之書，其爲楚言者多矣，不擇而取之，弊可勝窮耶？取舍如文興，庶幾弗畔於道也夫！

蘇眉聲讀史影言序

古人云：前事之不忘，後事之師也。此史所由尚也。然史之可以爲後世師者，亦顧其讀之何如耳。唐虞三代之書，讀之而長僞增浮者有矣，況乎後世之史，邪正錯出，是非混淆，學者以無主之中，涉獵其間，所見爲是者未必是，而所見爲非者未必非，安在其可師哉！中有主矣，讀之而是非不謬矣，而見其表不見其裹，知其顯不知其微，得其成敗之迹而不知其所以成敗者，議論侃然而膠固難通，又安在其可師哉！表裹顯微皆見矣，得其所以成敗矣，而言之無關於當世得失之林，如對病者而談粱肉，對飢者而陳藥石，藥非不精，而肉非不美也，然而所陳非所急也。讀史者豈不難哉！

蘇眉聲先生以所著《讀史影言》示予，予讀之，其是非皆本經術，其論事必推見至隱，自源及流，如醫者之洞見五臟，而其指陳愷切，寄託深遠，尤有《鶴鳴》、《沔水》詩人殷勤諷諫之思焉。蓋信乎可謂善讀史者矣。昔司馬子長述貨殖、游俠，特以自舒其孤憤，而不知是非謬於聖人。歐陽子於柴守禮、石敬儒之事，反覆致意，欲以自解其濮議，而未免欲蓋彌彰。何如眉聲之所論列，皆爲風俗人心起見，而不激不亢，言者無罪而聞者足戒乎？嗚呼，自秦漢以來，治亂如循環，使治世之事長爲法於天下，則治可長治；亂世之事長爲鑒於天下，則亂不復亂。而高曾之事，視若弁髦，前車已覆，後車不鑒者，比比而是也。使時有好古篤論之儒如先生者，提撕警覺其閒，亦何至沉溺不反、不可救藥乎！先生著述甚富，此特其一斑，而其關係於世已如此。他日盡出其所著，以爲天下準的，其足以法今傳後，又不知當何如也。

蘇書序

和州成吾存，諱性，號杏懷，居官正直，言天下事切中利病，亦近世賢者也。嘗刊其所作雜文一卷，名曰「蘇書」。其書中自言，無日不會客，所不會者，塵容俗狀之人而已。無日不言懷，所不言者，增租益室之談而已。因歷敘郭林宗以下數十人，謂此數十人者，一日不會則鄙吝生，一日不與言則心胸結。此其立意高曠，卓然塵表矣。然所謂數十人者，上不及孔孟，下不及程朱，近世則不知有河津、餘干，而荆軻、聶政、朱家、郭解、劉伶、阮籍，以至李卓吾，皆得與於其閒，何其取舍之異若是哉！甚矣，道之不明，賢者往往入於岐途而不覺，雖其天資之高有不盡汩没者，然其爲累必多矣，豈不可惜也哉！

余嘗見張武承跋鄒忠介《儒宗語略》曰：「讀此書，知先生所學之虚浮也。於宋獨取陸、楊，而姑以明道先之；於明獨取陽明，而兼以白沙、心齋配之。兩代大儒若伊川、晦庵、河津、餘干，盡可删而去也。忠介所學若是，亦何怪其立朝事業，僅止於是耶！」知言哉，武承乎！

嘉定縣加編録序

余蒞嘉定之二年，奉部議以催科不力罷黜。既謝事，乃進其民謂之曰：「吾爲吏無狀，罷黜固宜。但願爾民，繼自今以往，早完官課，無或後時。」耆民郁某等進曰：「吾儕小人，非不知急公之義也。往者故明之時，吾嘉民之完課，常爲諸邑先，吏於兹者，皆獲上考。豈昔之民良，而今之民頑耶？蓋昔賦輕而今賦重爾。姑以康熙十二年之會計，與萬曆三十七年之《賦役全書》較之，加增者蓋九萬有奇。而自十二年以後，軍興之所增者不在焉。然則民安得不困，而賦安得不逋？豈其甘爲頑民哉！」因以其所輯《加編録》示予。予閲之，喟然歎息，無以對也。

夫主持國計者，未有不知民力之當惜也，特以一事偶加，未必病民。不知今歲加若干焉，明歲加若干焉，加者不可復減，後者又復議加，積而計之，民其能堪乎？蕞爾嘉定，其土瘠民貧，較之明季日甚，而賦之加多如此，其死於催科與流離失所者，可勝計耶！且夫九萬之中，如地畝九釐之銀，三庫四部折色之增，猶爲他邑所同；若官布折色之驟增，至二萬八千有奇，省衛行月之驟增，二萬六千有奇，則嘉定所獨也。他邑之增不至如嘉定之多，而猶不堪命，然則嘉定之民日困而逋日積，何怪也。方且流離轉死之是懼，而何暇顧其官之考成哉！長此不已，吾不知數年之後，更當何如矣。

或曰：「子不知今之軍需孔急耶？朝廷固無日不以百姓爲念，苟四方底定，自然漸次減除。方將蠲蘇、松之浮糧，去沿海之坍荒，復九分考成之舊法，豈特如萬曆所行而已哉！子何憂焉？而今則非當言之時也。」然予又有説焉。夫民之困憊，有旦夕不能待之勢，而恤民者，亦當隨時而爲之計。故四方底定，仁政盡行，固斯民萬世之福也。即以目前計之，亦宜斟酌於緩急之閒，調劑其輕重之平，去其太甚，而救其顛沛，庶幾寬一分民受一分惠焉。則是編也，固仁人憂國者所宜急進矣。

靈壽縣志序

靈壽於真定三十二州縣中，最爲瘠壤，其民遇豐歲，豆飯藿羹，僅免溝壑。一遇水旱螽雹之災，流離轉死，不可救藥，蓋在前代已然。兵燹之後，元氣益復衰耗，以故文獻散佚無徵。按史傳所記故事，詢之土人，無有能道之者。大禹治衛疏鑿何所，❶鮮虞中山之時疆理若何，武靈、衛文屯兵何方，昌國君遺址安在，樂

❶「何」，原作「河」，據四庫本改。

叔繼封何鄉何里，邳侯食采第宅何存，何年始廢，曹武惠、韓忠獻父子聚族何村，始遷何代，大聖大賢之故迹，如煙雲之過目，不可復求，穆然徒見滹沱流而太行峙而已。即户口之盛衰，賦役之繁簡，典禮之廢興，自明以前，亦湮没不可考，豈不可慨也哉！

國學生傅君維槮，憫舊志之殘缺，網羅放失舊聞，彙緝成編，藏於家塾。筆削詳略，具有法度，不鑿不濫。然其已湮没者，亦末如之何也。適余奉部檄徵縣志，因取其書，稍爲更定，附以管見，分爲十卷，聊以備採擇云耳。閲是編者，見其土瘠民窮，慨然思爲政者宜安静，不宜紛更，寧損上毋損下，宜便民毋便官，則可矣。若曰一方之文獻在是，則余與傅君皆不能無慨焉。

傅氏家乘序

故吏部尚書惺涵傅公，暨少保掌雷傅公，父子先後居高位，文章事業爔炳宇宙。靈壽傅氏，於是乎始大，天下共仰其勳名，而莫知其何以至此也。余至靈壽，見其家乘，載其先槐軒、巖軒、樸菴諸公，累世積德，敦龐醇固，然後知二公之爔炳於宇宙者，其來有自。譬諸水然，有星宿之源，然後有龍門砥柱之奇；有岷嶓之源，然後有彭蠡、中江、北江之盛。未有無其源而其流汪洋浩淼者也，亦未有有其源而無其流者也。特患閉塞壅遏之，則亦終於涸耳。有人焉，引而導之，豈有不滔滔汩汩者哉！然則求水之盛而不涸無他，亦嘗濬其源而已。求家之盛而不衰無他，亦常積其德而已。故二公者，特善濬焉者也。使傅氏子孫皆能濬焉，常如槐軒、巖軒、樸菴之敦龐醇固，則其昌熾，豈有艾哉！

輯家乘者，冢宰公季子維檼也。好文而篤行，有父祖風。昔范宣子自言其先世，在夏爲御龍氏，在商爲豕韋氏，在周爲唐杜氏。而叔孫穆子云：「此之爲世禄，不如立德、立功、立言之不朽。」余嘗疑御龍、豕韋以來，必代有明德，故能久而不廢，廢而復興。宣子不知推原其本，而徒誇其氏族之盛，所以絀於穆子。今傅君輯家乘，能歷歷道其先世之本末，知其所重在世德，不在世禄，賢於宣子遠矣。傅氏之源，其再濬於此也夫！

三魚堂文集卷之九

序

黄陶菴先生集序

予自束髮受書，即讀陶菴先生之文，見其精深純粹，高者可以羽翼經傳，下者可以凌轢韓、歐，心竊慕之，以爲是何如人，而其文之超軼絶倫如此。及聞先生從容就義，慨然太息，謂先生於死生之際，不苟如此，志與日月争光，而行與天地同久，宜其發爲文章，精純超絶，協金石而中宫商也！既又思之，自變故以來，平日談忠孝、講仁義之徒，臨利害而喪其所守者，何可勝數。而先生獨毅然不變，人之所隱忍徘徊而不能決者，先生視之若渴飲飢食之不容已，夏葛冬裘之一定而不待擬議也，此豈可以强至而卒辦哉！蓋其所積者厚，而所養者深矣。及待罪先生之鄉，見其遺老，訪問先生之平生，則羣以爲先生平日孝友忠信，取與不苟，泊然於富貴，而發憤於正學，孜孜矻矻，惟以聖賢爲己任，而世俗之塵埃不足以入之。嗚呼，此其所以能臨利害而不變也歟！

自世教之衰，士不知以廉隅自飭，謂正學爲迂闊，謂功利爲不可已，遇小利害則攘臂而起，蠅聚蟻逐，無所復顧。平日之志氣如此，欲其臨大節而不可奪，豈不難哉！由是發爲文章，不入於卑陋，則病於雜駁，雖欲彌縫潤色，自附前賢，如寠人之裝爲富貴，非其所有，張皇支吾，百病俱見，無怪也。故予以爲先生之文本乎行，先生之行所以能卓犖於臨變者，本於平日之養。士苟能以先生之養爲養，自然險夷如一。履變則爲歲寒之松柏，處盛則爲高岡之鳴鳳，皆是物也。區區文章之焜耀，何足道耶？不然，雖文如先生，猶不足貴也，而況乎其必不能哉！

因先生之門人裒集遺文以傳，而爲之推論其本。俾世之學先生者，知所取則焉。

張東海先生集序

鄭端簡公曉年譜言：端簡初第時，將殿試，首相石齋楊公使人道意，致殷勤，端簡父吾核公戒端簡曰：「汝不聞兩及相門張師德無書抵政府劉元城乎？」因誦張東海先生戒子詩「權門要地是危機」句。端簡所以能卓然於始進，而不枉尋直尺於公卿之門者，東海之詩有以啓之也。余讀之，未嘗不歎前輩操行之高，真今日後生藥石哉！訪東海集未得。適先生裔孫世偉，以家藏遺集索余序，因得盡讀其詩文與其行實。

蓋先生之學，根柢程朱，而胸次灑落，一切齷齪不足嬰其懷。當時賢士大夫如李西涯、謝方石、彭鳳儀、王守溪，皆歎服其學問政事之超出流俗。一南安守而朝野交重，不啻慶雲景星，宜其流溢於詩文者，足以楷模後進如此也。世多重公之草書，公嘗自評：「吾書不如詩，詩不如文。」以余觀之，誠然。非書之不如詩文，書得詩文乃重耳。然非學之有本，如世之嘲風弄月，雕琢雲山，刻畫星露，則詩文又何足重，而況能重其書也哉！

余竊怪虞山錢氏輯《列朝詩集》，於先生之詩，登者寥寥無幾。如今集中所載《養馬行》、《昔有篇》諸詩，其用意深遠，與杜子美《兵車行》諸作相爲表裏，有天下國家者，所不可不知。而如吾核公所稱，尤足鍼學者之膏肓。錢氏皆逸而不録，亦所謂不揣其本而齊其末者歟？典型既遠，奔走危機者，滔滔皆是矣。先生之詩文具在，安得如吾核公者，日諷誦於其子弟之前，一洗滌其肺腸也哉！

屠我法詩敘

《論語》載長沮、桀溺，學者見其與聖人之言牴牾，遂疑耦耕之賢，與洙泗心事，若莛與楹，僅可與《考槃》、《衡門》諸詩人，出没於煙霞泉石間，而不可與《羔羊》之大夫、《甘棠》之召伯同日而道也。余謂不然。有沮、溺之心，然後可以行孔子之道。有《考槃》、《衡門》之節，然後可以處《羔羊》、《甘棠》之位。夫聖人所以經天緯地、育萬物而理萬事者，必自洗濯其心始。其心灑然，爵禄軒冕不足入其中，是故其神閒，其氣定，物至而能應，事至而能斷，惟理是視，可貴可賤而不可奪，然後能有成功。不然，得失之念營於中，其所以爲萬事之根本者，壓於紛華靡麗之下，而不能自主，方且左顧右盼，日不暇給，而能成天下之事者，未之聞也。故世之處高位、擁大權，而考其功業，無絲毫當於聖人者，非盡其聰明才力不如也，無沮、溺之心以爲之本耳。自漢以來，作史者雖王侯將相，功名赫赫，不可殫述，而於隱逸之士，必詳記而備載之，其亦有見於斯耶？

我郡屠我法先生，積學隱居，與鹿豕爲侶者四十年。天下之士，方攘攘於富貴，得一爵若登天，失一爵若沉淵，而先生視之無有也。曠然若處雲霞之上，而人世之汙濁，不足以累之。嗚呼，使以先生是心而處廊廟之上，無利害得失以攖其胸，而從容經畫天下之事，何事之不可爲耶？誰謂沮、溺與孔子有二道也！其詩一編，大抵皆寫其胸中高曠之致，讀其詩，可以見其心矣。人謂此淵明《歸去來辭》之類，吾謂此諸葛武侯鞠躬盡瘁、范希文以天下自任之本領也。

天濤詩文敘

眉山蘇氏兄弟，文章爲一代宗，自宋以來，操觚家仰之若泰山北斗，然吾嘗竊病焉。文以明道，道不明，何以文爲？蘇氏之文，拾蘇、張之緒餘者什之五，醉佛老之糟粕者什之五。且以伊川大賢，而目之爲姦，幾乎目不辨黑白，而耳不聞雷霆者矣，尚安取其文章哉！

我家天濤，筮仕於峽，蘇氏之墓在焉，禁其樵採，新其廟貌，又閒以政事之暇，成詩文若干篇。人皆謂天濤嚮往蘇氏而得力焉者，吾謂不然。天濤平生樸實敦厚，其在峽也，仁而明，當軍興之際，從容經畫，不廢事，不累民，惻怛至誠之念，浹洽乎境内，峽人愛之如父母。然此真可與學伊川之學者，豈蘇氏之比哉！其詩若文，皆言其性情所自得，而非有蘇、張、佛、老之習氣，於方正之士，未嘗疾之也。其表章蘇氏墓，特以爲先賢遺趾，不忍其滅没於樵夫牧豎之手，而非宗其學、師其人也。余方欲與天濤究程氏之遺書，追居敬窮理之學脉，求所謂吟風弄月之旨趣，布帛菽粟之滋味。恐不知者，見其官蘇氏之地，表蘇氏之迹，猥以爲眉山一派也，故爲敘之，毋以文忠兄弟辱我天濤哉！

李先五詩序

予在暚城，未嘗得與文章之士相親也。逮休陽邱藏嶽以李子先五詩集見貽，且爲請序，因歎予之不能知李子有如此詩矣。染鼎者不足以知味，吹管者不足以賞音。況乎塵坌之餘，何能高談風雅，爲李子振踔藝苑也哉！

然而竊嘗論之矣，詩自三百篇來，代有不同，變而不失其正者，詩固不没於人之心也。《國風》雖不登朝廟，其一時士女謳吟，祇以輸寫性情，闡揚興會，而貞淫舒慘之氣，王者采之，以徵治忽焉。有唐以詩取士，其所奏對，皆質有其文，務以平生所得著之篇牘，識者尚譏其漸開淫靡，況下此者乎？今之稱詩者，吾惑焉。生未嘗探詩之源流與其閫奥也，輒欲誇騷雅之盛事，鄙屈、宋爲後塵矣。而且閥閲之家，人有應、劉，投贈之章，詞皆曹、陸。豈當世之才人果若是其盛哉？夫亦徵逐以爲榮名，抑羔鴈以資潤澤乎？故予謂近人之詩，雖有可觀，而求其不没於心如古人者，正少也。

李子雖今之人乎，其詩則固有可采者。或見其艷發滃鬱，則以爲其才儁也；見其頓挫渾脱，則以爲其法敏也；見其鴻博雄肆而不竭，則以爲其學贍而思深也。是則然矣，而皆不足以盡李子。吾之所以取李子者，以其品與養耳。夫詩以文身，假以爲名利之梯，則非品矣。詩以攝性，挾以爲奔走之具，則非養矣。李子少壯著書，評隲諸家，生不出里巷，四方名賢，時招致蒼雪樓，樽酒問業，絶無裘馬聲色之娱以亂其情，則其品與所養可知矣。今日有李子，意吾之所謂詩之不没於人之心者乎？太史公云：《國風》好色而不淫，《小雅》怨誹而不亂。蓋欲進屈原於詩，以揚其盛也。乃吾將進李子於有唐作者，以表其微，獲附於賞音知味之後，其可乎？藏嶽試爲我問先五，抑更有進焉者歟？

王上台詩序

王子上台示予詩一卷，讀之，大抵和平高曠，有古風人之致焉，尤喜其和華天御先生《夏日村居》詩曰：「書囊隨我甘淪落，世路從他自險巇。」夫世路之險巇有盡，而我甘淪落之心無窮。以甘淪落之心，處險巇之中，世路其如我何哉！斯言也，必有契於華先生。而王子之詩，所以能和平高曠、自遠於流俗者，其亦有得於此也耶？

然予又有説焉。夫天之生士，與士之生世，非止自淑其身已也，蓋將以爲斯世之標準矩矱，而引翼變化，使之咸盡其性也。故古之聖人，有以一夫不獲爲恥，而欲堯舜其君民，雖進必以禮，退必以義，而其心一日不忘天下。即終不用於世矣，猶必删詩書，述仁義，明先王之道，以待後之學者，惟恐大道之終不明於世，而斯世之終不得與於道也。嗚呼，聖賢之用心，固如此哉！雖曰窮則獨善其身，達則兼善天下，然所謂獨善者，窮居自守，不能如皋、夔、稷、契之所爲耳，非置斯世於度外也。置斯世於度外，而以嘯傲林皋爲高，是沮、溺之所謂獨善，而非聖賢之獨善也。

然則當吾世而猶有險巇焉，是亦吾之恥也。故任其險巇而勿與争衡則可，任其險巇而弗爲憐憫則不可。或出或處，或進或退，聖賢之行，雖不必同，而憐憫斯世之險巇，曲盡吾所以救之之心，則無不同也。惟有甘淪落之心，以高曠其懷，和平其氣，而又有不忍險巇之心，與萬物爲一體，然後天所以生士之意始無負。華先生抱道高隱，今之大賢也，其必有得於此矣。因讀王子之詩，而附吾所見如此。華先生聞之，其亦以吾言爲然乎？

楊碩甫詩序

唐顔魯公千載偉人，好神仙浮屠之説。儒者曰：是其天資高，故學雖雜，不能汨其忠義之性。仙者曰：是幸得吾術，故能有所成就。是二説者，世莫能定也。虞山瞿公稼軒，殉難粤西，其節最烈。而雪湖楊君碩甫，諱秇，出入於鋒鏑之閒，負其遺骸，收而殯之，義聲動三軍，武夫悍卒，皆爲感泣，無攔阻者。楊君自言，曾遇異人，能知未來事，所言多奇中；瞿公好其説，與之周旋，艱難中嘗奉其言爲金鏡。我不知君與瞿公果得力於其術乎，抑其稟於性者厚，賦於天者粹，故所操雖不必盡儒者之學，而忠義之發，光耀宇宙，不可遏抑乎？

辛酉春，予遇楊君於虞山，望其貌渾厚真樸，出詩一編示我，瀟灑自得，無纖毫俗氛。嗚呼，此其所以能臨危難而不苟者歟？其得於天性無疑也。我因君而知瞿公矣。世之人資稟不如君，而徒欲學其術，雖遇赤松、洪崖，面命耳提，盡得其奧旨妙道，使之當變故，其不視君友如秦越人掉臂不顧者，幾希矣。使君早年不遇所謂異人，而遇濂洛之儒，以如是之天資，切磋而肆力焉，其所成就，豈但如今所稱者哉！然如君者，亦可謂奇男子矣。天下滔滔，使盡如君之險夷一節，何至如江河之日下哉！

傅鷺來感懷詩序

傅子鷺來示余《感懷詩》一卷，磊落纏綿，有唐人風。工詩者自能賞之，然特賞其詞云耳，非知傅子者。夫感也者，觸乎外者也；懷也者，存乎中者也。觸乎外者其末，存乎中者其本。余微窺傅子之懷，蓋有足多者焉。其詩曰「五頃薄田兩具牛，三餐脱粟鹿皮裘」，能澹泊也。又曰「仔細隋珠休彈雀，商量寶劍莫屠牛」，能寧静也。又曰「莫同狡兔營三窟，閒看祥鸞振九苞」，能不以利而以義也。夫澹泊寧静而不以利，豈非孔子所云「君子懷德」者耶？有是懷也，故其詞雖哀而不爲傷，雖怨而不爲懟，皆情之所當然，而義理之正也。苟無是懷而徒感慨悲歌，歎李廣之數奇，嗟劉蕡之下第，憐馮煖之窮，哀鄭虔之老，寄悶於瞿曇、慧能，抒愁於黄鳥芳草，懟耳，傷耳，君子安取焉！

雖然，傅子之懷善矣，吾尤願其充之也。夫人光明正大之懷，不難其發於一時，而難操持辨别於平日。操持固，然後嗜慾不得而奪；辨别精，然後疑似不得而淆。故古之君子，戒慎恐懼，無時敢懈，慮此懷之或奪也；讀書窮理，無時或息，慮此懷之或淆也。用力之久，至於醇粹堅固，暢乎四支，發乎事業，無往非此懷之流行，則聖賢不過是矣。不然，守之不固，析之不精，乍出而乍入，忽隱而忽見，光明正大於翰墨之閒，而不能不糊塗委靡於日用之際，則非吾所敢知也。傅子勉之矣。

一隅集序

《一隅集》共經義八十八首，余甲寅歲選而評之，以課長兒定徵者也。曷言乎「一隅」也？吾見人家子弟，殫精敝神於時文中，積案盈箱，矻矻窮年，而一切經史，皆不暇讀，讀亦不暇精。故擇此數十篇授之，且爲指點其淺深、虚實、賓主、反正、提挈、照應之法，使其因此擴而充之，則時文之規矩盡是矣。此舉一隅以三隅反之意也。庶幾有餘力讀天下應讀之書，得從容講究聖賢全學。長兒如吾法漸通文義，四書、本經之外，以次讀《詩》、《春秋》、《三禮》、《國語》、《國策》、《史記》、《漢書》，韓、柳、歐、蘇之文，涉獵《通鑑綱目》、《性理》，漸知聖賢門路。壬戌九月，不幸夭没，年止二十有三。

日月如馳，倏忽已經三載，而此集儼然在敝簏中。余既痛吾長兒之遺迹，且以其可稍救俗學之失，故出以授問學之士。蓋嘗譬之庖人治饌，時文則在筵席之饌也，一切經史則在庖之粱肉山珍海錯也。庖中無粱肉山珍海錯，而徒廣收筵席之餘饌而藏之，欲以此饗嘉賓，其不至臭穢不堪者幾希。此集則不然。指示其烹飪之法，觀一席而千萬席可知。暇則置備粱肉珍錯，尋其出産之處，廣求豫積，客至按法烹之，馨香鮮潔，客無不悦。且不徒可待客也，一家之中，養老慈幼，無不綽然有餘。較之收拾殘羹剩汁者，相去豈不遠哉！子弟用功之法當如是。有志斯文者，其亦有取於此也夫！

黄陶菴先生制義序

予既序陶菴先生之詩文，而推論其平日之養。或曰：「先生之制義何如？」予曰：「先生可謂得制義之意矣。」「何謂制義之意？以其出入班、馬，馳騁韓、歐耶？」曰：「不然。」「以其旨必濂洛，法必成弘耶？」曰：「不然。」「以其法乎古不戾乎今，得乎己不駭乎人耶？」曰：「不然。」「然則何謂制義之意？」曰：「子亦知制義之所自起乎？此宋明以來取士之具也。蓋自公卿大臣，以至於都邑之長，是天子所以寄股肱耳目者也，所以共社稷民人者也，所以爲治亂安危之分者也，而皆於制義一途取之，其閒非無英君哲相，計深慮遠，辨别人材，鄭重名器，而卒不廢此者，何也？亦曰：是制義者，所以發揮聖賢之理也。能言聖賢之言者，必能行聖賢之行。以若人而寄之股肱耳目，託之民人社稷，則必有安而無危，有治而無亂，是取制義之意也，是五六百年來所以行之而不廢也。」

自士習壞，而制義爲虚文。方其執筆而爲之，所言者無非仁義也，而孰知言仁義者之背乎仁義也；所言者無非忠信也，而孰知言忠信者之背乎忠信也。舉世滔滔，以爲是取爵禄之具耳，而忘其爵禄之何以必歸乎此也。苟可以悦於人，而僥倖一第焉，斯已矣，遑問其言行之合與不合哉！嗚呼，士習如此，而欲得真材，以期治安，豈可得哉！是無他，則失乎制義之意也。今觀先生之制義，與其養於平日而從容於遇變者，可謂言與行合矣。言與行合者，是朝廷所以重制義之意也。惜先生不幸而特以節見耳。使其生當明盛，而任股肱耳目之寄，受民人社稷之重，其所樹立，豈可量哉！若夫不能學先生之行而徒學其文，以之欺世取榮，常則不足以翼休明，變則不足以衛綱常，於是羣焉罪之，曰制義之不足得人也。嗚呼，是制義之咎耶？抑失乎制義之意之咎耶？

先生之制義，傳者頗多，閒有非其手筆而僞託者，亦有非先生欲存之作，而未及删者。用是定爲若干篇。天下學者，誠讀其文而想見其人，無失乎制義之意焉，則庶幾矣。

談念茗牎稿敘

談子念茗，與余居相距咫尺，時得其文讀之，其辭沛然以充，其氣爽然以清，望而知其將奮翮雲霄者也。今秋果舉於鄉。同里莫不相慶，蓋喜文章之有據，遇合之權不在於天，而在於人也。然余之爲念茗喜者，又不獨在是。余嘗聞商文毅公之言曰：「士無以致身科目爲榮，而以無負於科目爲重。」夫今之人束髮讀書，揣摩當世之好尚，皇皇焉庶幾其一中，得之則以爲喜，不得則以爲憂，非此科目也耶？而自文毅言之，則人雖幸列於科目，而其中猶有負有不負焉。則是科目也者，未足喜也，而可懼也。

夫必如何而後可以無負耶？將閎覽博物以備顧問乎？七略九流之書，無所不窺，畢方貳負之奇，無所不識，求之科目之中，千百而一二焉，此足以無負矣。然昔人猶病之曰：此記誦之學耳，記誦之學可謂無負乎？將著書修辭以垂不朽乎？如遷、固之史，歐、蘇之文，長卿、子雲之賦，太白、子美之詩，求之科目之中，千百而一二焉，此足以無負矣。然昔人猶病之曰：此辭章之學耳，辭章之學可謂無負乎？將樹功立業以自表見乎？戡亂如蕭、曹，守文如房、杜，捄一時之危，振一時之弊，求之科目之中，千百而一二焉，此足以無負矣。然昔人猶病之曰：此功利之學耳，功利之學可謂無負乎？夫徒有其科目，既不足以爲榮，加之以記誦、辭章、功業，赫然顯名於世，而猶未免乎負，此非刻論也。蓋士固有其當爲者，而此未足以塞我之責也。士所當爲者非他，孔孟程朱之道而已。是道也，閎覽博物，而非如世之記誦也；著書修辭，而非如世之辭章也；樹功立業，而非如世之功利也。是不待遠而求之，即我束髮所讀之書，其中聖賢之所訓誡，先儒之所註釋，至精至備，舉而措之，則道在是矣。而人往往徒習其言，以爲科目之資，而不能反求之身。一日焉得其所欲，則棄之如敝蹝。夫是以遇益隆而行益汙，位益尊而品愈卑。閒有能自異於流俗，則又没溺於記誦、辭章、功利之閒，而不能深求乎聖賢之道。嗚呼，求其無負焉者，豈不難哉！

然我嘗思之，人之不能造於是者，惟其志不立耳。不則自以爲足，不求進焉耳。苟志立而不自足，進而不已，天下何事不可爲，而獨難於是耶？我見念莪之於舉業也，奮然不肯居人下，而恂恂焉若無能，是以英年而奮飛，人之聽於天而不可必得者，獨取之若寄。操是心也以往，豈其能得之科目，而不能得之道哉？此我所以爲念莪喜也。故因讀其文而序之於其首，使天下見念莪之文者，知其所重將在彼不在此，則世之囿於科目中者，其亦可以知返矣。

錢孝端經義序

儒者往往謂舉業盛而聖學衰。余嘗語同志：「吾輩皆從舉業出身，當相與努力，一雪此聲。」請問雪之如何，曰：所惡乎舉業者，爲其以利禄之心，從事於聖賢之書。探精索微，手拮据而口呻吟者，非以求道也，將以求其所欲也。甚者則又不待其精微，苟可以悦於人而止，飾僞長詐，如市賈然。是以君子惡之。今使爲舉業者，無以利禄存於胸，惟知道之當求，而聖賢之不可不學，以居敬爲本，以窮理爲用，求之六經以探其奥，求之濂洛關閩以一其途，求之史以窮其變，求之敬軒、敬齋、月川、整菴諸君子之書以博其識。精擇而篤行之，口之所言，必使無愧其心，身之所行，必使無愧其言。其發而爲文者，皆其得於心而體於身者也。一旦學成，而薦乎有司，登乎金馬石渠，天下之人，見其由是得舉也，則指其所業，命之曰「舉業」，而學者固未嘗自謂之舉業也。其遇耶，是道之將行也，吾無與焉；其不遇耶，是道之將廢也，吾亦無與焉。夫如是，則舉業與聖學豈有二乎哉？

然吾嘗持此以告人，而人率笑其迂。一日，錢子孝端以其所作經義數十篇示我，其氣沛然，其光熠然，讀之者皆以爲琅玕球琳，可以登廟廊，可以耀宇宙。錢氏世有聞人，將復鍾於是矣。顧錢子若不敢以是爲足，不憚跋涉，而詢於芻蕘。其心豈但與世俗之舉業較短長者哉？愚時方在苫塊，未暇答也。服既闋，乃舉平日之所以告人者，以復於錢子，錢子當不以我言爲迂也。

同邑文序

胡敬齋先生嘗歎科舉之學壞人才，謂其「麗乎辭，不知志乎善」。余讀其言，未嘗不慨然也。雖然，是豈科舉之咎哉！夫科舉之設，原非取其辭也。謂其辭善者，其志必善。能爲孔孟之言者，必其志孔孟者也；能爲程朱之言者，必其志程朱者也。譬之作室而求匠，召而問之，其言棟宇榱桷、廣深修短之法，井井如燭照而數計，則授之材，而予之稍食，未爲大謬也。自學者見上之人所取在辭也，於是日夜磨礪其辭，以求當於有司。孔孟程朱之道，鍊習於筆端，言之侃侃，真若可信，而問其志，則曰：「吾以是求吾所欲耳，豈真思實其言哉！」譬之拙匠，不務精其業，而徒拾魯般之陳言，以應對主人。幸而獲其稍食，則吾事畢矣。其室之成壞堅脆，於吾何有哉！爲主人者，方慶其獲良工，而廣厦曲榭可藉以成，孰知其志之不在斯耶！所謂鷦鷯已翔乎遼廓，羅者猶視乎藪澤，而科舉於是弊矣。此猶就其辭之善者言之也。其又甚者，則并其辭亦不能善。穅粃雜陳，稂莠錯出。幸而塗飾有司之耳目，冒昧一第，則泰然自謂其業之成，不復知有人問學問，是又無足論矣。然吾終不謂科舉之無用者，天下大矣，有珷玞則必有和璞，有魚目則必有隋珠，明道、紫陽，獨非科目中人乎？士苟有志，雖使處秦之初，宋之季，廢詩書，禁道學，猶將修身獨善，以守先待後爲己任。而況煌煌功令，以仁義爲鵠，以六經爲羅，以洙泗濂洛爲招，而茫茫宇宙，無人起而應之，吾不信也。

吾邑素號才藪，起蓬蓽而陟青雲者，踵相接也。後進之士，益蒸蒸向風，相與集其揣摩之文，梓以問世，而命余序之。夫殫精竭思，上追秦漢，下凌唐宋，語必破的，言必中繩，吾黨之士講而習之久矣，豈待余言哉！然竊有願陳者，則未知我二三同學，所朝夕揣摩而爛焉於是集者，果發於其志乎？抑但麗於辭乎？其真見聖賢之道，若飢食渴飲之不容已而侃侃言之乎？抑曰姑以求合於功令乎？二者之相去，在毫釐之閒，而有天壤之別，我同人必有知之者。庶幾哉相與砥礪，各即其所言，反而實求之身，以不能爲明道、紫陽自恥，毋徒思與文章之士逐鹿於中原。使天下後世謂科舉之中有人焉，而無爲敬齋所歎，則豈惟一邑之光，世運人心實共賴之。

歷科小題永言集序

程子有言：「古之人自能食能言，即有教。蓋人之幼也，知慮未有所主，則當以格言至論日陳於前，盈耳充腹，久自安習，若固有之。」又曰：「人多以子弟輕俊爲可喜，而不知其可憂也。有輕俊之質者，必教以通經學。」朱子嘗有取於陸子壽之言，謂「子弟教作虚誕之文，皆壞其氣質」。古人之爲子弟慮者如此。今之教子弟者，吾惑焉。方其幼也，既未嘗習之於洒掃應對，朱子所輯《小學》一書，常束之高閣，不使寓目。雖日讀孔孟之言，不過以爲此利禄之階梯，未嘗知其必可行，不可不行也。稍長，教之爲文，則挑其心機，獎其浮華，惟以驚人耳目爲能事，不問其虚誕不虚誕、通經學不通經學也。僥倖一第，則便以爲學成，不復知人間尚有當讀之書，當爲之事。然則風俗之不端，士習之日壞，豈非自童子時始哉！故吾每教童子作文，未嘗不戰戰兢兢，惟恐一言之病，中於其心，異日將碩大蕃滋，鬯茂條達，不可救藥。蓋人之聰明，當擴充於範圍之内，不當擴充於範圍之外。

往者嘉靖以前，天下無異學，士皆由程朱以窺孔孟，其文渾厚醇樸，惟恐一言之越乎繩墨。士習如此，風氣安得不醇哉！自是以後，學日雜而文日奇，風俗日偷。非天之生材有異乎前也，其所以教之者然也。成童之時，其心先也離琢破壞，求其長大之歸於醇樸，不可得矣。故當今之急務，必自教小子始。教之道，必以《小學》爲基址，以濂洛關閩之書爲根本，以先正渾醇厚樸之文爲彀率。使自孩提有識，即浸灌於仁義中正之中，游衍於規矩準繩之内。如水之汪洋浩渺，而不得越乎其防，則文章不期正而自正，風俗不期厚而自厚矣。

張子質夫、惇五、蔣子聲御，選歷科小題之文，以爲童子式。吾見其一出一入，不敢苟且，惟誤後學是懼，其亦有程子、朱子之慮耶？故爲推古人所以教童子者，弁於其首，使讀者知文章一途，非徒貴其機巧浮華已也，當思程子所謂可憂者如何，朱子所謂壞氣質者如何。聰明日擴而範圍常存，必爲轉移風氣之人，勿爲風氣所轉之人，庶幾不負三子之志也夫！

授經堂壽序

今年春，嘉善沈芷岸太史寓書於余，曰：「我邑畏砦先生，我舅氏子宗老也。生平慷慨，敦氣誼，重然諾，樂善好施。屢戰棘闈，數奇未偶。年來閉户課孫，天倫自樂。今且七旬矣，子盍有以壽之？且我表弟端明，舞綵承歡之意甚摯，吾輩無以侑之，不可。」隴其不敏，方自放於煙霞泉石之閒，筆墨久荒，承命不知所措。適讀《史記·萬石君傳》，胸中若有不可已者，遂敬書之，以質於太史。

當萬石君時，人才濟濟，毛萇、董仲舒、申公諸大儒言行醇備者固無論，其他如施讎、孟喜、趙綰、王臧之屬以經術顯，司馬相如、枚皋之徒以文詞著，公孫弘以曲學阿世，封平津侯，而萬石君皆無有也。蜀卓氏、宛孔氏、魯曹邴氏、宣曲任氏，皆以貲財雄郡國，而萬石君亦無有也。獨其父子兄弟，循循孝謹，自内達外，無幾微緣飾，年彌高而行彌篤，積久而彰，天下仰之。雖齊魯諸儒之質行，皆自以爲不及。夫以龍門之好奇，於一切庸行若不屑然者，而獨於萬石君家風，津津不能已。後千餘年，朱子輯《小學》書，去取謹嚴，雖經傳之文不輕入，而獨於萬石君事，詳哉其言之。由此觀之，莫榮於孝謹，莫壽於孝謹。假使當日萬石君有卓、孔之貲財，有平津之爵位，有枚、馬之文章，有施、孟之經術，而孝謹不逮，其名未必傳於今，即傳亦必不能使人敬仰之如今日也。又使當日若卓孔、若平津、若枚馬施孟之徒，能孝謹如萬石，其姓名傳於今，不知當如何敬仰，必不落寞如今日也。《鳲鳩》之詩曰：「淑人君子，其儀一兮。其儀一兮，心如結兮。」儀一者，孝謹之醇乎外也；如結者，孝謹之常於中也。其卒章曰：「正是國人，胡不萬年。」言孝謹之效也。孝謹而外，無他道矣。毛、董諸大儒，亦全乎此而已。自古聖賢所以繼往開來、卓然不可磨滅者，無不基於此，有淺深安勉生熟之殊耳。

今我畏壘叔少壯修行，晚年天倫自樂，可謂有萬石遺風矣，吾又烏乎祝之？亦祝之曰：自今以往，長如萬石君家而已。萬石君區區一趙布衣，率其子弟，躬行孝謹，身享遐齡，一門貴顯，令名無窮。況加之以經術文學，增其所有，而有其所無，其所致寧可量乎？我焉知得效之盛，不如《鳲鳩》詩人之所祝？又焉知異日無網羅舊聞如史遷者，採其家風，爲魏里萬石傳，藏之名山，傳之其人？更焉知千餘年後，無哀集嘉言善行如朱晦翁者，述其遺事，補入《小學》？遐陬僻壤，三尺童子皆知有畏壘先生也，是在端明與諸子孫能敬承之而已，何難之有？端弟試以吾言復於太史，其必以爲然也。

靈壽教諭張君壽序

靈壽諸生有問於余者曰：「今月某日，爲吾師張子誕辰，請問所以稱觴者。」余曰：「此非而師所喜也。

誕辰稱觴，非古也。自漢晋以前，未聞有此禮。有之，自齊梁之間始。《顔氏家訓》中嘗備言其非。故近世士大夫之好禮者，皆鄙而不爲，諸生亦何取於此？無已，則有一焉。而師張子爲西山先生令嗣，西山先生嘗纂《儒宗理要》一書，聚濂洛關閩之精言，以告天下之學者，此而師之家學也。聞之於家庭者，必將推之於庠序。諸生欲敬其師，則莫若服其教。誠取其書而拳拳服膺焉，口誦之，心維之，體之於身，推之於事，深嗜篤好，相磨相磋，以《太極圖》、《西銘》爲必可契，以主敬窮理爲必可學，不敢以記誦詞章奪之也，不敢以虚無寂滅亂之也，不敢以功利權術雜之也。自邇而遠，自卑而高，真積力久，豁然貫通，和順積中，英華發外，而師張子得藉手以告於西山先生曰：蕞爾靈壽，有光風霽月如茂叔者矣，有瑞日祥雲、規圓矩方如二程者矣，有民胞物與如横渠者矣，有平生所學惟四字如考亭者矣。《儒宗理要》之書，浹於肌膚，淪於骨髓，與文山俱高，衛水俱永矣。西山先生聞之，且怡然而樂曰：是能推吾學以行吾教，是真吾子也。諸生所以敬其師者，莫大乎是。胡不此之務，而俗禮之汲汲乎？倘諸生云是禮也相習已久，一旦除之，吾諸生有不安於心者，則又有説焉。昔魯人獵較，孔子亦獵較，而先簿正祭器。獵較所同也，簿正所獨也。諸生如不容已，則以稱觴爲獵較，而以《儒宗理要》爲簿正，無謂烹羊炰羔，已足盡敬師之禮。而沉潛反覆於五先生之言，必求無負於師之望而止，其庶乎！」

諸生唯唯，請記其言於學以相勖。於是作歌以遺之曰：

方今學術，鬱而不昌。西山先生，崛起范陽。探精索微，掃去粃糠。濂洛關閩，於赫有光。纂成嘉編，畀我津梁。猗歟張子，克守義方。青年力學，脱去膏粱。秉鐸於靈，厥聲洋洋。以其家學，惠我宮牆。既修廟貌，以及門廡。遂布微言，示之周行。濟濟多士，奮於綱常。曰我有師，箕裘煌煌。開吾聾瞽，滌我膏肓。自今伊始，孰敢怠荒。努力鑽仰，入道之航。必窺程奥，必登朱堂。驅除功利，寂滅詞章。惟德惟義，是崇是匡。極天蟠地，吾志始償。繭絲牛毛，無敢或亡。洛閩真傳，庶幾勿喪。俾我師譽，如山如岡。笑彼愚俗，昧厥短長。何以嘉師，旨酒承筐。以吾視之，是曰色莊。吾敬吾師，豈在豆觴。

潘泗菴先生壽序

余嘗讀吕涇野集，見其與人子言事親曰：「子欲子之親爲鄖人張殿中丞乎？張生於景德、天禧之間，今已數百年矣，其壽猶與太華、終南争高未艾也。抑欲子之親爲汴人程大中公乎？程生於乾興、景佑之間，今已數百年矣，其壽猶與嵩少、黄河争長未已也。」每一誦之，未嘗不大其言，以爲凡爲人子，宜書置坐右。夫殿中丞與大中公則賢矣，其所以能與太華、終南、嵩少、黄河争壽者，豈非以横渠、明道、伊川爲之子耶？人能以横渠、明道、伊川之學爲學，何慮親之壽不殿中丞、大中公若也。

錫山潘遠亭，與余同官恒陽，既歸，而寓書於余，問所以顯親之道。余不敏，幼誦《孝經》之言，白首而未能入其室，何足以辱遠亭之問？無已，則亦以涇野之告人者告我遠亭而已。遠亭之尊人泗菴先生，少負不羈之才，涉獵經史，上下古今，居家孝友，不減石建、薛包，而肝膽接人，在汲、鄭閒。遭遇時變，以韜略顯，慨然慕趙營平、馬伏波之遺風，視衛、霍蔑如也。膂力方剛，勳名正未可量，顧其志不第是。蓋鼎鐘之業，先生所以自勵者也；箕裘之傳，先生所以望之遠亭者也。爲營平、爲伏波，洵樂矣，爲殿中丞、爲大中公，不更樂乎？遠亭誠體此志而黽勉焉，無以世局之利鈍爲憂喜，而必以爲程、張自任。立身者於斯，事親者亦於斯。《西銘》、《正蒙》，吾温凊之具也。《定性書》、《顔子好學論》，吾甘旨之奉也。《經學理窟》，潁考叔之羹也。《易傳》、《春秋傳》、《遺書》、《外書》，老萊之斑衣也。繹之於心，而體之於身，所謂不愧屋漏者，弗能弗措也。所謂擴然而大公，物來而順應者，弗能弗措也。日就月將焉，真積力久焉，義精仁熟，天下將翕然曰：關洛之學，復見於梁溪二泉閒。泗菴先生顧而欣然曰：「吾何幸得追隨於程、張二翁閒也。」其爲樂何如耶？其爲壽何如耶？其於世之獲一官、進一秩以誇耀於父母者，所得孰多耶？遠亭豈有意乎？

且吾聞遠亭之鄉，高景逸、顧涇陽兩先生所居也，皆學程、張而有得者也。高、顧與程、張其有異同焉否，且未深論，然學而有得，至今兩先生之名，與日月争光，兩先生之親，亦與日月争光。豈高、顧學之能壽其親，而生於其鄉者不能乎？吾勿信也。況遠亭之官於武强也，撫民以慈，而繩姦以嚴，能除一切苛斂，不合於時，弗顧也。有卓然不苟同於流俗之志矣。推是心也，以自奮於學，何前賢之不可企及耶？昔朱子一生學問，自同安歸後，益加策勵，以至爲萬世儒宗。今遠亭之年，髣髴朱子同安之年，苟能策勵如朱子，是亦朱子而已矣。我見異日名揚親顯，與太華、終南、嵩少、黄河争壽者，非他人，必遠亭與遠亭之親也。涇野之言，豈欺我哉！敢以是祝。

吴母朱太孺人壽序

梅村吴先生以文章經術炳蔚海内，不啻若永叔之在慶曆，子瞻之在元祐，其學之湛深，其人之卓犖，士大夫固有定論矣，然有未可定者。歐、蘇後人，若棐若過，雖負有文名，弗能盡紹父業。蓋極盛者難爲繼也。而梅村先生有丈夫子二三人，方發憤讀書，莫能量其所至。古今人同不同，未可知矣。三子皆出自朱孺人。孺人又以斷機丸熊之誡，日夜磨礪其子，俾紹先烈而光大之，其又可量也哉！

孺人五十誕辰，姻黨謀所以祝之。予曰：「此無他詞爲也，即孺人所以望其子者，爲孺人祝可矣。」夫孺人所望於子者無他，欲其克成梅村之志而已。吾聞君子之志與流俗異。今天下熙熙攘攘，所禱祀而求者，位高而家温，金滿於篋，粟滿於庾，印纍纍而綬若若，此富貴之士耳。君子之望其子，不但如是也。擅雕龍繡虎之才，寫風雲月露之態，相如、子雲争妍比麗，子山、孝穆並驅連鑣，此詞章之士耳。君子之望其子，不但如是也。成功若管、晏，得志若衍、儀，其勳烈爛然，其心術厭然，可以震宇宙，不可以安寤寐，此功利之徒耳，亦豈君子所以望其子哉！夫君子愛其子，則必欲其爲全人。欲其爲全人，則必欲其學聖賢。欲其學聖賢，則必欲其履仁義而敦忠信。仁義，德之輿也；忠信，德之基也。有子如是，此其爲祥，非富貴、詞章、功利之可並矣，豈非梅村之志哉！

則請進而祝之曰：願孺人之子，大其志，擴其學，毋汩於俗，毋囿於習，以浮華爲可恥，以襍伯爲可鄙，以道爲歸，以古爲法，以窮理格物爲入德之門，以戒慎恐懼爲存心之本。必正誼明道如董仲舒，必澹泊寧静如諸葛武侯，必先憂後樂如范希文。皐、夔、尹、旦，吾鵠也。思、孟、程、朱，吾師也。左圖右史，吾箕裘也。内聖外王，吾堂構也。日而就焉，月而將焉，優游而漸漬焉。浸假而孺人之子赫然爲大賢，則孺人爲大賢之母矣。浸假而孺人之子粹然爲醇儒，則孺人爲醇儒之母矣。榮莫大焉，福莫厚焉。爲之而已，豈其難哉！

敢以是祝。

曹母成孺人壽序

余承乏恒陽，余壻曹子星佑寄語余云：「吾父今年春秋六十有四，吾母春秋六十，請問所以祝壽者。」余度星佑愛其親，凡可以祝其無疆，如《天保》之詩人所云「岡陵松柏」者，當無所不至，不待余言。且星佑尊人臻萊翁暨成孺人，皆生長名族，而能以勤儉治家，以禮法檢身，無膏粱華靡之習氣，其道自應得壽，又何待星佑祝。無已，則有一焉，其惟順親之志乎？親之順則樂，樂則壽，此星佑所當勉也。

順志如何？親之志有顯而易見者，順之易；有隱而難知者，順之難。今人自成童而後，其親未嘗不日夕望之曰：願吾子學成而得位也。得位矣，則又曰：願其進而益尊也。進益尊矣，則又曰：願其垂裕後昆也。此其顯而易見者也。聞古之人有二程子者，大賢人也，有子如是，可謂榮矣，然不敢責其子。聞古之人有朱子者，大賢人也，有子如是，可謂榮矣，然不敢責其子。是非不欲其子爲二程、朱子，恐其未必能，而不敢輕責之也。使其子果能如之，則親心之愉快，必有百倍焉者，此其隱而難知者也。順其顯而易見者，而親壽增；順其隱而難知者，而親壽益增。然則星佑欲順親志以祝親壽，亦學程朱而已。

人之不能如程朱者，非不能也，不爲也。讀程朱之書，行程朱之行，是亦程朱而已矣。求之五經四書傳註，以定其宗；求之《小學》、《近思録》，以握其要；求之《遺書》、《外書》、《文集》、《語類》，以觀其全；求之《性理》、《綱目》，以廣其識。口誦心維，身體力行，必登其堂，必造其奥，動静語默，罔敢或越，其不爲程朱者，鮮矣。星佑勉之哉！星佑之學日進，則臻萊翁暨成孺人之心日悦，而壽日增。《天保》詩人之頌，豈難握券而取哉！請酌而祝曰：

顧我星佑，沉潛踊躍，於理窟中。惟洛惟閩，是尊是崇。居敬窮理，不輟其功。自近而遠，日益擴充。真積日久，豁然貫通。在昔程子，弄月吟風。繭絲牛毛，曰惟晦翁。誰謂道遠，我見其同。爲世麟鳳，實茂聲鴻。高堂白首，其樂融融。喜我有子，道通厥躬。至誠洋溢，格於上穹。天降福祉，益熾益豐。我兩老人，日懌於衷。而目加明，而耳加聰。雖在期頤，有如黄童。

王母于太孺人壽序

余承乏靈壽，密邇行唐。孟津王子方宰行唐，謂余曰：「我有老母，今年九月春秋五十，願有以壽之。」余不敏，文詞鄙陋，無以應命。雖然，竊有獻也。夫人之有親，誰不思榮之而壽之，顧其志異，其所以爲壽者亦異。志乎富貴者，以富貴壽其親；志乎道德者，以道德壽其親。富貴有時而盡，道德無時而泯。故使人稱我母爲公卿之母，孰若使人稱我母爲賢人之母？

王子家居近洛，不聞洛之先賢有二程先生乎？當宋之時，享高位、擁厚禄、聲勢赫奕以顯其親者，不可勝數。二程子生其閒，問其官則上元主簿耳，扶溝令耳，監察御史耳，崇政殿説書耳，非有宰相之尊，萬鍾千駟之富也。然二程子發憤自振，以孔孟爲宗，以六經爲本，以居敬窮理爲功，以正誼明道爲事，以洒掃應對至於窮理盡性，學成而天下宗之。迄於今，去二程子數百年矣，而其名巍然，其親之名亦巍然。當日之貴與富什百倍於二程者，皆不若也。王子以爲彼之壽，孰與此之壽乎？

且余聞王子之母于太孺人，孀居矢節，課子讀書，待婢僕以恩，接姻戚以禮，平生無疾言遽色，支持門户，晝夜操作，備歷勤苦。昔從太常公官於翰林，秉憲於浙，備藩於江寧，極人世之榮華，未嘗有幾微富貴容。是能以道德自重，必將以道德望其子。我知王子所以壽其親者，在此不在彼矣。請酹而祝曰：

願我王子，學程伯子，不如伯子，吾學不止。願我王子，學程叔子，不如叔子，吾學不止。男兒胸中，當融萬理。龔、黄、召、杜，特一班耳。母氏顧之，翩然色喜。謂吾有子，芬若蘭芷。天鑒厥德，增我福祉。眉壽無疆，令聞不已。嵩嶽同高，澗瀍齊齒。

三魚堂文集卷之十

記

畿輔八府地圖記

康熙甲子，有詔命天下考正山川之圖。井陘道僉事李公分查保定、真定、順德、廣平、大名五府之地，天津道朱公分查順天、永平、河間三府之地，既徧，乃合而爲圖以上。隴其備員俗吏，得縱觀焉。

蓋畿輔之水，惟永平之灤、渝諸河自入海，其餘皆歸於衛、白二河以入海。衛發源河南衛輝府輝縣蘇門山百泉，流經直隸濬縣、滑縣、内黄、大名縣，過大名府城南，折東，經山東館陶縣、臨清州爲運河，至天津而入海。白河又名潞河，在密雲縣南十八里，自密雲過懷柔、順義、通州、香河、武清，至天津三岔口，與衛河合流入海。大名之水如洹，如淇，皆自入衛，順德、廣平之水，如滏陽，如漳，皆經大陸會於滹沱以入衛。真定之水，如滋，如派，如滱，保定之水，如漆，如易，如徐，皆會於任丘縣趙北口之四角河，又東至霸州保定縣爲玉帶河。順天之水，如拒馬，如琉璃，皆會於渾河，合玉帶河而入白。滹沱河在真定府城南八里，發源山西太原府繁峙縣，由鴈門流經直隸靈壽、平山，遶真定府城南，歷藁城、晋州、束鹿至冀州，會滏、漳二河，過衡水、武邑、武强，至河閒府獻縣爲二支：一東流爲鹽河，一南流支河縣抵青縣岔河口入衛。漳河在成安縣南五里，有清濁二水：濁漳發源山西潞安府長子縣西發鳩山，清漳發源山西太原府平定州樂平縣，流至河南彰德府武安縣交漳口，合流至磁州三臺口。一支東流入直隸廣平府盛安縣，❶經肥鄉抵曲周東南一里，合滏陽河；一支北流入邯鄲縣，經永年至曲周，會滏陽河，歷雞澤、平鄉、任縣、隆平、寧晋至冀州，合滹沱河。滏陽河在廣平南五里，發源河南彰德府滋州神麕山，流至邯鄲縣，會渚、沁二水，由永年抵曲周，會漳河。大陸澤一名廣阿澤，受水之處在任縣、鉅鹿、隆平、寧晋一帶，每水發時，浩淼無際，《禹貢》所謂「大陸既作」者是也。趙北口之四角河，在任丘縣西北五十七里，一接高陽河，一接長流河，一接白溝河之一支，流過趙北口，由柴火淀入玉帶河。玉帶河在保定府北城外接柴火淀，東流會渾河合流，又分四支，曲折流入信安河、石城淀、慈老淀、落坡淀、黑母淀、四角淀、文爾淀，總滙三角淀歸白河。高陽河在雄縣城南二十里，上流即猪龍河，至雄縣名高陽河，由蓮花淀入四角河。猪龍河在新安縣南十六里，上流即布裹河，至新安名猪龍河。布裹河在高陽縣東二十里，上流即楊村河，至高陽名布裹河。楊村河在蠡縣南十里，上流即滋、沙、滱三河，自祁州三岔口合流，至博野縣境名蟾河，至蠡縣名楊村河。滋水在真定府城東北三十里，發源山西大同府靈丘縣枚回山，流經直隷靈壽、行唐、真定、藁城、無極、深澤，至祁州三岔口，合滱、沙二水。沙水即派

❶「直」，原作「真」，今據四庫本改。

河，在新樂縣南關外，發源山西太原府繁峙縣白坡頭口，❶流經直隸阜平、曲陽、行唐縣、新樂、定州，以至祁州三岔口，與滱、滋二水合流。滱水即唐河，在唐縣西南二十里，發源山西大同府靈丘縣，流入倒馬關，經直隸唐縣西南，過完縣、曲陽、定州，至祁州三岔口合滋、沙二河。定州北十里有清水河，發源白龍泉，流至城北入滱水，俗亦謂之唐河。白溝河在新城縣南三十里，由定興縣南流來，在定興河陽渡，係淶、易、沙三河會流處，俗名北河，經容城至雄縣城南，東流矛兒灣，入玉帶河。一支由容城縣分流至雄縣西三里，名黄灣河。又經新安流入四角河。淶水即拒馬河，在淶水縣東三里，發源山西大同府廣昌縣，流入紫荆關，過易州西北界，至房山縣境，分爲二支：一東流涿州，經固安縣東南入渾河；一南流淶水縣，經定興新城入白溝河。易水在易州南三十里，發源易州寬中谷，流至定興縣北河村，合拒馬河入白溝河。沙河即遒攔河，在淶水縣西十五里，發源本縣平樂山，流至定興爲沙河，入拒馬河。長流河一名長溝河，在新安縣西南五里，上流即徐水、雹水合流，至新安名長流河。徐水在安肅縣南四十里，又名順水，發源山西大同府廣昌縣，經直隸昌州五廻嶺，流下爲雷溪，至滿城縣爲大册河，至安肅爲徐河，過清苑折東，與漕河、一畝泉、方順河合流，達安州城北，爲依城河，至新安合雹水爲長流河。瀑河在容城縣西南十二里，即雹水，自安肅流至容城，下流安州、新安入長流河。渾河即桑乾河，在宣府西城南十里，發源山西大同府馬邑縣桑乾山金龍池，接山西天鎮衛，流入直隸宣府鎮西城東城深井堡，保安州礬山堡□縉山下，名縉河，南流名合河，經沿河口流至宛平縣蘆溝

❶ 「原」，原作「源」，今據四庫本改。

橋，俗曰渾河，達固安縣境。南分一支，入新城縣東，轉流入霸州，一支順流又分岔，復合流，入霸州，遶城東南，名通濟河，流入玉帶河。

大抵千流萬派，而衛、白二河其綱也。入衛諸水，滹沱其綱也。入白諸水，渾河及趙北口之四角河其綱也。以《禹貢》之迹言之，在畿輔者，有澤水，有大陸，有九河，有衡漳，有恒、衛。大伾山在濬縣東南二里，不與西北諸山相接。大陸即任縣、鉅鹿、隆平、寧晋之大陸，衡漳即合滏陽、滹沱之漳也。恒水在唐縣西七十里，俗名横河，發源恒山北合經縣，西南流入潞水，或以爲即派河者，非也。衛水發源靈壽之良同村，東南流四十里入滹沱河，非衛輝之衛。九河濟水，此圖不載其處。黄河故道在開州南一百二十里，俗名響子口，由河南流來，經直隸長恒、濬縣、滑縣、東明、開州、元城等州縣，又過山東館陶縣界，入直隸清河，下達河間歸海。按漢河決酸棗，河決瓠子，自塞宣房後，河復北決館陶，分爲屯氏河，東北經魏郡、清河、信都、渤海入海。正統間，河決陽武，循響子口故道東州抵濮州張秋入海。弘治二年，決封丘荆隆口，漫子長垣、東明，今河水南徙益遠，故道淤塞。瓠子宫在滑縣北十里，賈讓《治河策》云：「決黎陽遮害亭，放河使入北海。」遮害亭在濬縣南五十里。一展卷而古今水道之源流，了然在目，誠壯觀也。使廟堂之上，因是而講求其蓄洩之法，如禹之盡力於溝洫者，以防民害而興民利，則是圖之所係，豈淺鮮哉！

宋曹氏墓碑記

靈壽人物著於史策者，莫如燕昌國君樂毅、宋濟陽武惠王曹彬，其功業烜赫，固不待言。至如昌國《報燕惠王書》云：「君子交絶，不出惡聲。」武惠平南唐，歸奏云：「奉勅差往江南勾當公事回。」其不怨不伐，雖儒者白首居敬窮理之功，有未能到是者，是豈尋常將帥所能企其萬一哉！余謂兩賢天資固不同，當日必有得於師友講論薰陶之益者，惜其淵源不可考矣。

及承乏茲土，得盤桓於二公桑梓之地，不勝高山景行之思。閒嘗問其遺老，冀得其遺跡，而昌國君墳墓里居，已無復有知之者。獨縣北朱欒村南，相傳有曹氏冢，亦未知其爲武惠歟？抑武惠之上世若子孫歟？寧晋亦有曹氏墓，與此孰先孰後，皆不可知。余親造朱欒村，徘徊其域，則蕭然一平衍，漫無丘隴。計地廣二十步，縱二十二步，東去松水百五步，南去朱欒村百四十步，片石偶立者四，皆剡其上，竅其中，意必塋坊夾柱之石。而規制粗陋，似非勳戚家所用，疑是後人表識之物。蓋曹氏當靖康之末，子孫多從高宗南渡，無復在北者。又歷經金元用兵之際，故至今纔七百年，而若存若泯，至於斯歟？抑當時武惠謙恭不伐，其規制本不甚宏壯，故易就湮没歟？

余以語傅維檟曰：「武惠之跡，在靈壽者，僅此一塊土，豈可使當我世而湮没耶？」傅君曰：「吾邑西阜安村有韓太保墓者，無碑誌可稽，無封樹可識，特元末東平趙哲有韓太保墓碑。數百年來，遂指爲韓忠獻億。不知韓氏遷雍丘之後，果還葬靈壽耶？或其先世贈官有至太保者耶？忠獻第六子縝，以太子太保致仕，或令縝留守祖墓，不隨遷者耶？前人好附會，而後人輕信聽，未可知也。今曹氏墓亦在疑信離合之閒，弗傳疑焉，懼又如韓氏。」傅君斯言，《春秋》書「夏五」、「郭公」之意也。余既不忍武惠之泯泯於茲土，而又嘉傅君之能慎，并記之於石云。

衛水尋源記

靈壽縣治東北十五里有良同村，衛水發源於其北，即《禹貢》「恒衛既從」之衛也。由良同村東南流四十里而入於滹沱河。衛在恒陽，特一小水耳，而見於《水經》，見於《漢書》，見於《禹貢》，其名赫然。蓋此水在唐虞時或苦汎濫，不似今之安瀾。且按今松陽、淤泥、慈汊諸河，皆逼近於衛，安知當時不同滙於此？源遠而流長，非僅如今之限於四十里也。桑田滄海，變易無常，安能據目前所見，而遥斷數千年以前之形勢哉！採舊聞，述殘編，想見古聖人憂民之心，則可矣。

今康熙二十三年夏，僉事李公奉命查考輿圖，至靈壽，求問所謂衛水者，親造良同村之源而臨視焉。值歲旱源竭，非但無唐虞之汎濫，比班孟堅、酈道元之時，水勢亦迥然不侔矣。公慨然賦詩一章，其末云「萬世聖人憂在水，誰將飢溺繪吾民」，蓋欲以禹之憂洪水者憂吾民。凡政有未善，吏有不肖，皆吾民之洪水也，其憂何時可已耶？公之意亦深遠矣哉！今之在民上者，誠能皆以公之憂爲憂，則天下豈難治也！隴其謂公此念，實可與大禹八年胼胝、四載隨刊之事同垂萬古，謹記於末，以告後人云。靈壽縣知縣陸隴其敬記。

丁滙湖放生記

海鹽之丁滙湖，我六世叔祖銓部胥涇公之墓在焉。是湖舊爲放生之所。自明季以來，其禁廢弛，網罟交錯其中。近年我族之好生者請於官，復申舊禁。一時鱗介之屬，得安其所，亦盛舉也。

余竊惟王制「澤梁無禁」。聖人愛物，止云「釣而不綱」，故放生非古也，自佛氏始也。然君子或有取焉者，豈非以其一念不忍，擴而充之，不可限量乎？昔齊宣王不忍一牛，而孟子謂是心足以王。非謂不忍一牛之可以王也，欲其察識此心而擴充之。老我老以及人之老，幼我幼以及人之幼，則王道不外是焉。今放生之心，非即不忍觳觫之心乎？苟於是而察識焉，思我之於魚猶戚戚若是，而況我同類之人乎？況我君臣、父子、夫婦、兄弟、朋友乎？然則仁民之道，不可一日不講也；親義序别信之理，不可一日不講也。使天下鰥寡孤獨、顛連無告之民，有一夫不獲其所，吾心忍乎？五倫之内，有一處之缺陷，不能歡然有恩以相愛，粲然有文以相接，吾心忍乎？是充一放生之心，而仁不可勝用也。故君子有取焉。

願遊斯湖者，睹鱗介之生長蕃育，油然生其親親仁民之心，無徒勇於挾山超海，而怯於折枝，則兹之放生者，真盛舉也夫！

新修文昌祠記

文昌何神也？司馬遷《天官書》曰：「斗魁戴筐六星爲文昌：一曰上將，二曰次將，三曰貴相，四曰司命，五曰司中，六曰司禄。」《周禮》大宗伯以槱燎祀司中、司命。《月令》「季冬之月，畢祀天之神祇」，鄭康成謂「司命、司中與焉」。然則文昌天神也，星有六，各有攸司，而統之曰「文昌」。蓋道之顯者謂之文，將相禄命，皆權於道，明乎非有道者不得與。凡世之不以道而得將相禄命者，皆非文昌之所授。古之祀之者，蓋所以答其默相道統之功，而非教人禱祀以求寵利也。

近世祀文昌者，不復分司中、司命，而統號之曰「文昌」。從其重者爲主，猶未大遠乎古。但祀之之意，專以求富貴功名，而不知有道，則已失其本。而又雜以道家不經之説，謂上帝命梓潼神掌文昌府事及人間禄籍，元時遂加號爲帝君。按所謂梓潼神者，相傳姓張，諱亞子，其先越巂人。因報母仇，徙居劒州之七曲山。仕晋，戰没，人爲立廟梓潼嶺上。唐明皇西狩，追封左丞。僖宗入蜀，封濟順王。宋咸平，改封英顯。是則文昌者，天神也；梓潼者，人鬼也。合文昌、梓潼而一之，不經甚矣。即以梓潼神配文昌，如棄之於稷，句龍之於社，然梓潼神非可以配文昌者也。配文昌者，自孔子而下，宜莫如四配、十哲及兩廡從祀之先賢先儒，擇一而配焉，可也，於梓潼何有哉？以梓潼配文昌猶不可，而況直呼梓潼爲文昌而不復知有戴筐六星、司命司中者耶？

靈壽舊有文昌祠，在南城樓上，摶土以爲神，傅以彩飾，緑衣烏幘，兩童子夾侍。其爲戴筐六星之文昌耶？其爲梓潼嶺上之神配食文昌者耶？吾不得而知也。康熙戊辰孟冬，修南城樓，遂新其祠，而易以木主，題曰「文昌之神」，蓋吾知祀文昌而已，他非所聞也。吾知祀《周禮》、《月令》、《史記》之文昌爲吾道宗主者而已，他非所知也。在人則有至聖孔子，及先賢先儒，在天則有文昌，皆教人以正誼明道。而一切計功謀利之私，知有富貴功名而不知有道，及假道以干富貴功名者，孔子之所擯，文昌之所擯也。明乎文昌之所以爲文昌，庶幾俎豆馨香，來格來饗，不吐而棄之乎？

嘉定白鶴寺記

丙辰七月，余以公事泊舟南翔寺。前吏有持寺記來閲者，言寺建於梁天監，盛於唐祥符，常有二白鶴飛集其上。或自東飛來，必有東人施其財；自西來，則施者亦自西至。其他皆隨方而應。久之，鶴去不返。僧齊法師者，號泣甚切，忽於石上得一詩，有「白鶴南翔去不歸」之句，因以名其寺云。

蓋此寺之興久矣，豈非以鶴之清高標異，人樂傳之，而寺因之以久耶？嗚呼，鶴一禽耳，猶能以清高之姿，標異於世，至於千百年之久，而其迹不泯。而况乎人秉五常之性，有六藝之教，大可以經緯天地，小可以振育一方，有非鶴之所能企其萬一者，而乃泯泯無聞者，不可勝數，可不悲耶？即以兹土論，自天監以來，仕且遊於此者若干人矣，其迹至今顯然可指者，幾人耶？方其來也，人莫之喜，其去也，人莫之思，如蚊蠅之偶集而偶散，何曾二鶴之不若乎？此無他，大道之不明，汩於欲，溺於習，而不能自振拔。故雖有五常六藝，萬倍於鶴之本原，而汙穢迷溺，返出於鶴之下，宜其泯泯而不傳也。

兹土之南不十餘里，有吴淞江者，此大禹之遺迹也。在天監以前，又幾千年矣。當時禹之經營兹江也，其駐劄何處，用夫工若干，雖以遼遠不可知，而至今臨流者，思禹功不衰。嗚呼，又何鶴之足言乎！余因南翔之寺，有感而爲之記。

謙守齋記

余既以「謙守」名周子憲章之齋，或問「謙守」之義，曰：滿損謙益之理，備於《書》矣；裒多益寡之訓，詳於《易》矣。我見人家有累世富盛者，必其人戰戰兢兢，常若履虎尾，涉春冰，自卑而尊人者也。有方盛而忽衰者，必其自尊大，視其家若泰山之固，磐石之安，人無如我何者也。此理甚明。但人家子弟，生長富厚，不能如創業之人更歷事變，不知稼穡之艱難，往往驕溢。爲父兄者，亦末如之何。此無他術，惟使多讀書，觀古今盛衰之故，則知自謙矣。知謙則知自守矣。亦有讀書而愈長其傲、愈增其驕者，則以其不知讀書之法，視聖賢之書，不過爲干禄之具，而不實體之身心，不實驗之人情世變，竊其皮膚，潤色爲文章，謂可取富貴如拾芥，不自覺其傲且驕，反不如不讀書之人猶知有所畏懼。此則又君子所深病，而非讀書之咎也。吴磊齋先生有言：「子弟一讀書，則百病皆除。」旨哉言乎！

由是觀之，謙也者，守家之本也。善讀書者，又謙之本也。憲章以謹厚起家，退然若不自足，真有得乎古人之謙者。欲使子孫永保此風，以守其成，以昌大其門，則莫如讀書矣。其必有味乎斯言。

困學齋記

好生周子名其讀書之所曰「困學齋」，謂余記之。余以爲困而學非難，知困爲難。夫人心苟有所困，心溺焉，身汩焉，膠固而不可拔，方且自以爲適，豈知困哉！吾見今天下之學者，不陷溺於佛老，則迷没於詞章，舍坦途而入荆棘，困莫甚焉，然肯自以爲困耶？今吾與好生幸讀程朱之書，知其大綱，彼之迷溺而不自覺者，吾知免矣。

然天下之困人者，非獨此也。一心之微，日用之閒，利害得喪，愛憎毁譽，困之者嘗四面而至，乘閒伺隙，受其束縛而不知。能開柱下、天竺之雲霧，而或不能不徘徊於一官一爵之得失；能破姚江、金谿之藩籬，而或不能不猶豫於一錙一銖之有無；能埽顔、謝、徐、庾之綺麗，而或不能不動色於閭巷匹夫之喜怒。一有入焉，則吾之學皆爲其所困。嗚呼，知之者豈不難哉！

然則如之何？曾子曰：「吾日三省吾身。」能省然後能困，知困然後能學。日用之閒，凡接於吾耳、入於吾目、發於吾心者，必察之，必防之。知其在桎梏之中，則必思所以脱於桎梏矣；知其在波濤之内，則必思所以出於波濤矣。聖賢居敬窮理之學，雖欲傾刻離之，而可得耶？遂書之以爲記，當與好生共勉焉。孔孟程朱，豈遠乎哉！

退思堂記

靈壽縣堂之後曰「退思堂」，蓋取《左傳》「進思盡忠，退思補過」之義。余既重修斯堂，而深有味乎其名。

夫忠者，盡我心之謂也。盡我之心者，宜若可以無過，然天下事有定理，輕重疾徐，寬嚴厚薄，各有其分，過與不過，其辨在毫釐之閒，而人常不及覺。夫惟聖人見理明而處事熟，隨其心之所發，無非至善，不待思而自無過。自聖人而下，大賢如顔子，雖曰如有所立卓爾，然猶不能保其無幾微之差，顔子而外，又無論矣。非慎思之而善補之，末由去也。故孔子告子張曰：「主忠信，徙義。」主忠信者，進思盡忠之謂也。徙義者，退思補過之謂也。彼謂致良知之説者，謂致吾心之良知，而事事物物皆得其理，是知主忠信而不知徙義，知進盡忠而不知退補過者也。其爲學術政事之害，可勝道哉！

坐茲堂者，毋曰我盡我心而已，其亦思輕重疾徐寬嚴厚薄，果各得其中乎？不蔽於氣質乎？不囿於習俗乎？不矯枉而過正乎？不因噎而廢食乎？有時獨斷者，不爲荆公之執拗乎？有時從衆者，不爲蘇氏之模稜乎？如射之有的，不中其的，皆過也。如匠之有繩，不中其繩，皆過也。思之而補之，而後吾所盡之忠，庶幾可以無憾。不然，自謂能盡，而毫釐之閒，稍有偏倚，其害於民，將不可勝言。嗚呼！盡我心而猶不能無害於民，而況其不能盡者乎！可不懼哉，可不懼哉！

活潑潑齋記

天地閒，惟道無不在。鳶之戾於天也，魚之躍於淵也，莫不有道焉。其於人也，窮達、貴賤、尊卑，惟其所遇而道隨之。昔孔子居鄉黨，則有鄉黨之道；爲大司寇，則有大司寇之道；爲委吏、乘田，則有委吏、乘田之道。道豈須臾可離者哉！故子思謂之「上下察」，程子謂之「活潑潑地」，使其須臾可離，則不得謂之「察」與「活」矣。淵明之辭曰「倚南窗以寄傲」，吾謂淵明未聞道也。傲之非道亦明矣，何地何時何事而可以傲哉！如南窗可傲，則是道可須臾離，豈察與活之謂耶？

余親家王子天市官於上谷，其署中燕息之所，舊題曰「南窗寄傲」，愚請易之曰「活潑潑地」。竊以爲善學淵明者，莫如斯言也。淵明之爲人，高風峻節，卓犖古今，雖朱子亦重之。然能操持於君臣父子之大，而不能涵養於視聽言動之際。知傲之爲達，而不知其爲病。傲之一字，伏於胸中，而形於四肢，氣質用事而不覺，嗜慾横行而不悟，湎於酒，躭於菊。閭巷鄙夫之所謂快心適意者，而不免涉獵乎中。自以爲瀟灑自得，而不知其沉溺錮蔽，束縛拘囚，與所謂活潑潑者，相去遠矣。古之君子，知道之無不在也，戒慎恐懼，息有養，瞬有存，貌則思恭，言則思從，視則思明，聽則思聰，猶懼其隱微之際私意潛滋，而須臾離道也。於是乎有慎獨之功，有内省之法。懲忿窒慾，遷善改過，惟恐其或怠也。正誼明道，主敬行恕，惟恐其或懈也。是以用力之久，則義精仁熟，充乎中而達乎外，氣稟不得而拘，嗜欲不得而蔽，習俗不得而溺，塞天地，横四海，而無所礙，活之至也。嗚呼，是豈淵明之所知也哉！

知活之味，則知傲之病。有淵明之節而傲，猶爲君子所鄙，而況不如淵明者乎！以程子之活，易淵明之傲，斯爲善學淵明也夫！

崇明老人記

吾家某於九月廿六日，在洙涇周我園家，與雲閒佳士王慶孫同席，慶孫述曾至崇明縣中，見有吴姓老人者，年已九十九歲，其婦亦九十七歲矣。老人生四子，壯年家貧，鬻子以自給，四子盡爲富家奴。及四子長，咸能自立，各自贖身娶婦，遂同居而共養父母焉。卜居於縣治之西，列肆共五間，伯開花米店，仲開布莊，叔開醃臘，季開南北雜貨。四鋪並列，其中一間爲出入之所。四子奉養父母，曲盡孝道。始擬膳每月一輪家，週而復始。其媳曰：「翁姑老矣，若一月一輪，則必歷三月後，方得侍奉顏色，太疎。」復擬每日一家，週而復始，媳又曰：「翁姑老矣，若一日一輪，則歷三日後，方得侍奉顏色，亦疎。」乃以一餐爲率，如蚤餐伯，則午餐仲，晚餐叔，則明日蚤餐季，週而復始。若逢五及十，則四子共設於中堂，父母南向坐，東則四子及諸孫輩，西則四媳及諸孫媳輩，分昭穆坐定，以次稱觴獻壽，率以爲常。老人飲食之所後置一櫥，櫥中每家各置錢一串，每串五十文。老人每食畢，反手於櫥中隨意取錢一串，即往市中嬉，買果餅啖之。櫥中錢缺，則其子潛補之，不令老人知也。老人閒往知交遊，或博奕，或樗蒲，四子知其所往，隨遣人密持錢二三百文，安置所遊家，并囑其家佯輸錢於老人。老人勝，輒踊躍持錢歸，老人亦不知也。亦率以爲常。蓋數十年無異云。老人夫婦至今猶無恙，其長子年七十七歲，餘子皆頒白，孫與曾孫約共二十餘人。崇明總兵劉兆以聯表其門曰「百齡夫婦齊眉，五世兒孫遶膝」，洵不誣也。

康熙二十二年十月十六日，某爲予備述慶孫之言，矍然不勝景仰贊歎，因援筆而記之，以告世之爲人子者。

按崇明老人，壯而鬻子自給，老猶博弈樗蒲，雖克享大年，不過碌碌庸人耳。所可敬者，其子四人廝養卒也，不讀詩書，不知理義，乃父母鬻其身而不怨，及拮据成家，惟知孝養其親。不特能養口體，且能養親之志焉，蓋亦難矣。嗚呼！世之有親不能養，養而不能曲盡其道者，覩此能無愧乎！

三魚堂文集卷之十一

墓表　墓誌銘　壙記　傳

中憲大夫江南布政使司參議分守蘇松常道加三級方公墓表

分守蘇松常道參議方公諱國棟，字干霄，號艾賢。以康熙十六年冬没於位。其政蹟在口碑，其家世生平在公子共樞所述行略及翰林院編修汪公所作墓誌銘中。其初仕也，由舉人授蠡縣教諭，遷國子監助教，進博士。遷刑部江西司主事，歷雲南司員外郎、福建司郎中，出爲廣東按察司僉事，分巡海北道。遷整飭寧武兵備參議，裁缺改分守蘇松常道。其在廣東也，擒雷連巨寇鄧耀，而招徠其餘黨，白諸富人冤，而卻其金。其在寧武也，以法飭武弁，而盡謝絶其餽遺。其光明磊落，寬嚴有節，所至如一，彰彰在人耳目，固無容復贅一辭矣。

至其在吴也，正值閩粵用兵，羽書旁午之際。方是時，大吏當軸者，惟以能辨事爲貴，不暇問民生疾苦。有司承風旨，朘削窮民，皮骨幾盡。使無人焉，覆翼噢咻之，勢窮力極，揭竿斬木而起，如明季之禍，不難見也。寇横於外，盜起於内，又紀綱盡廢，人不復知有廉恥，天下事尚可爲哉！公獨於干戈擾攘之中，事事思與民休息。每遇急徵，從容布算，鎮之以静，芻茭糗糧之需，卒藉以辦，而民宴然。嚴飭屬吏，無朘民生而摧其力。自是郡縣稍稍知以百姓爲根本，不敢盡力排擊剥割。當義所不可，正色峻拒，雖臨利害，不肯委曲假借。中朝貴人，遣幸伶入吴，怙勢縱恣，大吏争折節下之。公獨不少屈，綱維不至埽地者，公爲之中流砥柱也。公既以仁愛培國本，以廉恥維風俗，一時精掊克、甘脂韋者，或不以公爲然，然卒無如公何。

公既没之二年，逆臣授首，四方漸次削平。鷹揚貔貅之士，奏功於朝，皆以爲神器震而復寧者，師武臣力也。孰知賢者弭變於無形，撫輯殘黎，固結人心，使腹内安堵，而後將帥之臣，得以成功於外。譬之治病然，披堅執鋭，從事疆埸者，治其標者也；正己率屬，潛消禍變者，固其本者也。本不固，則外病未除，而内病雜作，雖有良醫，豈能爲治！然則公之毅然持正於舉世若狂之時，安民生而挽頽俗，以爲郡縣倡，使封疆大臣，無内顧之憂，而以次平定禍亂，其功顧不大哉！

公之在位也，隴其適待罪嘉定，爲公屬吏，得親炙其休光。公不鄙其不肖，而特嘉其樸拙，時引掖奬勸之。及隴其罷歸，公爲扼腕太息。方欲以閒散之身，從公於政事之暇，從容盡叩公之學，且欲問公家相國文端公中朝故事，以定千秋之疑案，而公忽溘然棄世矣。公子共樞既葬公於順天府大興縣方家莊祖塋，而以其行略、墓誌示隴其，謂隴其曾備員公之宇下，且嘗蒙公奬歎，能知公之心，不可無一言以表之。隴其學疎文陋，豈能闡揚公盛德？特嘗慷慨世變，歎今之論治者，皆争其流，而不知其源，獨公能於嚴霜堅冰中，嘘以陽春，消弭禍本，可謂得其源者。推其功，實與頗、牧之徒相表裏，而人顧不知也。隴其故不復論其他，而特表其卓然獨立於吴中而關天下安危者，以備史官之採擇云。

孝廉系宣曹公墓表

公諱潁洙，字系宣，别號住寒，暮年寓懷也。公父之罘，諱繹祖，蚤歲遊庠，孝友承家。舉丈夫子五，咸知名士，公其長子也。賦性沉毅，介然自持，且偉度修髯，望而知爲有道者。隴其嘗遡公生平，竊深企異之。

公年十五，母王孺人蚤世，恪遵庭訓，一燈坐繐帳中，誦讀無倦色。閱十五年，後母陳孺人亦故，形神慘澹，而至性依依，則蕭然一韋素也。甫遊黌序，即登丁卯賢書。時公父方壯，上而高曾光禄公、侍御實湖公暨仰實公咸慰焉。聲先華蕚，交善嚶鳴。及卜宅郡城天星湖，又闢煙雨南莊書屋，擬看杏苑之花，旋奏鴈羽之捷。彷彿比美扶風，則卓然一典型也。庚辰之役，魁副南宫。乃辭特典，願以薄禄，捧檄永豐，經藝治事。士之遊其門者，多有濂洛聲，則儼然一嚴師也。運當鼎革，播遷百粤，歷瘴雨蠻煙，幼子家人零落逮盡，不免瞻岵生悲，黍離同歎，則纍然一孤臣也。迨亂離初定，兩度還家。爲問昔時郡室湖莊，俱成幻境，遂息倦飛之翮，棲止祖廬，力行敦睦，培子姪之孤弱，拯父黨之旅羇。復祀田所以尊祖，廓祠基將以收族。凡親戚故舊，洵生平一日歷事變，當阽危，必匱乏相周，患難相恤，懇懇未嘗或置膜外，則慨然一仗義士也，而公豈欲獨善其身哉！

明季申酉間，偕仲弟儁妻孥跋涉山澨者數載。公則一氊江右，仲則餬口窮途。彼時故鄉蝶夢，憲檄吹求，幾虞不保。且公父耄痾，季弟臻來輩尚少，脊令是亟。得保堂構於依然，非公之感乎同氣者深，而洽比鄉黨者素，不至此。嘗泫然書訓，以示弟仲宣蘅芳遺孤曰：「孝弟謹信，親愛學文，立身之根本，弗視弟子之小學也。古人所謂『寧刻鵠，毋畫虎』者，非耶？」公素不攻釋家言，於所居左額不限堂，憩息其中，自謂饘粥可供，竹牀可卧，杖頭錢可給，求木雞是養，杜忘一切，則終翛然澹然一山林遯逸人也。

公生平出處大略如是。公與先伯父濟南公同鄉薦，則隴其固年家子也。而余壻宗杜爲公猶子，聞之熟而知之詳。又以公之令嗣名駕乘者，請羽言於余，故不愧言之，諺而少文，爲敘次其生平云。

施孟達墓誌銘

施子玉符以其考孟達府君狀來，請銘。據狀言，施氏之先，自浙之秀州遷於蘇，又自蘇遷崇明洲之西沙，代有顯者。是皆在宋元以前。其自崇明遷瞭之大埸，則君之高祖諱秩。又自大埸遷今所居之羅店，則君之曾祖諱鈇。鈇生勳。勳生三子，其長諱宿，則故進士兵部主事諱鳳儀字孟翔之祖，誥封文林郎諱三益之父。其季諱宰，則君之父也。君諱于德，生而孝友，與弟天長、儒學訓導于政俱業儒。自以爲穎悟弗及弟，乃喟然曰：「弟橫經，兄服賈，不亦可乎？豈必兄弟皆貴耶？」遂操奇贏，權子母，家以是益富厚。然非僅知有富者，親没，與其弟哀慟過禮。凡喪葬之事，争先措置，而財産則互讓。視世之死其親而惟利是争者，霄壤也。佃户有負租者，夷然不較，曰：「彼貧耳，非本意也。」寧令負己，不忍直於有司。嘗出手書一册焚之，皆田産積逋也，計九千有奇。越數年，又出一册焚之，倍於前。其存心寬厚，不忍以財物傷人如此。崇禎辛巳，歲旱，道殣相望。慨然太息曰：「人我一也。彼僵而仆，而我獨飽食，可乎？」盡出其積儲散之，倉廪一空。順治甲午，歲復祲，率先賫糜療飢，力勸鄉里有力者共相濟，賴以活者甚衆。嗚呼！世之富人，積粟藏金，絲毫不肯假於人，視其親戚鄉里，若秦越之不相關，少有負於己，則跳躍叫號，以爲萬不可已，其視施君度量，相越爲何如也！然君以度量容人，人亦感其意，不忍負之，家事亦卒不終落。當鼎革之際，邑有奴變，羣僕隸結黨横行，以索券爲名，焚掠無虚日。君從容呼其衆僕，檢契還之，僕皆流涕，不肯去。亦其生平寬厚，有以感人也。君其他善行甚多。如奉邑令委，踏勘沿海坍荒，分别全坍、坍殘、臨坍，井井有條。既竣，不受旌奬，皆人所難。余獨喜其寬厚能容人，有古人風。宜其積厚流光，子孫蕃且昌也。故因玉符之請，而爲之誌銘。君生萬曆癸巳，没於康熙庚戌。其配朱孺人、沈孺人，皆賢，克成君之志，俱先君卒。子三人：長麟祚、次麟定，皆庠生；季麟瑞，即玉符，恩貢生。孫男九人：宗閬、宗箕、宗岐，麟祚出；宗嵋、宗屼、宗嶸，麟定出；宗嶧、宗嶠、宗峘，麟瑞出。女七人，孫女九人。麟祚等以壬子十二月二十日葬君於隱和府君宰之昭穴。銘曰：

世滔滔兮，咸錐刀之是争。君獨擴然有容兮，若汪汪之千頃。君既享有遐齡，而子孫繩繩，家其日贏。積善餘慶兮，豈不信而有徵。

陳母侯孺人壙記

孺人姓侯氏，世爲商丘人。前朝户部尚書侯公恂者，孺人之祖。尚書子方域字朝宗，世傳《壯悔堂集》者，則孺人父也。

孺人年十五歸于陳子子萬。子萬世爲宜興人，祖少保端毅公諱于庭，直節詳於國史。父定生先生諱貞慧，以德行重天下，與朝宗爲莫逆交。甲申之亂，朝宗避地宜興，因締婚焉。朝宗既北歸，尋捐館舍，而定生亦尋即世。家日落，徒四壁立，子萬煢煢無依，遂就婚商丘。孺人生而端莊，不妄言笑。長循婦道，雖世家女，能以禮自範。子萬之至商丘也，伶仃躑躅，孺人安之，不以爲苦。子萬既壯，務讀書，好交遊，孺人常竭力操作，以供不時之需，不以爲厭。子萬作丞黎城、令安平，孺人皆隨之任，遇覃恩受封，家道寖盛，然益務儉約，不輕用一錢，不輕剪一幣。子萬稱孺人之言曰：「婦人所貴在德，不在翹珠鳴玉；男子所重在品，不在拖紫紆青。霜臼雨薪，釵荆裙布，吾分内事也。」又曰：「世事何真？惟做好人是真。」其所見卓犖如此，故能歷艱辛，遇通達，而喜愠不形，以宜其家，以相其夫子。使子萬得以磊磊落落之才，處則優游於墳典，出則鞅掌於民社，無室家米鹽之累牽制其胸襟者，孺人力也。彼世之生長閨閣，不識稼穡艱難，不識禮義，窮而怨，達而侈，使其君子内顧鬱抑，常擾擾於衷，甚則毁廉隅，蹈羅網，以徇其無涯之欲者，聞孺人之風，豈不可愧也哉！

孺人生於崇禎十五年六月初三日，没於康熙二十八年三月二十六日。既没，而子萬痛之甚，非獨其篤於琴瑟，蓋孺人之賢，實超越世俗，而年不永，宜子萬之感悼無已也。孺人有子五，而皆不育，有女七。多方爲子萬置妾，有螽斯不妒之風焉。臨没猶惓惓囑子萬，愛身育嗣，亦世俗所難哉。

子萬寓書於余，求所以不朽孺人者。余不敏，非其人也，承吾友之命，且心重孺人之賢，不敢辭。故敘其大略，以復子萬，使識於其壙，非敢附誌銘之例也。

先府君壙記

先府君諱元，一諱標錫，字叔因，姓陸氏，系出唐宰相宣公，代有顯者，詳家乘中。自五世祖春坡公諱東，始居平湖縣之泖口，其地一名顧書堵。高祖諱美，字仰春，妣姚氏。曾祖諱堯夔，字友唐，妣戴氏。祖諱錫允，字紹唐，妣姚氏。考諱濍，號泰交，妣李氏。自五世祖以下皆以儒術有名庠序。泰交公四子，府君行第三。

府君生於萬曆己酉正月初二日。自幼孝友能文，早年入庠，數奇未達。康熙乙卯，以男隴其恭遇覃恩，封文林郎。府君性寬和，生平未嘗有疾言遽色。雖嘗有横逆相加者，絶不芥蒂於胸中。好坦直，不喜爲城府。入與家人言，出以告於人，未嘗有二也。一生惟以真誠寬厚爲主。寧闊略於節文，而不欲矯飾以欺世；寧過於和平，而不欲立崖岸以自異。府君少時，家道殷盛，長兄墨濤公又顯仕，然處之淡如也。及遭喪亂，家業盡落，徒四壁立，亦不以爲意。授書武塘者，凡十有六年，安之若素。雖未嘗達而在位，而常以蒼生爲念。每語子弟云：「貪與酷，皆居官大戒。然貪而酷，人皆知惡之，若自恃廉謹，而刻以繩人，人慕其風節，競相倣傚，禍不可言矣。」讀書必究極源委，深惡俗學卑陋，尤不喜務虚名。順治間，士子沿明季舊習，互相標榜，號曰「某社」、「某社」。時隴其初入黌序，未知其病也。府君每切戒之，常舉海鹽吴忠節公語示之曰：「居官不入黨，秀才不入社，便有一半身分。此至言也，兒謹識之。」居常教子弟，必令篤實務本。每喜稱述祖德，及盛衰興廢之故，津津忘倦。晚年深慮宗族繁衍，子孫不能自知其支派，乃修族譜，義例精核，族人賴之。

康熙戊午九月二十一日，以疾終於正寢，享年七十。配鍾氏，同邑太學生衢水公諱成純長女，生萬曆丁未閏六月初二日，終於天啓丙寅十一月初一日。續配曹氏，隆慶戊辰進士、漳州府知府景坡公諱銑曾孫女，萬曆丁酉舉人、荆州府通判芝亭公諱蕃孫女，處士越凡公諱棻長女，生萬曆丙午三月初五日，終於崇禎癸未正月二十七日。皆有婦德，皆以康熙乙卯覃恩贈孺人。副室石氏。三男皆曹孺人出。長隴其，康熙庚戌進士，江南蘇州府嘉定縣知縣；次肇熊，後府君四十日而卒；次承勳，一名坦。女二，長適同邑庠生張光熹，次許字婁縣陳嘉謖。孫男二人：定徵、宸徵，皆業儒。孫女四人：一適太學生金山李鉉，一適同邑庠生曹宗柱，一許字同郡庠生張金城，一幼未字。以康熙庚申十二月十一日合葬於朱童港北餘圩祖墓之東亥山巳向。不孝孤等不能顯揚其考妣，謹識其生平大略如此。昊天罔極，嗚呼痛哉！

亡弟尚桓壙記

此吾弟尚桓之壙也。其世系詳先府君壙誌中。弟諱肇熊，生崇禎壬申十二月二十四日，少余二歲。吾年十四而喪母，弟纔十二，孤苦相依，備極酸辛。弟幼讀書未成，輒遭亂離。我與先府君皆餬口於四方，弟獨在家，無師友切磋之功，學遂不成。吾先府君家法，子弟不能讀書，則當執一業，農、工、商，惟所宜，不得爲天地間閑食人，以辱祖宗。故弟既廢書，遂習於農，備歷艱難。弟性亦淳樸，安之不厭。及予舉於鄉，捷於南宫，遵守祖訓，不敢獵取不義爲父母羞，家貧如故，弟之自食其力，如故也。及予爲吏江南，不欲變其初心，家貧如故，弟之自食其力，又如故也。方冀稍有餘俸，使弟得息肩，孰意其不能待耶？

戊午閏三月之十二日，我應詔入都，既拜先府君於堂上，弟送我入舟，孰知此一日，即爲我父子兄弟永訣之日也！先府君屬纊之日，弟病已篤，聞變匍匐至牀下，一慟幾絶。家人扶至房中，遂不復起。臨没時，囑家人云：「我病不能成服，我死當以衰絰斂我。」家人遵其言，故今在棺中者，嶄焉凶服之人也。以禮言之，弟方至九泉，日夕侍二親旁，不應衰絰。然弟之惓惓於垂没者，豈非其天性之不容已耶！一息尚存，不忘痛親，此一念何可没也！又語家人云：「吾死停吾殯於室，毋出也，待吾兄歸。」嗚呼哀哉！

卒在戊午十月二十九日，後府君之没，纔四十日耳。配李氏，終於康熙己酉十一月二十七日。繼娶馮氏。皆無子。以隴其次子宸徵爲嗣。二女，一育於隴其，許字同郡庠生張金城，一幼未字。今於康熙庚申十二月十二日，同李孺人合葬於先府君墓之右穴，嗚呼痛哉！兄隴其抆淚謹識。

兩嬰兒壙記

此兩嬰兒者，一爲遇龍，姓陸氏，生崇禎丁丑冬，我幼弟也。其生也有夢龍之祥，故名焉。我父母皆鍾愛之，不幸我母没而弟無所依，時有常熟陸平侯者，爲守備於杭州，與先府君有故，以弟寄養焉。在杭半載而痘殤，時癸未秋也。柩歸，寄祖墓旁舍者四十一年，其生卒之日月皆已不能詳。一爲□徵，姓陸氏，生康熙丙午十二月初三日，我次子也。其生之夕，我時北上，夜泊蘇州，夢戴蘭於首，芬芳異常，以爲有鄭穆公之祥，不幸甫五歲而痘殤，時康熙庚戌六月十二日也。柩寄爾菴僧舍者，十有二年。二子皆有異兆，皆聰明過人，而竟夭殤，可哀也哉！逢家多故，久未克葬，常痛於心。今於康熙癸亥四月朔日，合而寄葬於爾菴僧舍之後隙地，叔左姪右，庶幾相依以永久焉。

越凡曹公傳

外祖曹公叔芳，諱棻，越凡其别號也。世居華亭之東千里。祖景坡公，隆慶戊辰進士，福建漳州郡守。父芝亭公，萬曆丁酉順天榜第四人，湖廣荆州别駕。芝亭公生四子，外祖行在第三。生長華胄，不修貴介之容。游學京師數載。公見尊人科名坎坷，伏闕上書，奔馳水陸者無暇晷。屢試於有司，不得志。杜門讀書，意泊如也。荆州公挂冠歸，公承意色養，家庭愉悦，不自居孝弟之名，躬行無忝而已。佳晨夕探荆州公所樂見之客，折柬相邀，或賦詩飲酒，或啜茗彈琴以相娱。性不能飲，而喜客飲，更喜與父之客飲，所爲承歡者，殆何如也！

公性坦適，不耐塵囂，獨處斗室中，無求於人，亦無累於人，浩浩落落，作逍遥齊物之觀。近於老氏之學，而不欲廢棄一切以鳴高。疏水曲肱，浮雲富貴，其中有真樂，識者服公精於養生之術云。

娶大參楊公諱欽孫女，是爲我外祖母。女德淳備，相敬如賓，終身不聞誶詈之聲，誠賢母也。生三子三女，長女即爲我母，歸先府君，以孝敬爲妯娌式。母舅三人：長説若公，諱默，遊平湖庠，有聲膠序，娶高氏。次舜遺公，好學食貧，娶李氏，早卒。季桂生公，娶翁氏，以舌耕奉養，好植名花異卉，插槿編籬，藝菊數十種。每當秋風木脱，與一二三知己，觴詠於東籬盤谷之間，不愧清白吏子孫也。隴其幼時，隨我母歸寧，外祖撫之膝上，每曰：「此兒舉止沉静，不逐羣兒嬉戲，異日必成廉泉讓水之名，兒其勉之！」至今書紳不敢忘。庚戌獲儁以來，兩爲縣令，簿書鞅掌之餘，凜然如奉外祖之訓，即我母之訓也。

隴其匏繫一官，母舅寓書云：「族譜告成，願得一言爲先人傳。」隴其痛我母之不得奉養，又痛我父不得邀一命之榮以没也，又何辭以謝外祖哉！然外祖有隱德而不彰，是予小子之責也。故拜手略陳梗概云。

席文學熙菴傳

熙菴姓席氏，始祖諱温，唐末避黄巢亂，卜居莫釐山。三子：曰尚，曰常，曰當。常三十傳而至熙菴云。

熙菴諱啓祥，字五雲，熙菴其號也。幼聰穎，授書過目輒曉大意，下筆滚滚千言立就。弱冠補博士弟子員，聲名藉甚。然熙菴不喜標榜，惟下帷攻苦。當明季時，婁東張西銘倡始復社，海内翕然趨之。士以不得及門牆爲恥，熙菴獨不屑也。自與其友讀書山中，互相切磋，博覽經史百家之言。去婁東不二百里，若不知有西銘者。性又慷慨，倜儻有大略。知天下將亂，喜與里中俠少年游，親黨皆竊笑之。及乙酉變起，遠近鼎沸，而熙菴家獨晏然安堵，以諸少年感其平昔意氣，謹衛之也。江南初定，玉石未分。有誣山民不軌，請兵搜山者，一山皇皇懼不保，然皆畏縮，無敢向當事白之。熙菴獨挺身出，見主兵者，侃侃數言，一山獲全。順治庚寅、辛卯閒，歲大祲，道殣相望。是時熙菴家漸中落矣，慨然傾囷賑之。平生周人之急，解衣推食，無所吝惜。尤喜引掖寒素之士，延接款餽游揚之恐後。初，熙菴父養虚公家故饒，鍾愛熙菴，欲其力學，一切家事不使與聞，故熙菴自幼不問生産。更負氣數忤富豪，爲凌轢，以故家日益落。然熙菴廓然不以介懷也，未嘗有歎息扼腕之聲。晚年留心禪學，徧閲《傳燈録》諸書，一時浮屠大講師皆與之游，咸推爲有得云。康熙己未以病卒，壽六十四。

贊曰：跡熙菴生平，若三變然。始而儒，繼而俠，終而禪。然俠不至於捍文網，則非朱家、郭解之俠也。禪不至於廢彝倫，則非慧遠、宗杲之禪也。其始終皆讀書、通儒術之效歟？不然，方妻東以聲利招致後進，一時浮薄之士，蟻聚其門，非定力卓識，烏能不餔糟啜醨於其閒耶？

三魚堂文集卷之十二

祝文　祭文

宿廟文

竊聞幽明異治，徵應攸同；人鬼殊途，感孚則一。上帝區疆畫土，端屬神祇；朝廷分職授官，尤嚴牧守。靈邑向稱沃壤，今嗟瘠土。在災祥休咎，神實司之；惟疾苦顛連，余有賴焉。從來宿廟，祇應故事；在今對越，實矢中忱。願五風勿愆，而神無伏陰。願靈雨其時，而神無亢暘。願洽於時和，而民無夭札。願惕於明威，而民無愆慝。願虎馴於林，鱷馴於澤，而神戒其遠。願父慈於家，子孝於室，而神聽其聰。余也不明，神其啓之。余也不廉，神其董之。余也不惠，神其警之。獄有沉冤，神牖余智。山有伏莽，神侑余威。欽哉帝命，毋隕而越。余其懲哉，庶無後忒。

誓神文

維年月日，隴其謹昭告本縣城隍之神曰：惟神聰明正直，吏之善惡，神必知之；民之休戚，神必知之。

隴其受簡命，來莅兹土。勤恤民隱，是其職掌。苟或棄其生平素守，貪求貨賄，曲徇情面，不惜小民，不顧是非，神其殛之！至於啓其思，翼其行，俾興利除害無窒礙，陰佑百姓，俾年穀順成，疾病不作，盜賊不興，默奪潛消，神之賜也。惟神鑒其愚誠，有感必應。謹告。

告城隍禱雨文

竊惟神奉上帝之令，以莅兹土；隴其受天子之命，以宰是邑，職在庇民而已。隴其不恤其民，則爲曠官；神不恤其民，亦爲尸位。其何以答帝心而副上意？今靈邑之民困甚矣，其所恃以輸國税而活父母妻子者，惟禾麥是賴。乃幾月不雨，葉萎根枯，四望郊原，若不毛也。隴其知之，神寧不知之？隴其憫之，神寧不憫之？第民之所依，惟神與隴其，而雨露之恩，非隴其所司，則惟神是望耳。今禁約甫頒，密雨隨下，土膚雖潤，猶未霑足。神其爲民請命於帝，必得大沛甘霖，庶俾禾麥鬱起，則民困其蘇，神亦無忝厥職矣。神尚鑒之，謹告。

告城隍謝雨文

前以亢陽，聿懷慘怛。瀝情於文，載牲於俎，齋戒越宿，將干神聽。豈其未禱，靈雨先零，因念神休，無待於請。乃民未饜，仍告於神。神不爲瀆，復宣厥靈，自晝而夜，甘澤再澍，優渥霑足，深入土脉。徂隰徂畛，禾黍翼翼。隴不敢私，敢酬神德。

祭京江張太夫子文

惟公抱皋、夔、伊、傅之藴，不欲盡試，其急流勇退，而以其盛德大業，付之我宗伯先生。我宗伯先生方將成賡歌颺言之治，致鳳儀獸舞之休，堯舜其君民，拜手而獻於高堂，而公顧不及待耶！公之英聲茂實，熺炳於國史，照耀於宇宙，固不以存而增，不以没而減。而我宗伯先生，立德、立言、立功之盛，成於親在之時，與成於親没之後，則有閒矣。繼自今而往，丹徒之膏澤，潤海内，浸生民，爲國家霖雨舟楫，爲百代高山景行，而公皆不及見矣。嗚呼哀哉！且公家麟鳳滿堂，文窺班馬之室，學探洛閩之奥者，接踵而起，皆思隨宗伯之後，奮其六翮，高翔遠視，羽儀天下，文章事業，不可限量，胡公皆翩然莫顧耶！隴其不敏，辱在宗伯之門下。乙卯之秋，侍公於京口，諄諄教誨，無非正誼明道之言。隴其奉以周旋，恒恐失墜。正欲賴公鞭策，以翼其懦，以啓其愚，而何泰山梁木曾不少留耶！承乏恒陽，聞訃驚悼。既悲失我典型，而又惜涑水之父不得睹元祐之相業，魏公之親不獲見治平之元勳，極盛之中，有遺憾焉。千秋萬祀，曷其有極！不腆芹儀，用申痛悼，冀公之靈，不我遐棄。

祭座師栢卿魏公文

自世道微，政與學分。儒生矻矻，務崇虚文。詞章記誦，是精是勤。經濟家言，重在功勳。簿書期會，以答其君。其於大道，總未有聞。

緊惟夫子，絶類拔羣。惟政惟學，咸得其真。發揮墳典，埽除積塵。洛閩遺言，藉以不泯。以此成己，以此澤民。秉憲宅揆，上佐楓宸。無非斯道，磅礴薰甄。文章事業，赫赫彬彬。載在國史，永永無湮。竹帛鐘鼎，不能殫陳。《知統》一編，尤後學津。發蒙起聵，指示諄諄。

隴其不敏，迷於道垠。常恐汩没，與俗胥淪。得依門牆，自庚戌春。自喜燕雀，獲附青雲。庶賴典型，蕩除夙氛。命蹇時屯，遭遇紛紜。留滯南服，十載有零。微言大義，勿克常聆。癸亥之冬，承乏於靈。欣仰高山，近在郊坰。手書提誨，炳如日星。謂治無他，尚德緩刑。如蓋公言，民乃獲寧。賴兹明訓，心常惺惺。書紳服膺，作座右銘。

方期報政，從容授經。如何泰山，忽焉其傾。厭棄世網，歸於蓬瀛。雖大聖賢，千秋常生。坦然九泉，何慮何營。在我及門，常切牆羹。自今以往，何所取正。棟折榱崩，安能忘情。聞訃驚悼，不覺失聲。薄其牲餚，旨酒兕觥。顧不我棄，鑒兹微誠。

祭蔚州魏公文

當今天下，主持正氣，俾直道不泯於斯世者，非先生倡之歟？先生出而後在朝者知以營私爲恥，在野者知以干利爲羞，雖未能盡如先生之志，而禮義廉恥一綫不絶者，先生之功也。微先生，則世道之變幻，更不知當如何矣。自古居高官大位、文章事業焜炳宇宙者，何代無之？而一心之光明洞達，可以對天地，質鬼神，反之幽獨而無慚，考之詩書而不愧者，蓋難其人焉。如先生者，豈非閒氣所鍾哉！

隴其浙西之鄙士，江南之賤吏也，蒙先生之知最深，有不可解者。方隴其待罪畮城，於先生未嘗有一日之雅，先生千里貽詩，獎其葑菲，而策其駑駘，且昌言於朝，不以爲嫌，聞其罷黜，則搤腕不平，不顧恩怨，即隴其亦不知何以得此於先生也。及戊午入都，始得仰見高山。隴其之樸訥無能如故，非有高談偉論，可以驚動四座，方且以負大賢期許自懼。又未幾，以憂出都，即胸中所一二略知者，亦未能盡吐於左右也。意先生必且咎告者之過，顧反喜其樸而嘉其拙，謂滔滔世俗中，自立正當如此。遂直薦之九重，復其舊職。隴其又不知何以得此於先生也。及癸亥到都補官，謁見先生，隴其又不敢效世俗之感恩報謝，見先生如平常。先生不以爲傲，顧愈益喜，愈欲薦達之，是皆有不可解者。豈非光明洞達之胸襟，憂世之深，憫世之切，故其取人也，寧樸毋華，寧拙毋巧。苟其樸且拙也，雖無足重輕之人，猶取之如此，而況其足爲輕重者乎！

隴其自承乏畿南以來，無尺寸之效可以報知己者，惟樸與拙弗敢有變而已。方將學十畝之詩人，退守先人之敝廬於浙西，策蹇過蔚，再一望見顔色，開其茅塞，而胡意先生遂至於斯耶？中心痛悼，曷其有極！祥麟威鳳，不可復睹，景星卿雲，不可復作，嗚呼哀哉！薄具牲醴，馳奠几筵，悲來填膺，不知所云。

祭某封翁文

嗚呼！公以昌明俊偉之姿，篤生我太史，羽翼王家，表儀當世。天下瞻仰太史之名業，皆願公享無涯之壽，以睹令子之成，而竟止此耶！太史爲當代偉人，德日崇而業日進。方將以啓沃我君者承歡我親，而遂遘此憂耶！夫期頤之數存乎天，顯揚之業存乎人。在天者，雖聖賢莫必；在人者，原存没如一。自今以往，輝煌竹帛，太史之名，何莫非公之名；赫奕鼎鐘，太史之功，何莫非公之功。祥麟威鳳，太史爲國之瑞，即公之爲國瑞；景星慶雲，太史爲世之祥，即公之爲世祥。泰山北斗，人莫不重太史，則莫不重公；光風霽月，人莫不愛太史，則莫不愛公。公之身雖没，而公之正氣常伸。公之形雖往，而公之盛德常存。以韓、范、富、歐之事業寄於後人，與行於一身何異？以洙泗閩洛之學術付於後人，與積於一身何異？

隴其海濵下吏，辱太史之知愛，既悲公之仙駕驟升，欲攀轅而無及；又知公之克昌厥後，雖已逝而猶生。既悲太史之終身孺慕，雖公卿之尊不能易其一日之戚；又知太史之孝思不匱，不能保其親之長享眉壽，而能必其親之光耀千古。敬具生芻，用表微衷。

祭郝某翁文

嗚呼！先生明哲之裔，賢聖之徒。宜享遐壽，以挽頽波。胡天不佑，大命遽羅。維公之先，侍御翩翩。痌瘝是念，世道是肩。東粤三吴，政績綿聯。維公繼之，家聲愈宣。克敬克孝，惟恐隕顛。公之學問，劉、陶後先。嵇山浙水，名聲闐闐。恥襲章句，固陋拘牽。微辭奥義，是闡是箋。常居講席，析疑破堅。如抽繭絲，如觀湧泉。晚尤好《易》，屢絶韋編。否泰剥復，變化萬千。一心會之，俱契其全。悠然有得，目無前賢。公性厚惇，接人以真。賑窮賙乏，不厭其頻。非徒親黨，施及邦人。義倉平糴，久矣制湮。維倪文正，與公討論。周密纖悉，以活貧民。計公生平，超絶等倫。以德則懋，以學則純。在家則孝，在邦則仁。公之獲祉，宜熾宜醇。志安衡泌，未及大伸。麟鳳踵起，鬱鬱彬彬。咸敦詩禮，咸秉樸淳。或赫黌序，或掌絲綸。

爲國禎瑞，爲世寶珍。公顧而喜，庶慰苦辛。昔宋明允，軾、轍垂紳。亦越竇氏，簪纓列陳。從古大儒，不於其身。往往子姓，勳業繽紛。天監成德，亦既不棼。但公耇老，輿望正殷。宜髦宜耋，爲世卿雲。胡天不弔，幽明遂分。孰開羣蔽，孰闡典墳。羲文大義，孰究孰聞。滔滔世俗，孰遏其氲。顛連孤寡，誰憖誰懃。所以聞訃，皆心如焚。

余也不敏，搴英浙濆。見公令子，文章雅馴。知其家學，必有所循。及詢淵源，是欽是寅。不謂典型，遽爾其淪。公視斯世，若脱埃塵。追遡準繩，能不悲辛！有旨者酒，有腯其牲。公如有靈，庶鑒其諲。

祭同年周進士義扶文

嗚呼，造物何奪我周子之速耶！憶昔與公相遇長安，温乎其容，藹乎其顔，聽其言，侃侃誾誾。昔誦其文，今見其人，如飲醇醪，如坐春風。既會而别，相隔數年。有道之思，時往來於胸中。乙卯之秋，承乏練祁。不喜得官，喜得親公。公來迓我，會於舟中。歡然話故，不惟契闊之慰，亦謂公能訓我以德，廸我以政，而勖我不及也。繼而公游京師，歸來未久，又復入都。兩年之閒，聚首無幾。方且翹足而望，冀公南旋，孰謂造物竟奪之速耶！計公生平，愷惻爲心。束脩勵行，與物無競，與世無争。所謂仁者之静，非耶？静者宜壽，而止於斯，何爲乎？壯舉於鄉，晚而登第，宜若天之養之，以厚其德而大其用，乃養之難而摧之易，又何爲乎？世俗滔滔，競於浮囂，老成持重，庶或挽之。豈天不欲廻狂瀾，而顛隕摇落，曾莫之惜耶？夫既不欲展其用，又何爲予之以文章，授之以甲第，使之若遇若不遇耶？天道茫茫，不可究問，從古而然。我獨悲良友之云徂，失我典型，亡我準繩，能不涕泗滂沱，而哀不能自勝？公歸九泉，遇先聖賢，言流俗之日非，生民之日蹙，相與請於帝，默持陰護，俾返於淳龐而躋於仁壽，其亦有意乎？否乎？公卿先達，如侯如黄，生爲正直，没必爲神，公往依之，切磋砥礪，庶幾正氣長存天地。敬具一觴，奠公几前。公其知耶，其不知耶？

祭呂晚村先生文❶

先生之學，已見大意。闢除榛莽，掃去雲霧。一時學者，獲睹天日，獲遊坦途，功亦鉅矣。天假之年，日新月盛，世道人心，庶幾有補，而胡竟至於斯耶！自嘉、隆以來，陽儒陰釋之學起，中於人心，形於政事，流於風俗，百病雜興，莫可救藥。先生出而破其藩，拔其根，勇於賁育。我謂天生先生，必非無因，而胡遽奪其年耶！

隴其不敏，四十以前，亦嘗反覆於程朱之書，粗知其梗概。繼而縱觀諸家語録，糠粃雜陳，珷玞並列，反生淆惑。壬子、癸丑，始遇先生，從容指示，我志始堅，不可復變。所不能盡合於先生者，程明道有云：「一命之士，苟存心於利物，於人必有所濟。」斯言耿耿，横於胸中，遂與先生出處殊途。十年以來，雖日讀先生之書，高山仰止，夢寐以之，不能相聚一堂，面相訂正。方思一旦解釋世網，從先生於泉石之閒，切琢磨磋，

❶ 此篇乾隆後印本剜去。

以開其茅塞，變化其氣質，而先生竟至於斯，豈不痛哉！一芹之奠，無我或棄。

祭應潛齋先生文

先生唐之許由，晉之陶潛，高風峻節，可與比肩。然許則高矣，峻矣，而文采無聞；陶則文采表見於後世矣，而沉於麴蘖，不可以訓。是皆千古遺憾也。先生閎覽博物，澹泊寧靜。許之所無，先生有之；陶之所有，先生無之。卓然獨立，高視古今，豈非宇宙正氣所鍾哉！隴其仰止高山有年。辛酉之夏，始會於武林。道德之氣，肅然藹然，如飲醇醪，使人心醉。先生不鄙懦劣，出其著述，從容指示，《易》、《詩》、《書》、《禮》，皆有成編，往往發先儒所未發。展卷讀之，不覺神往。先生又命二子訪我於西湖之滸，意欲取其芻蕘之見，以相切磋。蓋我既重先生之學，而先生又愛我之樸，私竊自喜，謂庶幾得藉典型以開豁其愚蒙，而範圍其身心。癸亥四月，余又至武林。先生見之，益復欣然，縱論古今，亹亹不厭。孰意一别之後，遂成永訣哉！嗚呼！先生之學，其精到處，固已卓然可不朽，其未成之書，二子皆好學深思，必能卒其父業。在先生固可無憾於九原，余獨悲我之失其良友。讀古人書，往往以不得見古人爲恨。幸而得見今之世有如古人者，乃隨得而又隨失之，嗚呼哀哉！余方留滯恒陽，未得親哭几筵，敬寄一芹，納諸靈前。先生有知，其不我棄。

祭曹系宣先生文

嗚呼，公遂厭世塵而長往乎！自古正人直士之後，類多磊落俊偉之人，以揚其祖德而紹其家風。而最難者，守其正而不至於亢，秉其直而不至於激。有磊落之概，而無其迹。使前人之正氣，陰接於恬静謙退之中。則其所以綱維乎世道而振起其門祚者，如元氣之運於四時而人不覺。其生也，人仰之；其没也，又烏能不痛悼之無已也。

維公之先，自侍御公以勁節顯天下，子孫皆有秉正不阿之風，而公則更斂鋒韜鍔，不欲以氣加人。接其容，藹乎其可親也；聆其言，呐呐然如不能出口也。少登賢書，聲名翔於藝苑，人皆服公之才，而公抑然如弗有也。壯而馳驅王事，歷艱險而弗渝，人皆服公之節，而公歉然若弗克也。晚年杜門謝客，寧自託於赤松、王喬之術，而户外事一切弗與也。篤於孝友，惟以道義與羣從昆弟相砥礪，而榮辱得喪之閒澹如也。嗚呼！公蓋以恬静謙退而接前人之正氣者乎？使侍御公之遺澤綿延於後嗣，無亢無激，以世其家聲者，非公也耶？近世非無名公鉅卿抗節於一時，其後人不知祖父之深心大用，而徒襲其迹，正直之風，一傳而爲矯激，再傳而爲暴戾者，比比而是。而侍御之子孫，英英濟濟，卓然自拔於流俗，而無忝於前人者，方出而未艾，則公之所維持者實多矣。人徒見公之退焉若無能，而不知其所全之大；徒見其漠然無所爲，而不知其所係之重。使更永其年，以至於耄耋，則其所陶鑄，又豈可量也哉，而胡竟溘焉逝也！

公之舉於鄉也，與先伯父濟南公實同籍，則隴其固公年家子也。而公之弟臻萊，又辱與隴其結朱陳之好。方將親典型以自淑，庶幾先民之不遠，而天何遽奪之速耶！臨喪感悼，不能自勝，敬申芹奠，哀哉尚饗。

祭李君修林文

嗚呼！悠悠彼蒼，眷佑有常。如何不測，俾我心傷。惟公之德，宜福宜祥。夙秉忠厚，恥爲薄涼。門內雍肅，有條有章。世俗滔滔，公獨自强。守我樸實，以化於鄉。公心則慈，公貌則莊。世盡如公，何尤何殃。

少登庠序，厥聲煌煌。遇雖未達，學則彌彊。常手一編，誦聲滿堂。束髮受經，白首不荒。衆謂公迂，何事茫茫？公笑不答，此味難忘。人生讀書，何必廟廊。嗟嗟此志，猶高且臧。髣髴古人，顔樂曾狂。

辱公不棄，俯諧晋秦。以公嗣子，納幣寒門。謂我先世，世篤殷勤。自今以往，克慰前人。方仰盛德，是淑是甄。庶幾駑鈍，亦克日新。於歲三月，始用成婚。有光其儀，有賁其纁。皆公親畫，小大維寅。公時尚健，不憚勞辛。丁寧子婦，維儉維勤。克昌克大，祖訓是遵。一生拮据，始慰厥心。衆爲公慶，公亦欣欣。謂宜上壽，如岡如陵。以陶以咏，以康以寧。

如何昊天，不永其齡。薤露易晞，壑舟遽移。昔升公堂，笑語怡怡。今升公堂，素帷淒淒。公之臨没，惺焉不迷。從容言去，如往東西。公則長逝，無礙無羈。赤松浮丘，相從娱嬉。顧公家事，孰剔孰釐。公之嗣子，孰提孰攜。嚚嚚之俗，孰爲之隄。悲來填膺，能不噫嘻。

公去冥冥，不可復追。願顧後人，默佑默培。俾昌俾熾，以克永綏。庶幾公德，亦永有徽。束芻絮酒，奠公几筵。愧不成禮，意則孔虔。

祭陳翁虞亮文

嗚呼！公與先君子之結爲婚媾也，皆康强無恙也，將髦耋是期。孰謂三月之内，俱罹大故，至於此極耶！臘月之初，不孝隴其遭家不造，匍匐南還。公在疾中，猶遣令子奠於先君，桂酒椒漿，秩然有章，謂公已瘳。孰謂旻天不弔，竟至斯耶！

天之佑公，不爲不豐。數十年來，不震不騰。蘭芽鳳雛，亦既在庭。若再加以數年，子壯有成。然後偕浮丘、赤松，跨鶴騎鯨，問道崑崙，庶無憾焉。胡須臾之不能忍，而遂降此閔凶耶！

公以辛勤起家，以寬厚與人。平生正直之風，嘖嘖鄉里。不孝隴其，方在苫塊之中，不能頌述其萬一。獨是先君與公爲絲蘿之好，易簀之際，聞公病篤，猶惓惓爲念。公如少延，庶可慰先人於地下，而竟溘焉長逝耶！嗚呼痛哉！

公之臨没，經理家事，井井有條。嗣子雖幼，能知公志。又有猶子，左右維持，寖昌寖熾，自可無疑。公至九原，遇我先人，幸相慰懌，無以弱女幼壻爲念。隴其煢煢在疚，聞訃驚悼。欲執豆籩，一慟靈前，在禮居喪不弔，不敢違越。敬遣豚兒，薄具牲醴，致之几筵。

祭表叔顧蒼巖文

隴其與表叔生同里，壯同學，同舉於鄉，同捷於南宫，同出於黄岡、蘄水之門，踪跡之密，未有如我兩人者也。乙卯以後，隴其仕於江南，表叔仕河南，睽隔者數年耳。嗣後隴其讀禮於家，表叔以秩滿需次歸里，又復歡聚。癸亥孟夏，隴其將入都，表叔造我廬而送焉，偶不相值。自謂天涯仕宦，終當快晤，何圖遂有今日耶！

上年八月，隴其以公事到京師，有自南中來者，微言表叔之凶聞，猶覬其非真，孰意其信然耶！表叔知深勇沉，同人莫不仰其文章學問，然表叔不自以爲能，求進之心無已。邇來益鋭志於洛閩微言，嘗取清瀾陳氏《學蔀通辨》之書，刊刻流傳，謂學者入門，必先辨别異同，方免於認賊作子。其崇正闢邪之念，卓然出於流俗之上，不可揺奪。隴其深喜吾道有助，方將與表叔講求居敬窮理之方，下學上達之法，息邪距詖，庶幾先聖大道，勿委於草莽，乃表叔厭塵世而遽去耶！

山河懸隔，未知何疾何日？臨没何言？老親弱子，何以爲情？喪禮家務，孰維孰翼？南望涕零，痛曷有極！一芹附奠，庶幾來格。

祭曾叔祖仲堅翁文

嗚呼，公竟逝耶！公雖壽考，尚可久存。胡遂溘焉，天人永分。二三宗黨，聞訃撫膺。公既長逝，孰爲典型？

公自弱冠，聿登賢書。恂恂翼翼，終始如兹。世競以僞，公則肫如。世競以囂，公則恬如。公嘗歎息，世變日滋。禮義廉恥，孰維孰持。寧斂無肆，寧樸無侈。庶幾古道，不墜如絲。每舉祖德，以勸後生。維孝維弟，恳恳勤勤。有守先訓，公則欣欣。聞有敗德，蹙然不寧。吾宗漸繁，賴公維閑。雖有才幹，對公則慚。有忿必懲，有急必咨。非謂公能，服公無私。振鐸休寧，多士咸欽。義利之辨，凜若絲綸。化人以實，不徒以文。有師如此，今則罕聞。歸來杜門，課子弄孫。有琴一張，有蘭一林。逍遥其側，以永夕晨。饘粥每缺，不以攖心。吾安吾貧，如飴如醇。奔走汙濁，以謀飽温。以公視之，何啻淵星。遡公生平，曰惟一誠。以此處己，以此接人。服官居鄉，睦族輯婣。機械盡去，皎然見情。無大無小，歎公之真。

公之粹白，宜佑於天。位未稱德，當永其年。如何蒼蒼，曾不少延。公則長去，生順没寧。與化俱來，與化俱升。顧予宗人，哀莫能勝。而今而後，誰法誰程。淳樸日散，孰則留之。澆詭日生，孰則防之。有疑莫決，孰則剖之。有争莫息，孰則平之。臨公之喪，涕泗横縱。非獨世道，實憫哀公。公歸在天，左右祖宗。俾我後人，克振古風。願翼其賢，願啓其聰。薄者歸厚，汙者復隆。庶幾祖德，永永無窮。有旨者酒，有苾其殽。奠公之前，對公長號。公其知耶，其不知耶？

告長子定徵文

壬戌除夕燈下，父收淚告汝定徵之靈曰：嗚呼！吾年三十有一而始生汝，至於今二十有三年。爾父爾母，鞠汝育汝，辛苦百千。冀汝成立，以亢厥宗，以幹厥蠱。孰謂中道而逝，重爲我悲！

汝生頗慧，讀書學文，日益加進。吾不欲以俗學課汝，欲引汝到聖賢路上，寧拙毋捷。汝亦深知吾意，不肯以苟且自期待。吾心内喜，謂可大望，孰意其竟至此耶！

汝舊年始婚，汝婦進門，一家皆稱其賢淑。汝既夭折，又未有子，留汝婦以奉舅姑，稍佐中饋，見婦猶見汝矣。何汝喪纔四十七日，汝婦亦遂棄世。豈汝不欲其久爲未亡人，而率之去耶？抑命耶？兩月之内，疊遭變故。房闥如舊，幃帳依然，而物是人非，心非木石，豈能堪此！是皆爾父不德，獲罪於天。天降大罰，遺禍汝夫婦，非汝夫婦之咎，復何言哉！復何言哉！

汝爲吾子，雖未能盡慰吾望，棄吾而去，然戊午之秋，爾祖見背，吾時在都，飯含襲斂之事，皆不及視。非汝吾益不得爲人，吾之資汝者多矣，不虚生汝矣。吾在苫塊之中，共汝讀禮。王、鄭之同異，二戴之奥義，賴汝質問，時有闡發。夜看《綱目》，治亂得失，常相反覆，啓吾實多。汝助吾學，亦不淺矣。舊年吾旅食虞山，門庭之事，悉汝承當。規畫諸務，多中條理。汝於家亦不爲無功矣。安心九泉，無以不得終事父母爲恨。

汝之英靈，宜不即泯滅，但當常住在家，依傍祖宗。平生所讀聖賢言語，當常記憶。古今經史，家中所藏者，當常依戀於此。雖生死殊路，然正氣勝者，其精神必固，生則爲聖賢，没則爲明神，其理一也。汝其勉哉！至於汝之嗣續，俟汝弟有子，即當立爲汝後。苟使家道興隆，則汝夫婦烝嘗之事，非所患也。此又在爾父德之厚薄，能格天與否，而無與汝事，汝亦不必懸念。汝之書籍器物，吾皆收拾，以待汝有後而付之。汝但當坦然於冥冥之中，無悲無慮。一歲既終，念汝棄世，已百有七日，汝婦去世已六十有一日，觸目傷心，不能自已，聊書以慰汝。

附　録

清故文林郎四川道監察御史陸先生行狀

貫嘉興府平湖縣華亭鄉二十四都巽字圩

曾祖錫允妣姚氏

祖澹妣李氏

父元封文林郎妣鍾氏 曹氏 贈孺人

先生諱隴其，初名龍其，後改今諱。號稼書，姓陸氏。裔出唐宰相宣公，世爲浙之平湖人。宋季有靖獻先生正以學行聞於時。元初，程文海至江南，訪求賢材，以正與張伯淳薦。正獨不起。尋又與劉因同徵，固辭不應。隱居著書，詳具邑舊志。靖獻曾孫宗秀，明永樂末以賢良徵，仁宗引見於便殿，奏對稱旨，以疾辭，賜鈔幣還。正統中，傾粟麥賑飢，勑旌尚義。子珪，景泰中出穀千數以賑者，再賜爵廸功郎。自後子姓繁衍，科第貴盛，孝義雍睦，迄今以禮法甲邑中。廸功孫溥爲豐城縣丞，嘗督運夜過采石，舟漏，跪祝曰：「舟中一錢非法，願葬魚腹。」漏忽止。旦視之，則水荇裹三魚塞之，人以爲盛德之祐。溥子東始遷居泖上，築堂名「三魚」。今先生文稾率稱「三魚堂」者以此。東四世孫濾，先生祖也。濾長子燦，崇禎甲戌進士，濟南府推官。戊寅歲，被兵城陷，闔門殉難，今祀於鄉賢。第三子元，先生父也，邑庠生，以先生貴勑封文林郎。繼室曹，實生先生。

先生端重静嘿，聰穎過人。兒時封公授以《左氏傳》，稍有芟節，先生舉所芟盡讀之，詰朝暗誦，不遺一字。後授六經子史，輒上口成誦。少長勵志聖賢之學，專意洛閩諸書。嘗點勘《四書大全》，參以《蒙引》、《存疑》、《淺説》之要，而一折衷於朱子。每讀一句，必反覆玩味，俟其貫通。其於科舉之業，功名之會，泊如也。先生少食貧，嘗授徒嘉善館席一樓下，樓久就圮，先生作《危樓文》以見志。有李氏欲延之，託友道意。先生曰：「我固願往，但館穀不可有加，使我有以謝主人。」其審義利、決取舍、一介不與、一介不取之節，素所樹立，固如此。

順治丙申，補邑弟子員，尋食餼。康熙丙午舉於鄉，庚戌成進士。需次里居，則益肆力於學。凡程朱之文集、語録以及有明諸儒之書，莫不咀其精英，抉其瑕疵。至於嘉、隆以後，陽儒陰釋、改頭换面之説，亦皆悉究其微，而盡燭其蔀，於是居敬窮理，履仁蹈義，粹然一出於正矣。

乙卯，授嘉定縣知縣。嘉定爲濵海大邑，土高乏水，民多逐末，以故城居者少。而富商鉅室，散處市鎮，武斷暴横，相沿成俗。富者競奢麗，貧者舞刀筆，喜事健訟。又夙有饒裕名，旅客圖潤囊槖者，往來如織。胥役土豪，倚爲姦利，不可方物，號稱難治。地不産米，漕糧例任之他邑，而代輸其折色，故徵銀倍於他邑，積逋動以萬計，令率坐是落職。先生至，歎曰：「民不輸賦，大率以貧也。其所以貧，風俗爲之也。譬如少年，以遊冶傷其元氣，力不能服勞。爲父兄者，禁其遊冶，則元氣自復。不禁而予以飲食，抑末矣。今且不爲飲食，而又督過之，則官與民俱病，固其所耳。」故其治一以鋤豪强、抑胥吏、禁侈靡、變風俗爲主。大賈汪姓者，素交結長吏，横行邑中。先生蒞任，適其僕佔賣薪者妻，賣薪者來控。先生命拘汪僕，匿弗出。益遣役捕之，訊得其實，以妻還賣薪者。汪大恐，令所識探意，先生曰：「人無不可自新。苟爲善，即善矣。汪平日所爲，我知之，若毋犯我，自新未晚。」汪感泣，果不敢有犯。市鎮少年數十爲朋，以拳勇毆擊爲豪用，細民畏苦之。先生盡廉得其名，遇有控者，責而械於門，時時勸諭之。視其情色，果悔則釋。不匝月，其黨悉解散。民有告其子不孝者，訊之果然，即涕出自訟曰：「我德薄無以化汝，令汝父子至此！」因委曲曉譬，娓娓踰時。其父泣，其子亦泣，乃慰而遣之。大塲鎮民有兄貧，稱貸於弟，不應，輒舁弟物以去。弟賄巡檢司，以盜報。先生怒曰：「是可以爲盜乎！」訊之，乃其弟婦翁所爲，遂痛懲之。因呼其弟曰：「彼兄也，乃聽婦翁謂兄盜，不悌也。」責之。又呼其兄曰：「汝爲長，貸弟，弟不應，而徑取之，陷汝弟不悌，是汝不友也。」亦責之。咸感服而退。俗素澆，父子兄弟不相顧恤者日見告，自後遂無一來控者。先生折獄，不甚拘於律，聽斷時，孝悌忠信之名，不絶於口，和平惻怛，以至情相感動，使人心悦而誠服，有恥而且格。踰年後，訟者亦絶少，案牘幾廢，惟上官以他邑事屬訊者日至。孔子謂聽訟不難，使無訟爲難，先生殆庶幾焉。嘉邑胥役，向以千數。先生至官未幾，易業自去者過半。蓋邑所轄地廣而事劇，勢不能不多役。先生惟輸解上官乃遣役，絶不令至民間。有不獲已，則戒其需索酒食，役心服先生潔己愛民，莫不恪守其戒。民亦信先生之愛己，常不待役至，先期而赴。地雖廣，不啻臂指，事雖劇，率咄嗟而辦。故多役爲無用，而相率自化。

吴俗尚侈靡，邑尤甚。富室宴會，窮極華縟，娼優猱雜，費以百十計。貧者轉相倣效，至有方丈對客，而爨下乏薪粟者。婚喪皆盛鼓吹，酒食稠叠，以多費相誇勝，縗絰醉倒，不以爲怪。博弈、遊手、獻笑覓食之輩，多於四民，謂之清客。市井子弟，日遨遊街肆，以布衣爲恥，用是財益匱乏，逋賦日積。先生痛禁飭之，懇切教戒，且以身先，俗乃一變，稍稍知禮法，賤惰遊，嗇衣食，急賦税，催科不迫督而自集矣。前此催科者，惟事敲扑，貧民業窘於輸，而一遇限期，償杖錢又數倍。先生至，爲立甘限法，令應輸者自限輸若干，届期及半，即得宥，以故絶不用杖，而輸者争至。在任二年，逋尾絶少，惟接徵前任者止十一二。先生之意，欲更休養一二年，使給足好義，決不尚有逋賦，然竟以此不獲於上官。

先生始至，時巡撫爲廣寧馬公，有廉名，頗愛重先生。静寧慕公繼之，亟稱先生治行，略嫌其儒術迂緩。丙辰，上允晋撫議，暫抽市肆錢一年佐餉，例不及巷舍。先生如例造册報徵，慕公不悦，疏言時方多事，該令當列侍從，從容諷議，非應變材。部議遂引材力不及例，降二級調用。嘉民大駭，罷市，日號巡撫門乞留。巡撫不自安，爲再具疏請復，未及下，而先生又以盗案落職矣。

盗案者，邑民張與汪姓者以小隙訐訟，汪赴理，夜遇盗，傷，歸謂其弟曰：「張遣殺我。」言訖而絶。汪弟遂以讎殺控。先生疑小隙無殺理，而張亦不似殺人者，汪以不刑訊張大哭於庭。先生乃以實報，謂是盗是讎，未敢遽定，俟緝獲兇犯定擬。而一面遣捕役緝之，尋獲真盗七人。讞上，部議以先生初不直指爲盗，疑有諱匿，引例革職。而不知先生固從命案勘出盗案，非原詞稱盗而諱之爲讎殺也。人謂先生盍辨諸，則曰：「是咎誠在我，邑有盗，長吏固宜罪。且夜半殺人於路，果讎亦盗也。而我不能斷，議黜不枉，奚辨爲？」嘉邑益大震，耆老士紳悉詣督撫爲辨，卒莫省。里民扶老攜幼，填塞街市，爲先生呼冤。以薪粟餽者麕至，號泣請受。先生盡慰而遣之。即胥史輿儓，宜幸其速去者，亦無不涕泗霑臆。委巷悉架枅結綵，然燭額手以送。遠鄉之民，各刻木爲位，旌幢鼓吹，迎歸以祠者日數輩，凡兩月乃已。四方人士，競爲詩文以傳之，彙爲《公歸集》。邑有陳生者，老矣，未嘗與先生相識，特斸脩脯授諸梓。至今邑人言及先生，皆泣數行下，謂建縣五百年所未有也。

適詔舉博學鴻辭，同郡工部吴公準菴，遂以先生名薦。會丁父憂，不果應試。蔚州魏公環極晋總憲，首抗章言先生冤，再疏舉廉吏十人，縣令居其二，一即先生也。奉旨復原官。先生雖被薦復職，服闋後雅存晢墓之志，徘徊再三。郡縣敦迫，乃起。又素懷秉鐸之志，且慨當世任教職者多非其人，赴部時欲求改選教授，遴諸生之有志者而訓之。銓部以方奉特旨，不便改授而止。

癸亥冬，補靈壽縣知縣。靈於真定最爲磽瘠，易患水旱，迫近畿輔，多徭役，俗强悍善鬬，少訟而輕生。先生曰：「民富而後可以教。輕生之習，禁令尤嚴，然未盡絶者，民貧而不知義也。嘉定可使富而不及爲，靈邑又非嘉定比，奈何！」力言於上官，非大恤民力不可。時派運上供石灰騾車，靈以五輛，視他邑獨多。前令争之不能得，民以病告。先生首以爲請，至以去就争，乃得更代。邑北負太行，南濵滹沱，不毛之土，十三而贏。順治、康熙閒，兩奉旨盡蠲其征。後以言者復申隱地處分之例，州縣畏罪，稍有首報。由是倚山瀕河之地，閒可耕穫者，亦相戒不敢墾。先生揭示遍曉，謂：「荒地雖係瘠壤，豈無略可播種收升合之利爲餬口計者。爾民或慮一行播種，便當起科，所入不足以完税，利有限而害無窮。然朝廷決不與爾民争此些須之利，爾民但耕種勿慮。」於是漸有闢者。先生在任七年，竟無一畝首報。靈邑額丁萬四千有奇，例五年一編審，必增數十丁。至先生審丁，反虧額一千五百有奇。蓋前此爲令者，以溢額爲功，逃亡死絶，不敢復除，而攤派包賠之累日甚。先生謂如是，是驅之使逃也，具以實聞上官，且曰：「裕課之道，惟有愛恤窮民，使漸充足，逃亡日少，則國課日增。若目前形勢，實難就筋力疲盡之民，責其無缺也。」適巡撫于公咨訪利弊，先生遂條陳六事，略曰：

「職静觀今日之時勢，百病之源起於民貧。非無憂民之吏懷痌瘝乃身之志，而民卒不免於凍餒者，拘於法而無如何也。得君如憲臺，可爲民請命於法之外矣，敢略陳一二，以備採擇。一曰緩征宜請也。自古税斂，必俟稼穡登塲，而後上供可辦。向以兵餉之故，正月開徵，有餘者尚可勉强支吾，不足者勢必轉貸。所入不足以償債，何論仰事俯育！所以閭閻日窮，逃亡日多，地畝日荒。今四方寧謐，司徒不至告匱，若可通融，總計以上年撥剩之銀，暫抵本年春夏之餉，俟秋成催解，以補庫額。一轉移間，而民力以紓矣。一曰墾荒宜勸也。朝廷屢下勸墾之令，而報墾者寥寥。非民之不願墾也。地土瘠薄，荒熟不常，一報開墾，轉盼六年起科，所墾之地已枯爲石田，蕩爲波濤，而所報之糧，一定而不可易。所以小民視爲畏途，聽其荒蕪而莫之顧。竊謂此等荒地，原與額内地不同。與其稽查太嚴，使民畏而不敢耕，孰若稍假有司以便宜，使得以熟補荒。如新墾復荒者，聽有司查他處新墾地補之，其荒糧即與除免。其已墾成熟者，請寬至十年起科。民不畏墾之累，自無不踴躍於墾矣。一曰水利當興也。墾田在興水利。古人溝洫之制，隨時修理，故不覺其煩費。今以久湮久塞之河道，一旦欲疏，勢難猝辦。然屢年以來，議蠲議賑，所費不可勝數。與其蠲賑於既荒之後，何如講求水利於未荒之前？　宜通查所屬州縣水道，何處宜疏通，何處宜隄防，約長闊若干，工費若干，彙成一書，進呈御覽。　請司農度錢糧之贏絀，以次分年舉行。　以一時言之，雖若不免於費，以久遠言之，比之蠲賑，所省必百倍。　一曰積穀宜廣也。　功令最重積穀，然止蠲輸一途。　在富饒之邑，猶可鼓舞勸輸，若山僻疲罷如靈壽者，雖懸旌勵之典，其誰能應？　當稍爲通融，如荒地可開墾者，許有司設法募人開墾，收其所入，貯倉備賑，勿責其起科。　一切河淤地畝，雖已入糧，原非額内者，許其量留，吏員應納銀者，許其入穀，不必起解。　牙帖、雜税新增者，編審人丁溢額者，悉許留本地方積穀。　諸如此類，推廣行之，庶幾疲罷之邑，皆有穀以救災荒。　至於在倉之穀，宜聽有司酌量支放，先發後報。　平時出陳易新，聽從其便。　勿因不肖之侵欺，而盡掣賢者之肘，則民庶有賴矣。　一曰存留宜酌復也。　自兵興之際，將存留款項盡行裁減，由是州縣掣肘，私派公行，不可救止，百弊皆起於此。　康熙二十年，漸次奉復，然尚有應復而未復者。　如衙役犯贓之律甚嚴，而書辦之工食獨不復，不知此輩能枵腹而奉公乎？　抑將舞文弄法，以爲仰事俯育之貲也。　心紅紙張，修宅家伙，州縣必不能免，既奉裁革，不知天下有司皆能蠲俸自備乎？　抑或責之鋪户，派之里下者也。上司過往，下程中伙，雜支供應，州縣必不能無，既奉裁革，不知上官之臨州縣，皆能自備供應、自發價值乎？　抑或不能不藉貲於地方也。　在主計者，惟知復一項則費一項之金錢，不知裁一項則多一項之掣肘之害，層累而下，總皆小民受之。　小民疲罷逃亡，其害仍自國家受之。　又其一則謂『審丁不宜求溢額也』。　且曰：果有丁盛而額溢者，宜命有司留爲積穀之用，不必入額。　遇有逃亡絶户，即以此補之。　其無溢而有缺者，得報上蠲免。　或不肖有司，無缺而捏作有缺，則自有糾劾之典在。　總之寬一分在州縣，則寬一分在窮民。上之搜求於州縣者無餘地，則州縣之搜求於窮民者亦無餘地。不肖者固樂於搜求，賢者亦不能不搜求，而民之塗炭日增日益矣。」末又言：「一切刑名錢穀，務持大綱而止，無益煩文，俱宜省去。如錢穀毫忽之差，可以即行改正者，無庸駁詰。刑名案件，明白顯易之事，可以即行完結者，無庸提解。多一番駁詰，則多一番需索。多一番提解，則多一番拖累。吏胥所深喜，而小民所深苦也。」先生所陳，皆籌畫久大之謀，非徒爲一時補救之術，真有如于公所稱許者。

己巳夏，大旱，無麥。秋，大風隕霜，禾盡槁。奉旨蠲免錢糧，發帑金，兼支倉粟賑濟。靈邑貯穀僅二百石有奇，而飢民核有二萬三千八百餘名口，奉撥帑金三千兩。先生躬爲部署，驅馳山谷，夜以繼日。而府檄以限單至，不許踰額。先生不顧，卒盡散之，幾欲責令先生賠補，僅而得免。

先是，甲子夏，兩江總制于公薨於任，上臨朝痛悼，問九卿詹事科道，今天下清廉官如于成龍者有幾人，於是九卿等以直隸巡撫格爾古德、部郎范承勳、蘇赫、江南學道趙崙、揚州知府崔華、兖州知府張鵬翮、靈壽知縣陸隴其對。時雖未即擢用，然七人者，後多至大官，有聲名，上固已心識之矣。及蒞靈一年，巡撫格公薦先生清操飲冰，愛民如子，題請擢用。庚午夏，科道員缺，上面諭部院官，各舉所知。於是工部尚書張公敦復、左都御史陳公說巖、兵部右侍郎李公厚菴、禮部右侍郎王公昊廬交口論薦，遂奉俞旨行取。先生念靈邑頻年饑饉，未有起色，正供猶恐不支，而雜税泛徭，未盡除減，將永爲民累，業當謝事，乃於數日内，盡爲申請。首乞緩征。又乞房地税向係墊解，不可爲常，勢必仍派里下，題請量減。又乞上司供應，久奉全裁，宜永遠革除。又乞將貯倉米穀，不時借放飢民。巡撫于公報曰：「以謝事之時，爲災黎起見，真仁人君子，愛民至意。」臨行，邑民哭送者數萬，竪碑志遺愛如去嘉定時。

是年秋，補四川道，試監察御史。遂上疏曰：「臣官畿輔久，知畿輔之民情。邊山一帶，荒多熟少，自昔爲然。康熙十二年以後，軍興緊急，雜派繁多，民困滋甚。賴皇上加意撫綏，禁止私派，不惜蠲賑，鳩鵠之民僅延殘喘，然言乎家給人足，則尚未也。臣觀自古豐亨之治，皆非一日而成。惟皇上常持此勤恤之心，期之以積久，勿責效於旦夕。恩已厚而不嫌更厚，心已周而不厭更周，則家給人足，庶乎可望。至目前所當議者，上年畿輔荒旱，實異尋常。雖閒有未被災之處，亦不過稍有升合，差勝於被災者耳。初奉上諭，二十八年及二十九年上半年錢糧盡行蠲免，後因部議分别，不准概蠲，百姓甚苦。撫臣不得已，題請帶徵。雖今歲秋收稍稔，既徵其新，復徵其舊，恐非積貧之民所能堪也。」蓋先生任靈壽時，徵糧地九百三十餘頃，未被災地止七十餘頃。後又以彙册，失開秋災地三百餘頃，雖奉全蠲，其實止半，致聖恩不得下究，故首疏言之。

未幾，湖廣總督以撫臣在任守制請，舉朝頗右之，先生上疏曰：「臣辦事衙門，聞九卿科道會議湖南巡撫于養志在任守制一事，昌言其不可者固有其人，而依違不斷者比比而是，臣竊怪之。此明白顯易之事，有何可疑，而依違若是！夫治天下之不可不以孝，易明也。在任守制，非所以教孝，易明也。天下正當承平之時，湖南又非用兵之地，無藉乎在任守制，易明也。皇上以孝治天下，在廷諸臣，沐浴於皇上孝治之中久矣，何難一言直斷其不可耶？且臣不知議者以養志爲何如人，其非賢者耶，則固不當使之在任守制矣；如其誠賢者耶，則必不肯在任守制矣。在督臣代爲題請，或從愛惜人材起見，然臣以爲使之解任全孝，正所以深愛惜之。況皇上一日所行，天下萬世奉爲法程者也。若使一撫臣因督臣題請而留，皆將援此爲例，其不思僥倖奪情者鮮矣。名教自此而弛，綱常自此而壞，此端一開，關係非淺。至於湖南一省之人，是則是傚，不復知有父母，又無足論矣。」尋有旨如先生言。

辛未夏，上以久旱，諭諸臣協同會議，直陳利弊。先生遵上三議，其一言直隸被災，帶徵錢糧當急豁免；一言直隸編審人丁，宜求均平；一言蠲納保舉之法，斷宜停止。皆切中時弊。既又上疏曰：「夫蠲納一事，原非皇上所欲行，不過因一時軍需孔亟，不得已而暫開，復恐其賢愚錯雜，有害百姓，故立保舉之法以防之，慮深遠矣。近復因大同宣府運送草荳，并保舉而亦許蠲焉，則與正途無復分別。且保舉所重，莫重於清廉。故督撫保舉，必有清廉字樣，方爲合例。若保舉可以蠲納，則是清廉二字，可蠲納而得也，此亦不待辨而知其不可矣。若夫蠲納先用之人，大抵皆奔競躁進之人。故多一先用之人，即多一害民之人，此又不待辨而知其不可者矣。臣更有請者。臣竊見近日督撫，於蠲納之員，有遲之數年，既不保舉，又不參劾者，不知此等官員，果清廉乎？抑或在清濁之閒，未可驟舉驟劾乎？夫既以蠲納出身，又不能發憤自勵，則其志趣卑陋、甘於汙下可知，使之久踞民上，其荼毒小民，不知當何如。故竊以爲不但保舉之蠲納急當停止，而保舉之限期更當酌定。伏乞勅部查一切蠲納之員，到任三年而無保舉者，即行開缺，聽其休致。庶吏治可清，選途可疏，而民生可安。」及奉旨同往會議，又獻議力爭曰：「蠲納一途，實係賢愚錯雜，恃保舉一綫，可防其弊。今若并此一綫而去之，得與正途一體陞轉，國體之謂何！恐未可云無礙也。雖有次年三月停止之期，然待次年三月停止，則此輩無有不蠲納者矣。澄敘官方之大典，豈不蕩然埽地乎！此臣請速停保舉之蠲，似難無庸議者也。至於設立保舉而不定限期，則不肖之員多因循一日，百姓多受累一日。即云設立限期，反生營求之弊，此在督撫不賢則誠有此，若督撫賢明，何處營求！臣不敢謂天下必無一賢明督撫也。即使督撫不賢，亦必不能盡蠲納之人而保舉之，此臣請定保舉限期一議，似亦難無庸議者也。」時大兵草荳需運甚急，計臣方恃蠲納一項以濟國用，當軸者亦頗以爲便。治標治本，各持一見，與先生既相水火，而富室儲貲，日夜俟開例，希進者相率彈冠，不啻飢渴。即諸臣以蠲納進者，内外都有，先生於疏議中，痛詆斥之。由是都士大譁，部議以先生拘執資格，致蠲納之人，猶豫觀望，遲誤軍需，飾虛詞，紊政事，負言官之職，擬革職謫奉天安插。於是朝野有識之士，莫不代爲歎息扼腕。時庶常張君昺向欲從先生受教未果，至是恐遽失之，即日執贄爲弟子。而先生曾無幾微見於顔，而泰然處之，將促裝就道。顧上心知其無他，特原宥之，俾仍舊職。是年冬試俸滿，遂從改調歸。論者以先生持論太嚴，進言太驟，致叢衆怒，席不暇暖以去。使稍和平委曲，相時而動，其所樹立殆未可量。然枉尺直尋，未有不至枉尋直尺者也。故寧直道而三黜，必不枉道以徇人。從古聖賢，道理如是。先生惟知秉義以自處，守正而不渝，利害得失，豈所計哉！

先生既歸，屏居泖口，足跡不一至城市。閉户食貧，讀書課子，茅屋數椽，不蔽風雨，布衣蔬食，泰如也。先是，先生嘉定罷歸，工部席君啟寓相延至家，至是復懇延先生。先生欣然往，與學徒論制舉業，踽踽若故寒士。凡有就正者，必爲之闡明義理，辨晰精微。誨人不倦，先生有焉。在館一年，貌加腴，色加晬。人方謂先生涵養自然，中和備至，天必將以其身任明道之責，成繼往開來之功，其年壽正未有艾。孰意臘月館歸，偶感寒疾，一日遽卒。四方學者聞之，莫不痛傷泣下，悼喪其師。而嘉定之民，相率至先生祠哭弔者，踵相接也。先生於世俗嗜好，一無所留意，惟濟人利物之念，不釋頃刻。未第時，語及民生困窮，風俗澆薄，必愀然於色。兩爲縣令，嘗以程明道「一命之士，存心利物」之言橫於胸中，及任御史，侃侃正言，直聲震天下。遭遇聖明，庶幾一展其志。而在外既不得志於上官，在朝復不見採於當軸，特立獨行，幾陷大戾，賴上恩得釋，再起再躓，卒不究其用以死，惜哉！

先生之學，繩尺考亭，以居敬窮理爲要。謂窮理而不居敬，則玩物喪志，而失於支離；居敬而不窮理，則將埽見聞，空善惡，其不墮於佛老，以至於師心自用而爲猖狂恣睢者，鮮矣。自有明中葉，姚江倡良知之説，鼓動一時。而聖人下學上達之法，所以爲規矩準繩者，盡決裂破壞。邪説詖行蠭起，蔑禮法，放名教，人心大壞，而國運隨之。陷溺之害，至今而未已。故爲今之學者，必尊朱子而黜陽明，然後是非明，而學術一，人心可正，風俗可淳。嘗著《學術辨》三篇，又與河南湯宗伯潛菴、山西范進士彪西書，往復辨論。夫白沙、陽明之病，今世學者亦類能知而言之，至於涇陽、景逸固宗程朱，固斥陳、王，而謂其偏於主静，近於禪學。是非先生深入閫奥，辨析秋毫，豈能爲此極論哉！先生在靈壽時，率五日一至學宫，集諸生講四子書，諄諄於義理邪正之辨，彙爲《松陽講義》百餘篇，而其言曰：「今之爲世道計者，必自羞乞墦、賤壟斷、闢佛老、黜陽儒陰釋之學始。」一編之中，三致意焉。其衛道之心可謂嚴且切矣。

先生天性孝友，迎養封公於嘉署，定省温凊，備極肫樸。以奉薦入都，不獲視含斂爲恨，孺慕哀泣，幾不欲生。居喪不作佛事。服闋猶不忍肉食。至於友愛兄弟，雖堂從如一，教之若嚴師，恤之若慈母，歡好無閒。祖殯未舉，獨任之，不以及諸弟。親戚無後者，輒爲之殯。少壯時能飲酒不亂，後以仲弟有酒過，遂絶飲，冀以化之，未幾而仲弟殁，先生遂終身不飲。居常容止慤敬，一言一動，皆有法度。坐必端正，立不跛倚，行必正以莊，語必徐以簡。燕居齋如，若對嚴賓。事無鉅細，皆極誠敬。自少至老無惰容。率性自然，不由勉强，人謂其恭而安。家故貧，及登仕籍，貧益甚。人所不堪，先生絶不爲意。衣足以蔽體，食足以充腹，不辨美惡。祁寒盛暑，不爐不扇。賓客往來，披襟忘倦，傾所有，具雞黍。前輩講學之書，未經見者，輒賃衣易之，雖晡粟不繼，不顧也。先生性情謙謹和厚，善氣襲人，雖告戒僮僕，亦煦煦若子弟。及辨正學術，分别是非，則反覆痛快，不少回護。至於民生之休戚，政事之得失，忠愛迫切，尤抗言極陳，不暇顧忌。坐是與世齟齬，但以戆直結九重之知，終以激烈來衆口之怨。而至於事後，則雖嫉先生者，又未嘗不心服其言而諒其心也。先生爲令時，上官有欲招致門下者，堅執不允，用是失歡。又嘗以公事至都門，政府欲一見之，接淅而行。即魏公環極薦先生於朝，亦不先自私謁。其履蹈不苟又如此。

先生雅不喜以辭章自鳴，然經史淹貫，義理粹精，其發爲文章，皆昌明博大，純正有體。有德者必有言，非世之絺章繪句、誇多鬬靡者比也。所著述有《靈壽縣志》、《松陽講義》及《評選國策去毒》五十篇、手定《先正一隅集》已刊行，其篋中所遺，有《問學録》一編，《日鈔》二十卷，尚有語録若干，文集若干，方在彙輯，俱未授梓。

先生生於明崇禎庚午十月十八日，卒於康熙壬申十二月二十七日，年六十有三。配朱氏，封孺人。子二：長定徵，娶曹氏，先卒；次宸徵，娶王氏，初繼仲弟，先生未卒前一日，命季弟以其次子繼，而宸徵仍爲先生後。女二：長適太學生金山李鉉，次適太學生平湖曹宗柱。撫仲弟之女一，適太學生秀水張金城。宸徵寢處苫塊，心志瞀亂，不能撰次先生行事。家復清貧，即兆宅之卜，亦尚有待。而二三戚友，暨及門之士，惟恐先生之嘉言懿行，日久而漸有遺忘，因屬崇樸爲狀。

崇樸自惟識見卑陋，詞理荒淺，不足以傳先生之萬一。顧嘗歷覽史傳，大凡理學著稱者，未必盡嫻治術；循良表異者，未必悉勵純脩。故儒林、循吏，分途各見。求其大成無憾者，惟朱子能全之，惟先生克繼之。蓋先生之學，朱子之學也。先生之志，朱子之志也。故先生之宰嘉定、宰靈壽，仁育義正，吏畏民懷，即朱子知潭州、知南康之治理也。先生條奏三疏，直陳三議，勤恤民隱，飭厲官方，即朱子經筵劄子、便殿奏劄之議論也。先生之筮仕嘉定、擢拜臺中，俱甫一年，旋遭罷斥，即朱子登第五十年，仕於外者僅九考、立朝纔四十日之出處也。至朱子「正心誠意」之奏，輒嘗稱善，先生「孝道爲萬事之本」一疏，亦荷允行，總以忠誠懇惻，上邀主眷，亦無弗同者。卒之直道不容，忌之者衆，雖有推之之力，終不敵擠之之工。然其所可擠者身也，不可擠者道也。所以朱子之道，愈遠而愈光。則先生之道，歷久而後顯，理有必然，無可疑者。失今不傳，其何以明當時，信後世？故不敢辭避，輯録見聞，述其世系、爵里、出處之詳，與夫學問、政績、言論、行事之大，以俟當世大人君子，誌之墓石，載之國史，以垂不朽。謹狀。康熙三十二年四月，内閣中書舍人同郡後學柯崇樸狀。

三魚堂外集卷之一

平湖陸隴其稼書著

奏疏　議　條陳

畿輔民情疏

題爲敬陳畿輔民情，仰祈聖鑒事。

臣本外吏，荷蒙皇上拔置臺班，苟有一得之愚，皆當次第敷陳，以仰佐聖治之萬一。顧臣官畿輔者久，知畿輔之民情，敢先爲皇上陳之。

畿輔邊山一帶，土瘠民貧，異於他方，荒多熟少，自昔而然。加以康熙十二年以後，軍興緊急，雜派繁多，民困滋甚。豐年僅可支持，一遇水旱，流離萬狀。幸數年以來，皇上加意撫綏，禁止私派，不惜蠲賑，鳩鵠之民，得苟延殘喘。然以言乎家給人足，則尚未也。臣觀自古豐亨之治，皆非一日而成。唐虞之世，其初亦不免黎民阻飢。堯舜兢兢業業，積久而後，烝民乃粒。漢自高、惠而後，多方休養，至於文、景，然後天下殷富。唐之太宗，日夜講求治道，至貞觀之末，然後民食充足。今天下平定猶未久也，而又疊遭水旱，故雖皇上之勤恤民隱，而百姓猶未免於艱難，無怪其然矣。求其殷富，亦無他道，惟在皇上常持此勤恤之心，期之以積久，而勿責效於旦夕。恩已厚而不嫌其更厚，心已周而不厭其更周，則家給人足之盛，庶乎可望矣。

至於目前所當議者，臣見上年畿輔荒旱，實異尋常，其被災各州縣内，雖間有未被災之處，亦不過稍有升合之獲，差勝於被災者耳。初奉上諭，將二十八年及二十九年上半年錢糧盡行蠲免，已經撫臣出示曉諭。後因部議分别被災州縣中有不被災地畝，不準概蠲，百姓甚苦。撫臣不得已，題請秋後帶徵，地方得以粗安。然雖今歲秋收稍稔，既徵其新，又徵其舊，臣恐非積貧之民所能堪也。雖曰豐年，所入幾何，穀價又賤，其值無幾。私債之迫索者，衣服之典當者，已去其大半，仰事俯育，仍憂不足，又可責其兼完新舊之糧乎？若非皇上曲加垂恤，臣恐地方有司，惟知考成之是急，不顧民力之難勝，甚非皇上蠲免之初意。此臣所目擊地方情形，不敢不爲皇上陳之，伏祈睿鑒施行。

論奪情疏

題爲孝道爲萬事之本，奪情非治世所宜，仰祈聖斷，以維綱常事。

臣辦事衙門，聞九卿科道會議湖南巡撫于養志在任守制一事，臣以資淺，不在會議之列，不知所議若何。及詢問與議諸臣，謂會議之時，昌言其不可者固有其人，而依回不斷者比比而是。臣竊怪之。此明白顯易之事，有何可疑，而依回若是！夫治天下之不可不以孝，易明也。在任守制之非所以教孝，易明也。天下正當承平之時，湖南又非用兵之地，無藉於在任守制，易明也。皇上以孝治天下，在廷諸臣，沐浴於皇上孝治之中久矣，何難一言以直斷其不可耶？且臣不知議者以于養志爲何如人，如其非賢者耶，則固不當使之在任守制矣；如其誠賢者耶，則必不肯安心於在任守制矣。在督臣代爲題請，或從愛惜人才起見。然臣以爲使之解任全孝，正所以深愛惜之。況皇上一日所行，天下萬世奉爲法程者也。若使一撫臣因督臣之題請而留，將來督撫之丁憂者，皆將援此爲例，其不思僥倖奪情者鮮矣。名教自此而弛，綱常自此而壞。此端一開，關係天下實非淺鮮。至於湖南一省之人，是則是傚，不復知有父母，又無足論矣。竊以爲督臣所請，無容議可也。

臣不知九卿作何啓奏，理應静聽皇上之定奪。但恐衆論參差，兩端易淆，敢從名教綱常起見，少效芻蕘。緣係條陳事理，字稍逾格，伏祈睿斷施行。

請速停保舉永閉先用疏

題爲請速停保舉之捐，永閉先用之例，清仕途以安民生事。

臣伏見，臣同衙門御史陳菁疏請停捐納保舉而開先用之例，部覆俱無容議，奉旨九卿詹事科道會議具奏。臣竊以爲保舉之捐不可不停，而先用之例不可開也，敢爲皇上陳之。

夫捐納一事，原非皇上所欲行，不過因一時軍需孔亟，不得已而暫開。復恐其賢愚錯雜，有害百姓，故立保舉之法以防弊，爲慮深遠矣。近復因大同宣府運送草荳，并保舉而亦許捐焉，則與正途無復分别，甚非皇上立法防弊之初意。且保舉所重，莫重於清廉。故督撫保舉，必有清廉字樣，方爲合例。若保舉可以捐納，則是「清廉」二字可捐納而得也，此亦不待辨而知其不可矣。若夫前此有捐納先用一例，正途爲之壅滯，至今尚未疏通。故皇上灼見其弊，久經停止。雖前九卿因運送草荳，會議酌開事例，亦未及此，蓋誠知其爲選途之害，而不敢輕議也。且捐納先用之人，大抵皆奔競躁進之人。故多一先用之人，即多一害民之人，此又不待辨而知其不可者矣。在九卿自必有正大之見，但恐衆論不一，故敢瀆陳芻蕘，惟皇上採擇。

臣更有請者。臣竊見近日督撫於捐納之員有遲之數年既不保舉又不參劾者，不知此等官員，果清廉乎？非清廉乎？抑或在清濁之閒，未可驟舉驟劾乎？夫既以捐納出身，又不能發憤自勵，則其志趨卑陋，甘於汚下可知。使之久踞民上，其荼毒小民，不知當何如！故竊以爲不但保舉之捐納急當停止，而保舉之限期更當酌定；不但目前先用之例萬不可開，而從前先用之人，不可不行稽核。伏乞敕部查一切捐納之員，到任三年而無保舉者，即行開缺，聽其休致。庶吏治可清，選途可疏，而民生可安。緣係條陳事理，字稍逾額。如果臣言可採，伏祈睿鑒施行。

編審人丁議

協理浙江道事、四川道試監察御史臣陸隴其仰遵上諭，謹議得直隸地方今歲當編審人丁之時，宜痛除積弊，以甦民困。

查舊例，人丁五年一審，分爲九則，上上則徵銀九錢，遞減至下下則徵銀一錢，以家之貧富，爲丁銀之多寡。新生者添入，死亡者開除，此成法也。無如有司未必皆能留心稽查，惟憑舊册爲成案，或聽甲長户頭之開報，故有豪强隱匿，而無立錐之民，不免於當差，此弊之在不均者一。又相沿舊習，每遇一審，有司務博户口加增之名，不顧民之疾痛，必求溢於前額。故應删者不删，不應增者而增，甚則人已亡而不肯開除，子初生而責其登籍。溝中之瘠，猶是册上之丁；黄口之兒，已入追呼之檄。始而包賠，既而逃亡，勢所必然。是故一審一溢，户口日加而民困日甚，此弊之求在溢額者一。

請飭該撫，令各州縣編審，務求均平。應開除者即行開除，勿得苦累窮民。其有荒瘠州縣，開除之丁多，而新收之丁少，不免稍有缺額者，當據實詳明，聽憑部奪。亦不得濫將煢獨無告之民充數，及將死亡逃絶責令里甲包賠。庶鵠面鳩形者，得免於剥啄，而逃亡可息，亦感召和氣之一端也。臣隴其謹議。

請蠲免舊欠議

謹議得直隸地方，有康熙二十八年下半年及二十九年上半年未完錢糧，原因二十八年遭遇奇荒，其已經題報者，業奉上諭，盡行蠲免。其被災而或稍有升合之獲，有司未經册報，及會勘之後，始行續報者，部議不准概免，撫臣不得已，題請秋後帶徵。及至秋收，雖號稍稔，然所入亦有限。當大荒之後，私債之迫索者，衣服之典當者，已去其大半，仰視俯育，仍憂不足，又責其兼完新舊之糧，實所難堪。故臣於上年十月間具有《敬陳畿輔民情》一疏，題請豁免，未蒙部允。近見直撫郭世隆題稱，宣府荒後殘黎，兩月之内，三季並徵，勢難完納。則因宣府一處，而各處之民情可知。又見直撫題參無極縣知縣范永嘉，將新舊錢糧並徵，以致百姓不堪。則因無極一縣，而各縣之催科可知。夫畿輔者，天下之根本，畿輔之民，不可使稍有失所。當二十八年大荒之後，目今又雨澤愆期，二麥難望，新舊並徵，實非民力所能勝。且此項錢糧，自上年秋收開徵之後，至今已經半年，苟力可完者，必無不完；至今而未完者，皆係真正窮民，雖日事敲扑，終難上納。是無益於國課，而徒苦於小民，臣以爲此所當急議豁免者也。

捐納保舉議

謹議得天下之根本在民生，民生之休戚在縣令。故縣令一官，關係非輕。未有縣令貪污，而百姓不困窮者也。近因有捐納一途，縣令之中，遂不免賢愚錯雜。幸皇上洞見其弊，特立保舉之法以防之。近復因軍需孔亟，并保舉之法而亦捐納焉，則賢否全無可憑矣。業經臣同衙門御史陳菁條請停止，現奉部議，然尚有未盡者，敢再陳之。

夫保舉所重，莫重於清廉。故督撫保舉，必有清廉字樣，方爲合例。若保舉可以捐納，則「清廉」二字可以捐納而得也，此亦不待辨而知其不可矣。臣竊怪近日督撫，於捐納之員有遲之數年，既不保舉，又不參劾，不知此等官員，果清廉乎？非清廉乎？如以爲清廉，則當即保舉矣；如以爲非清廉，則當即參劾矣。即或有在清濁之閒，未可驟舉驟劾者，然既以捐納出身，又不能發憤自勵，則其志趨卑陋、甘於汙下可知，使之久踞民上，不僅貽害小民，亦且上干天和。故以爲不但保舉之捐納急當停止，而保舉之限期更當酌定。乞敕部查捐納之員，到任三年而無保舉者，即行開缺，聽其休致。庶使吏治可清，而選途亦可稍疏。此亦感召和氣之一端也。

復議捐納保舉

謹議得捐納一途，實係賢愚錯雜，惟有保舉一綫，可防其弊。雖不敢謂督撫之保舉盡公，然猶愈於竟不保舉也。今若並此一綫而去之，何以服天下之心？即貪汙之輩，或自有督撫之糾參，而其僥倖免於糾參者，遂得與正途一體陞轉，國體之謂何？恐未可云無礙也。雖有次年三月停止之期，然待至次年三月而後停，則此輩無有不捐納者矣，即無有不一體陞轉者矣。澄敘官方之大典，豈不蕩然埽地乎！此臣請速停保舉捐納之議，似亦難無容議者也。

至於設立保舉而不定限期，則不肖之員多因循一日，百姓多受累一日，亦非皇上愛養斯民之意。議者或因限以三年而無保舉，即令休致，恐近於刻。不知此輩原係白丁，捐納得官，其心惟思撈其本錢，何知有皇上之百姓！踞於民上者三年，亦已甚矣，又可久乎！況休致在家，仍得儼然列於縉紳，其榮多矣，何謂刻也！即云設立限期，或反生其營求之弊，此在督撫不賢，則誠有此；若督撫賢，則何處營求？臣不敢謂天下必無一賢明之督撫也，即使督撫不賢，亦必不能盡捐納之人而保之，此臣請定保舉限期一議，亦從吏治民生起見。未有吏治不清而民生可安者，未有仕途龐雜而吏治能清者，似亦難無容議者也。

時務條陳六款

直隸真定府靈壽縣爲諮訪利弊以資政事、以安民生事。

本月二十日奉巡撫直隸都察院于憲票，前事內開「照得本院初令樂亭，再任通州，歷年甚久。直隸地方之利弊，民生之困苦，知之有素。但自康熙二十一年陞任江寧之後，迄今三載有餘，不無因革之處。今蒙皇上特簡，撫綏畿甸，陛辭復承天語諄諄，惟以民生疾苦爲念。凡利所當興，弊所當除，務在實力舉行，上副宸衷，下慰民望。恐地方遼闊，耳目不能周徧，合行諮訪。爲此票仰該縣官吏，照票事理，即將所屬地方利弊，何者當興，何者當除，凡有益於國計民生者，臚列具詳，以憑酌奪。務須秉公確查，實在可行，不得視爲故套，勦襲陳言，無裨實政。亦不得有所顧忌畏憚，而不直陳盡言也。望切望切」等因。職捧讀之下，欣喜敬慕，伏見憲臺虛懷至誠，不遺葑菲之心，苟有一得之愚，敢不罄竭，以仰佐高深。職書生也，何知天下事？但嘗靜觀今日之時勢，百病之源起於民貧。非無憂民之吏懷痌瘝乃身之志，而民卒不免於凍餒者，拘於法而無如何也。得君如憲臺，可爲民請命於法之外矣。敢略陳一二，以備採擇。

一、緩徵之宜請也。自古稅斂，必於秋成，稼穡登場，而後上供可辦，此一定之理，亦必然之勢也。今則以兵餉之故，正月開徵，民間尚未播種，而追呼敲扑，急踰星火矣。有餘者尚可勉强支吾，不足者勢必轉貸完官。富豪之家，乘其急迫，重利盤算，及至秋成，子金積累，一歲所入，不足以償債，何暇論仰視俯育！轉眼改歲，而新徵又至。所以閭閻日窮一日，逃亡日多一日，地畝日荒一日。鵠面鳩形者滿野，鬻妻賣子者接踵也。二月賣新絲，五月糶新穀，古人猶以爲苦，今則新絲不待二月而賣，新穀不待五月而糶矣。堯舜在上，何可不念及此也。方兵興之際，國用浩繁，固無可如何。今四方寧謐，司農不至告匱，上請緩徵，此其時矣。户部若可通融，總計一歲春夏二季兵餉若干，上年撥剩之銀若干，以上年所剩之銀，暫抵本年春夏之餉，俟秋成催解，以補庫額。上無損於國賦，而民力以紓。富豪之家不得乘機盤剥，逃亡可復，敲扑可省。一轉移之閒，而其利無窮。先試之畿輔，次推之天下，興唐虞三代之治，此其首務也。伏候憲裁。

一、墾荒之宜勸也。畿輔各州縣，荒田累千百頃。朝廷屢下勸墾之令，而報墾者寥寥。非民之不願墾也。北方地土瘠薄，又荒熟不常，近山之地，砂土參半，遇雨方可耕種，稍旱即成赤土。近水之區，水去則略有田形，水至則一片汪洋。一報開墾，轉盻六年起科，司農按籍而奏銷，絲毫不得拖欠。有司執簿而追比，時刻不可稽遲。所墾之地，已枯爲石田，蕩爲波濤，而所報之糧，一定而不可動。始而包賠，繼而逃亡。累有司之參罰，責里長之攤賠。所以小民視開墾爲畏途，寧聽其荒蕪而莫之顧也。且報墾之時，册籍有費，駁查有費，牛種工本之外，復拮据以應誅求，非中等以上之家不能開墾，何怪乎報墾之寥寥哉！職竊謂此等荒地，原與額内地土不同，與其稽查太嚴，使民畏而不敢耕，何若稍假有司以便宜，使得以熟補荒。如該管内有額外新墾之地復荒者，聽有司查他處新墾地以補之，其荒糧即與除免，不必如額内地土，必達部奉旨，始准豁除。無賠累之苦，無駁查之煩，民不畏墾之累，自無不踊躍於墾矣。其已墾成熟者，或更請寬至十年起科，使得償其牛種工本之費，然後責其上供，亦所以勸墾也。伏候憲裁。

一、水利之當興也。欲民之富，在於墾田。欲田之墾，在興水利。北方土性燥烈，灌溉易涸。雖於南方不同，然使川澤流通，隨便灌溉，猶愈於聽其焦枯而莫之救也。職竊觀古人溝洫之制，至精至密。故孔子謂大禹盡力乎溝洫，而《周禮》遂人、匠人之職，備載其制。今一切置而不問，聽其自盈自涸，一遇旱潦，束手無策，何怪乎民生之日蹙也。但古人溝洫之制，隨時修理，故不覺其煩費。今以久湮久塞之河道，一旦欲疏其壅而防其潰，工費浩繁，勢難卒辦。又當公私交困之時，州縣錢糧，一絲一忽皆有款項，不敢擅動。民間十室九空，正供錢糧，尚難完辦，安有餘力以成此艱巨之事！若不量時勢，不計贏詘，驟然興舉，其爲擾害，必甚水旱。職竊思屢年以來，朝廷憫恤灾荒，州縣議蠲議賑，所費錢糧，不可勝數。與其蠲賑於既荒之後，何如講求水利於未荒之前？蠲賑之惠在一時，水利之澤在萬世。今憲臺撫臨畿輔，欲成久遠之業，無有大於斯者矣。宜通查所屬州縣水道，何處宜疏通，何處宜隄防，約長闊若干，工費若干，彙成《畿輔水利》一書，進呈御覽，請司農度錢糧之贏詘，以次分年舉行。永成萬世之利，而不擾於民。以一時言之，雖若不免於費；以久遠言之，比之蠲賑，所省必百倍。或鼓舞官吏紳衿能開河道若干者，作何優敘，作何獎勵，此亦一策也。伏候憲裁。

一、積穀之宜廣也。今功令最重積穀，定有議敘之例，所以爲窮民計，至深遠矣。然欲穀之多，當廣開穀之源。今止有捐輸一途，故積者寥寥。在富豪之邑，猶可鼓舞勸捐，若山僻疲罷如靈壽者，既無富商大賈、厚藏之家，比户皆鳩形鵠面，雖懸獎勵之典以勸之，其誰能應耶！職竊謂此等窮縣，當稍爲之通融，使得廣積以備賑。如該管縣内有荒地可開墾者，許有司設法募人開墾，收其所入，貯倉備賑，勿責其起科。其一切河淤地畝，雖已入糧，原非額内者，許其量留積穀。吏員應納銀者，許其入穀縣倉，即准報充，不必起解。牙帖雜税，原額外新增者，編審人丁溢額者，悉許留本地方積穀。諸如此類，推廣行之，庶幾疲僻之邑，皆可有穀以救災荒。若止藉捐輸一途，其能有濟者鮮矣。即就捐輸言之，徒令二三有司，曉曉勸諭，所得有幾？巧者陰派之里下，名爲捐輸，與加派無異。又非朝廷愛民之意。是宜請旨酌定旌獎之例，使紳衿富民，皆樂於捐輸，將不待勸而粟自多。至於在倉之穀，宜聽有司之酌量支放，如遇凶荒，則先發後報。平時出陳易新，聽從其便。勿因不肖之侵欺，而盡掣賢者之肘。則鳩鵠之民，庶有賴矣。伏候憲裁。

一、存留之宜酌復也。查《賦役全書》，舊額有一項人役，則有一項工食；有一項公務，則有一項錢糧。蓋未有用其人而可不予之以食，辦其事而可不費一錢者也。用人而不予以食，則必至於賣法；辦事而求不費錢，則必至於派民。自兵興之際，司農告匱，將存留款項，盡行裁減。由是州縣掣肘，貪墨無忌，私派公行，不可禁止。百弊之源，皆起於此。自康熙二十年以後，再頒恩詔，漸次奉復，海内始有起色，然尚有應復而未復者，敢爲憲臺陳之。如衙役犯贓之律甚嚴，而書辦之工食獨不復，不知此輩能枵腹而奉公乎？抑將舞文弄法以爲仰事俯育之資也。給以食而犯法，雖殺之無憾也。不給以食，使之不得已而犯法，加之以刑，其肯心服乎？此其當復者一也。心紅紙張，修宅家伙，此州縣所必不能免者也。既奉裁革，不知天下有司皆能捐俸而自備乎？抑或有責之鋪户，派之里下者也。有正項開銷，雖貪吏無由借端苛派。無正項可動，將藉口以責之於民。朝廷之所省有限，而小民之受累無窮，此其當復者二也。上司過往，下程中伙雜支供應，此州縣所必不能無者也。既奉裁革，不知上官之臨州縣，皆能自備供應、自發價值乎？抑或有不能不資藉於地方者也。有司之懦者，恐觸上官之怒，百計逢迎。賢者亦恐失事之體，多方補苴，無米之炊，不知其安從出也，此其當復者三也。存留盡復，則私派可禁；私派盡禁，則百姓可足。在主持國計者，惟知復一項則費一項之金錢，不知裁一項則多一項之掣肘。掣肘之害層累而下，總皆小民受之。小民疲罷逃亡，其害仍自國家受之。此留心民瘼之大臣，所當急請酌復者矣。伏候憲裁。

一、審丁之不宜求溢額也。直隸舊例，人丁五年一審，分爲九則，上上則徵銀九錢，遞減至下下則徵銀一錢。每遇編審，有司惟恐部駁，必求溢額。非盡民庶而富加於其舊也，亦强以煢獨無告之民充數而已。王成僞增户口，處處皆然。且編審既定，五年之内，即有逃亡死絶，不得開除。夫煢獨無告之民，而責其每年出銀一錢，已不堪矣，況已逃已絶而猶不得除乎？職竊觀直隸各州縣，現在之丁，已不爲不庶，但求無缺額足矣，不必更求溢額也。一審一溢，日積月累，不知何所底止。或果有丁盛而額溢者，宜命有司，留爲積穀之用，不必入額。如五年之内，遇有逃亡絶户，即以此之溢補彼之缺，如此則鵠面鳩形者，得免於剥啄，而甲長户頭，無包賠之苦矣。其荒殘州縣，無溢而有缺者，得隨時報上，於奏銷時量准蠲免。倘或慮不肖有司，將溢額之銀侵入己橐，無缺而捏作有缺，則自有糾劾之典在。總之，寬一分在州縣，即寬一分在窮民。州縣之不肖者固有，賢者實多。上之搜求於州縣者無餘地，則州縣之搜求於窮民者亦無餘地。不肖者固樂於搜求，賢者亦不能不搜求，而民之塗炭日增日益矣。伏候憲裁。

右所陳無非書生之論，然欲爲國家固根本、培元氣，必先從此數端下手，孟子所謂王道之始也。伏惟憲臺，不以其迂腐而忽之，則生民幸甚。至於一切刑名錢穀，務持大綱而止，無益煩文，俱宜省去。如錢糧册籍，釐毫絲忽之差，可以即行改正者，無庸駁詰。刑名案件明白顯易之事，可以即行完結者，無庸提解。多一番駁詰，則多一番需索。多一番提解，則多一番拖累。吏胥所深喜，而小民所深苦也。漢蓋公有言：「治道貴清静，而民自足。」此雖非中正之論，然事之煩簡，當隨乎其時。時病在太簡者，宜濟之以煩；時病在太煩者，宜濟之以簡。今之功令，稍煩苛矣，去煩就簡，此正所謂時中。若夫鄉約保甲之當重也，土豪衙蠹之當除也，陋規雜派之當禁也，俱地方利弊之所在。以虚文視之，則皆故套也；以實心爲之，則皆仁政也。今之論治者，類能言之，無待職之贅陳。爲此備由開册具申，伏乞照詳施行。

三魚堂外集卷之二

表　策

擬上臨雍釋奠禮成駕幸彝倫堂命祭酒司業坐講周易乾卦尚書堯典仍勅諭師儒勤脩學業羣臣謝表會墨

伏以聖帝右文，四海爛星雲之色；盛王崇學，百代開禮樂之光。闡精義於羲文，爰紹千年之遺緒；繹微言於謨典，一空近代之膚詞。輝溢成均，祥生寰宇。臣等誠惶誠恐，稽首頓首上言。

竊惟帝王圖治，必以尊儒重道爲先；國家化民，尤以勸學崇儒爲務。故米廩瞽宗之制，創自虞夏以前；而陳書訪範之儀，屢見殷周之世。使庠序不設，雖勳、華難以登庸；而墳典不親，即湯、武無以成理。自嬴灰起，而法律爲師；至漢蕞興，而詩書安事。所急在兵刑錢穀，而學較止爲美觀。所感在土木神仙，而師儒目爲迂闊。既鉅典之罕重，遂大義之漸湮。施、孟、梁丘，分鑣羲畫之内；夏侯、張霸，競争孔壁之中。馬、鄭爲注疏之宗，僅傳章句於末學；濂、洛定性命之準，徒標奥義於諸儒。雖太牢之祀，曾舉於西京，然非有崇文法古之思，則牲帛止成故事；即白虎之辨，盛傳於東漢，然非有尊聞行知之實，則討論亦屬繁文。唐宋皆設講筵，孰可紹百王之心法；元明俱敦學制，疇爲接四代之遺規。未有肇舉隆儀，修文因以修實；聿興大典，師古因以勵今如今日者也。

兹蓋伏遇皇帝陛下，敦敏性成，徇齊天縱。神聖文武之德，遠邁乎昔王；寬仁恭儉之猷，默符於往帝。聲教偏流沙之地，咸推有道聖人；車書通蟠木之鄉，人誦太平天子。顧念太學爲風俗之本，不臨以九重之赫濯，懼其褻而不尊；先師乃道德之宗，不加以一人之尊嚴，懼其習而忘重。遂舉臨雍之典，因行釋奠之儀。鳳輦朝馳，瑞氣偕犧尊並集；雞人曉唱，祥光共爟火同輝。猶謂奉玉帛而告虔，孰若遺編之親炙；對俎豆而生敬，何如大訓之聿宣。爰命祭酒、司業諸臣，敬陳《周易》、《尚書》之要。道陰陽者莫若《易》，毋徒貴象數之雜陳；述政事者無如《書》，勿徒爲讖緯之兼進。惟乾晝居六十四卦之首，元亨利貞，無一義之不關主德；《堯典》爲五十八篇之祖，欽明文思，無一字之罔裨君心。執簡而前，曉然於吉凶悔吝之故；正色以講，昭然於治亂得失之原。羣情方踊躍而呼，曰稽古之學，莫盛於斯；聖主猶焦勞之念，曰日新之功，豈容有閒。予一人深宫考道，固當凜良玉未琢之憂；爾師儒學舍潛脩，何可貽寶鑑失磨之誚。其務勤脩夫學業，用以共佐夫昇平。

臣等德愧顏、曾，才慚游、夏。誦伊川涵養薰陶之句，敢吝敷陳；讀紫陽正心誠意之言，恒懷嚮往。幸遇盛時，不草相如封禪；欣逢治世，得歌班固辟雍。伏願法自强之義，成協和之休。以上聖爲必可幾，功勿閒於寒暑；以至治爲必可及，念勿渝於始終。聚天下之精神於禮經樂緯之中，而無取乎雕龍吐鳳；致一代之教化於仁漸義摩之内，而弗尚乎月露風雲。將見徧戴日戴斗之區，而靈輝普耀；撫卜年卜世之曆，而神器常安矣。臣等無任瞻天仰聖激切屏營之至，謹奉表稱謝以聞。

治　法鄉墨

古之聖王，所以能滌煩祛弊，而躋一世於仁壽者，必有畫一之規，以齊天下之耳目；必有寬大之意，以繫天下之人心。惟其寬大之意，足以繫天下之人心，然後其畫一之規，足以齊天下之耳目。

從古立法，未有不順乎人情，本乎忠厚，而能俾民寡過，垂之永久者也。苟立法者徒求畫一之規，而不本乎寬大之意，其始也，不度天下之情，而爲一切之法以整齊之；其繼也，法不足以繩天下，而天下反借法以生弊。於是上之人不能不變法以維其後，是故法益紛，而治益雜。然則欲定一代之治法者，與其屢變於法之後，不若詳審於法之先；與其專恃乎法而法反未必行，不若不盡恃乎法，而法自無不行。周、漢、唐所以稱盛於前，而良法美意非後世所及者，由此道焉耳。

今皇上恭己勵精，承祖宗之業而光大之，思所以立法而躋一世於仁壽者，生以爲其道無他，亦惟以寬大之意定畫一之規而已。所謂寬大之意者，非有寬而無猛之謂也，非有緩而無急之謂也。未嘗無文告，而文告之所及，必行乎人情之所樂，而無行乎人情之所苦。未嘗無禁令，而禁令之所加，必爲人情所易行，而無爲人情所難行。未嘗無刑威，而刑威之所至，必使天下羣以爲當然，而不使天下以爲可不然。故有時寬以行之，而不失爲寬大；有時猛以行之，而亦不失爲寬大；有時緩以行之，而不失爲寬大；有時急以行之，而亦不失爲寬大。夫我之所行，既有以順天下之情，則天下之人，自無不從於我。天下之人，既無不從於我，則我不必更有以防天下之人。如是則可行之一二人者，亦可行之千萬人；可行之一時者，亦可行之萬世。

不必有更張之迹，而自成畫一之規。以之滌煩，而煩無不滌；以之袪弊，而弊無不袪；以之教化天下，而一世躋於仁；以之休養天下，而一世躋於壽。皇上所以覲光揚烈，與民休息，而成一代之治法，爲繼體守成之極者，其道誠無踰此矣。

雖然，欲行寬大之法，又必本於皇上寬大之心。心存於愛養斯民，而法之寬猛，自得其宜。心存於永綏斯民，而法之緩急，自得其當。以一心之寬大者爲體，以立法之寬大者爲用，將見法即成、康之法，治即成、康之治，而刑措之風，再見今日矣，何漢之文景、唐之貞觀足云哉！

理氣

天下一氣而已。天下之氣，一理而已。氣不能離理，而理亦不能離氣。天得之而爲天者，人得之而爲心，古今聖賢之所發明者，不越此理氣，不越此理氣之在天地與理氣之在人心者已耳。但其言有就理氣之渾淪言之者，有就理氣之散殊言之者；有就天地而言其渾淪散殊者，有就人心而言其渾淪散殊者。此源流分合所以若不相一，而實無不一也。愚生雖不敢自負於盡人達天之學，然源流分合之際，亦嘗竊聞之矣。請因執事之問，而條晰之。

執事所引《易》之繼善，《正蒙》之太虚，程子所謂形體主宰性情，邵子所謂道爲太極，此就天地而言其理氣者也。其於穆不已，而循之不見其端者，天地之理氣之渾淪；其萬物各得，而著之莫窮其際者，天地之理氣之散殊。雖其名遞變，而其所指未嘗變。《易》之言固無異於程子之言，程子之言又無異於邵子之言也。

執事所引子思之言未發，孔孟之言心，張子所謂合虚與氣、合性與知覺，邵子所謂心爲太極，此就人心而言其理氣者也。其無思無爲，而卷之退藏於密者，人心之理氣之渾淪；其隨感隨應，而放之則彌六合者，人心之理氣之散殊。雖其言互殊，而其所指未嘗殊。子思之言，固即孔孟之言，而張子、邵子之言，又即子思之言也。是故以其在天在人者言之，則在天者爲源，在人者爲流。以在天在人之渾淪散殊者言之，則天與人又各自有源流。言天言人雖分，而天之所以爲天，人之所以爲人，未嘗不合也。言渾淪、言散殊雖分，而渾淪者即在散殊之中，散殊者不出渾淪之外，又未嘗不合也。天人之原，性命之藴，可一言貫之矣。

然而學者所貴乎根極性命者，非徒欲聞性命之説也，貴實得乎性命之理。則執事所謂存心以盡性達天者，其功又可得而詳之。蓋心之或出或入而不存者，其病非一端。故聖賢所以制其出入，使之有存而無不存者，其功亦非一事。心之不存者，以其僞而不誠，故周子予之以誠。心之不存者，以其肆而不敬，故程子予之以敬。心之不存者，以其私而不公，昧而不明，故張子本之於無忝匪懈，朱子本之以格物致知。凡此者，皆所以存其心而不可或闕，皆所以存其心以達天盡性而不可偏用者也。學者誠有得於此，而操持不倦，以古人各指其一端言之者，合而致之我心，則於盡人達天之學，亦庶幾矣。至於鼓舞引掖，使天下人人以濂洛關閩爲己任，而性命之理，昭徹宇内，則在朝廷之敦崇正學以爲天下先乎！

刑禮

帝王所以化導天下，而使之各得其性者，惟中；所以範圍天下，而使之不戾於中者，惟禮；所以整齊天下，而使之不違於禮者，惟刑。故禮也者，所以納民於中者也。刑也者，所以納民於禮者也。禮者天下之大範，刑者天下之大防，可相有而不可或無也。但禮禁未然之前，刑禁已然之後。禁於已然者，人皆見其效，而以爲不可廢；禁於未然者，人或不見其效，而以爲有可緩。於是禮輕而刑重。自禮輕而刑重，而爲治者徒思所以整齊乎天下，而不知所以範圍於天下。徒思以整齊天下者，禁民於已然，而不知以範圍天下者，禁民於未然。欲民之協於中也，難矣。然則求帝王之治者無他，亦惟灼然於刑禮之辨，而不淆於異論而已。今國家制作盡善，秩然有等，而又勒成律例，爲一代之令，其於刑禮之用，亦既兼施而罔偏已，愚生復何所指陳其閒？但恐朝廷雖知刑禮之相輔，而天下之爲異論者，不能不以禮後刑；朝廷雖知刑禮之同原，而天下之爲異論者，不能不以刑絀禮。異論出而取舍淆，取舍淆而治術偏矣。則所謂刑不可一日弛，禮必百年後興者，請得爲執事析之。

夫禮者，不可斯須去者也。君臣之閒斯須而無禮，則凌悖之端生；父子之閒斯須而無禮，則孝慈之恩薄。故禮之漸漬於肌膚者，固必待於百年；而禮之範圍於日用者，則不可或缺於一日。今以一日不可缺之禮，而誤以爲百年待興之禮，禮果若是其可緩乎？生願國家斷然以刑禮爲相輔，而勿誤聽於百年後興之説，則民之協於中者，庶有日矣。

抑所謂三代文質異，賞罰先後不同者，又請得爲執事析之。夫三代之各異者文質，三代之不異者禮也。三代之先後不同者賞罰，三代之無不同者禮也。故禮行於尚文之世，而服物可以生恭敬；禮行於尚質之世，而儉素可以養誠慤。禮行於先賞後罰之代，而匪頒之節，無非以别尊卑；禮行於先罰後賞之朝，而郊遂之移，亦可以教祇德。今以其文質賞罰之殊，而謂其禮之殊，禮果若是殊乎？生願國家斷然以刑禮爲同原，而無誤聽於三代文質賞罰之説，則民之協於中也，又有日矣。此則所謂審取舍之術，而化導天下之至要也。

若夫刑之或當輕而或當重，禮之或當損而或當益，刑禮之或當互有輕重，互有損益，是在廟堂之上，斟酌於古今之勢、風會之變，而出之以不忍，行之以恭敬，以求合於天秩天討而已。

明史

爲一代之史者，必先明致治之大原，而後備觀其行事之是非。不觀其行事之是非，則一代盛衰興替之故不彰，而無以垂鑒於後。不明其致治之大原，則一代創業守成之模不具，而無以爲法於今。故觀兩漢之史者，必先觀高、光之所以創業，文、景之所以守成，而後武宣以下、桓靈以上之是非，可得而備論也。觀唐宋之史者，必先觀貞觀、建隆之所以創業，開元、慶曆之所以守成，而後永徽以後、熙豐以還之是非，可得而備陳也。蓋一時行事，雖其盛衰興替所係，而至於一代所以凝承天命、永綿歷服者，則尤視乎創業守成之際，有以維持而培植之。故帝王考監前代，以爲法戒，雖一事之微，亦不敢忽，而所尤重者，創業守成之大原也。

今國家纂修《明史》，以備千古法戒，生請先舉夫洪、永之所以貽謀，宣、孝之所以紹前烈，而後備論其一代之是非焉。夫洪、永之所以貽謀者，不在法令之嚴密，而在乎政體之寬大；不在國勢之富强，而在乎教化之肫篤。宣、孝之所以紹烈者，不在乎紛更祖宗之制，而在乎謹守祖宗之舊；不在有以振攝天下之人心，而在有以維持天下之風俗。是故輕徭薄賦而國愈富，恤獄緩刑而民愈服，安常守故而綱紀愈肅。天下相漸以忠厚廉恥之風，而相洽於深仁厚澤之内。此固當爲法於千古，而上繼三代之治者也。

至於金川之事，無異建成、元吉之事，君子不以貞觀之治而輕恕於太宗，則亦不能以永樂之治而曲諱於成祖。雖瑕瑜不掩可也。曹、石之事，無異五王之事，然五王以行權而再造夫唐室，曹、石以行權而啓釁於明時，雖謂之無功有過可也。以興獻爲異於濮園可也，而入廟稱宗則已過。以國本而阻其並封可也，而語侵宫禁則已誣。三案之興，主之者未必皆小人，而不覺其爲小人所附會。東林之起，主之者實皆爲君子，而其始也，不免以君子而過激，其繼也，不免以非君子而妄入。此亦紀綱之壞、風俗之衰，勢激使然，而非盡諸臣一時一日之咎也。夫紀綱與議論，相爲盛衰者也。紀綱盛則議論衰，議論盛則紀綱衰。其始以議論而絀紀綱，其繼且以紀綱之屈而無所庸其議論，得失之故，亦可鑒矣。

若夫二正之宜亡而不亡者，輔理之得人也。神熹之宜覆而不覆者，祖宗之德澤尚未絶也。末季之正氣衰靡者，追其本則由於靖難，而考其弊亦由於正學日衰，人心日漓，洙泗濂洛之説不信於天下，而浮文以誇於世者多也。生之所論一代之是非者如此。至於致治之大原，可以上佐宸聰，下濟蒼生，爲今日所當效法者，則於洪、永、宣、孝之貽謀紹烈，加之意可也。

綏　輯

國家安初附之人，與安久附之人異。安初附之人而其衆止於千百，與安初附之人而其衆至於億萬又異。何則？久附之人，止在有以奠其居；而初附之人，則在有以謀其生。初附之人而止於千百，可聚可散，而安之也易；初附之人而至於億萬，散之有不易散之勢，聚之有不可聚之憂，而其安之也難。夫所附之人既衆，則安之之法不當執一術。惟善用其安之術，而不致以我之安之者反生彼之不安，亦不至以彼之安者使其土著之不安，斯則綏輯之要也。

今皇上聲教誕敷，而吴越閩廣之向化者數十萬，執事兢兢焉思所以綏輯之術。生謂綏輯之者無他，亦惟度其人、量其地、審其勢，而無務爲一切之法而已。則聚而爲兵之説可用也，但聚之則當度其人之精鋭與老弱，而以其精鋭資干城之用，勿以其老弱滋冗兵之累。且減緑旗之冗耗者，補以投誠之精鋭者，有增兵之利，而無益餉之累，斯兩得之道矣。抑散而爲農之説可用也，但散之則當量其地之邊與腹，而處之腹地之閑曠，如荆、襄、川、陜之城，勿處之沿海之邊地，如閩、廣、兩浙之境，使之知耕屯之可樂，勿復知有風帆之故習，斯永安之術矣。抑令歸原籍之議可用也，但歸其有可歸者，勿歸其無可歸者。使生於閩者歸閩，然有生閩而閩無可歸者，勿强之使閩；生於粤者歸粤，然有生粤而粤無可歸者，勿强之使粤，斯善全之策矣。夫如是，則可兵而兵，可農而農，可聚而聚，可散而散。在彼之求安者不一其情，在我之安之者亦不一其術。在我既無强而安之之擾，在彼自無不安其所之念。上則不以冗食者病國，下復不以騷擾者病民。生故曰：度其人，量其地，審其勢，而無務爲一切之法也。

不然，而區區焉挾一術以處之，使之爲兵，則願爲兵者安矣，而不願爲兵者，不且以行伍爲困乎？使之爲農，則樂於爲農者安矣，而不樂於爲農者，不且以耒耜爲苦乎？使之歸籍，則有可歸者歸矣，而無可歸者，不且以桑梓爲累乎？以云强置則可矣，豈所語於柔遠之石畫也哉！

保泰會墨

自古明良相與，未有不各盡其心，而能成泰交之盛者也。故在上者必有鼓舞之實，而不徒恃乎下之精白；在下者必有精白之心，而不徒恃乎上之鼓舞。夫誠盡乎鼓舞之實，則雖中人且知自勵矣，況其本能精白者乎？誠盡乎精白之心，則雖中主且必感動矣，況其本能鼓舞者乎？使上之人不知有鼓舞之實，而徒欲以精白望之下，下之人不知有精白之心，而徒欲以鼓舞望之上，其始也上與下有相諉之念，其既也上與下有相伺之心，而欲以保泰也，難矣。故唐虞三代之盛也，吾不徒曰唐虞三代之君爲之，亦不徒曰唐虞三代之臣爲之。漢、唐、宋之盛也，吾不徒曰漢、唐、宋之君爲之，亦不徒曰漢、唐、宋之臣爲之。蓋其君臣能各盡其心焉耳。

今我皇上孜孜圖治，日與諸臣講求治理，可謂有鼓舞之實矣。在廷諸臣啓沃獻替，定大議，決大疑，可謂有精白之心矣。然生以爲鼓舞之道無窮，精白之心亦無盡，則所以保泰而成一德一心之治者，誠不可不求其道也。

夫上之御下，其道不一，而莫貴乎誠；下之事上，其道不一，而亦莫貴乎誠。向者治化初基，積習難盡。上不能無綜核之心，下不能無顧忌之念。故内外臣工，推諉之意嘗多，而擔荷之力嘗少；身家之慮嘗重，而忠愛之情嘗淺。今皇上坦然一出於寬大，在廷莫不感激思奮矣。生以爲保泰之道無他，亦惟皇上即此寬大之心而廣之。與天下相繩於名法之中，不若與天下相漸於禮義之内也。與天下相習於猜疑刻急之風，不若與天下相安於坦易含弘之化也。雖寬嚴繁簡，隨事不同，而要無一日不以忠厚長者之道待其下，則上之待下誠矣。抑惟諸臣即此感激之意而純之，以堯舜吾君自矢，而勿徒思避乎文法；以匹夫不獲爲恥，而勿徒思保其禄位。雖將順匡弼，隨事不同，而要無一日不以靖共匪懈之志事其上，則下之事上誠矣。下之事上誠，而上不感其精白者，未之有也。上之待下誠，而下不感其鼓舞者，未之有也。上之鼓舞足以感乎下，下之精白足以感乎上，是即古都俞吁咈、拜稽颺言之盛也，是即古之陳治安而進十思、十漸、三劄、五規之風也，而猶患堂陛之或隔、交孚之無具歟？故曰：泰交之道，在各盡其心而已。

察　吏

今之言安民者，無不知其本在察吏矣。顧不得察吏之人，則吏不可得而察也。不善乎察吏之法，則察吏之人亦不得盡其察吏之能也。察吏之人，則督撫是矣。察吏之法，則考成之條是矣。以察吏責督撫，而督撫所守者，考成之法也。考成之法嚴，則督撫不得不嚴矣。考成之法寬，則督撫不得不寬矣。考成之法寬，而寬之中有嚴，則督撫亦可嚴以濟寬矣。考成之法嚴，而嚴之中有寬，則督撫亦可寬以濟嚴矣。故督撫不得其人，固足以病考成；而考成之法未極其善，亦足以困督撫，而使不得展其能。

然則今日爲察吏計，督撫固不可不擇，而考成之法亦不可不稍爲變通也。欲擇督撫，則在嚴之廷推之時，而勿徒拘其資格；澄之甄别之時，而勿徒循其故事。使爲督撫者，皆公正而不私，則貪墨可以盡糾，賢能可以盡舉，預征雜派可以盡禁，察吏之實在是矣。然督撫能察吏，而不能違考成之法以察吏。考成之法，向惟重乎錢穀盜案，今則兼重乎興廉。夫使天下皆廉吏，則自能撫字以厚民生，而錢糧可以無缺；敷教以善民俗，而盜案可以永清。故興獎廉吏，即所以爲錢糧盜案計，法誠善也。然廉吏雖有益於錢糧盜案，而不能必其目前無絲毫之欠與夫一夫之未獲。督撫雖心知其賢，而有違乎考成之條，則不惟不敢舉，而參罰且隨之。天下見廉者之不盡舉，而不免乎參罰，則不知廉之足重。是以舉廉之令雖下，而吏不加勸。

竊以爲考成之法，當權其輕重以爲寬嚴。於至嚴之中，不妨稍有所寬，使廉吏有以自見，而爲督撫者，亦可以伸其舉廉之意。今夫錢糧盜案固不可不重，然其絲毫之欠，與夫一夫之未獲，不足爲錢糧盜案病。而其人卓然有守，可以風勵天下，則宜令督撫破格獎薦，不爲文法所拘。天下見吏之廉雖有小疵，猶爲上之所拔，則自踊躍於廉，相與勉爲賢能，而恥爲貪墨。民風日淳，民生日厚，錢糧自清，盜案自靖。既無穀賤傷農之患，亦無縱盜諱盜之弊。其與夫拘牽文法，使廉吏困阨而上下交病者，果孰得而孰失也？誠欲實興吏治，以仰副皇上獎廉之至意，道無踰此矣。

治　法

治天下不可無畫一之法，以垂之久遠也。然欲垂之極其遠，必先講之極其精。講之之道，亦折衷於人心之所安而已。蓋天下之大，百世之遠，其事變紛紜，不可以預度，而人心之所安者，則一也。得其心之所安，故定之朝廷，而天下莫敢易；定之一日，而百世莫敢易。非天下後世不能易其法也，不能易其心之所安者已耳。《周禮》一書，爲古今治平之準，而漢唐之法，或大綱正而萬目未盡舉，或萬目舉而大綱未盡正。是豈漢唐之法獨遜乎周哉，周之所定，合乎人心之所安，而漢唐之所定，未合乎人心之所安也。

我國家本以淳簡致治，而邇來條例日增。上未知所守，下未知所從。一法不效，輒更一法，法之變未有已也，則倣《會典》舊例，勒爲全書，以昭一代之制，誠今日急務矣。然生以爲非折衷於人心之所安，則今之所謂畫一者，未必非即異日變更之端，而求其簡要者，適滋其繁叢也。夫欲折衷於人心之所安，則其心必至公，公則能盡合好惡之正，而不徇乎己私；其心必至虛，虛則能博訪利病之源，而不執乎成見；其心必至慎，慎則能曲當乎事理，而不忽其細微。是惟皇上以至公至虛至仁至慎之心總持於上，而大小羣工，各靖其心，以佐議於下，然後合古今之制而參之，酌新舊之例而定之。視前代法之善者何在，則從而法其善；其弊者何在，則從而革其弊。舊例可從，則不妨舍新而從舊；新例苟善，則不妨置舊而從新。寬嚴必得其中也，緩急必揆其當也，詳略必審其宜也。見其利也而興之，而興利者或即爲害之所伏，則無徒徇乎目前之利；見其弊也而去之，而去弊者或又爲弊之所生，則無徒徇乎去弊之名。如是，則其所因者，皆人心所欲因者也；所革者，皆人心所欲革者也。行之一時而一時安焉，行之萬世而萬世安焉。雖與《周官》相表裏可矣，又何患條例之日增而參差窒礙也哉！

雖然，治天下者，法也。行法者，人也。法可以預立，而人不可以預定。故一明之《會典》也，洪、永以之而治，啓、禎以之而衰。非法之有異，行法之人有異耳。夫欲法可世守，則在乎酌古準今；欲人之能世守其法，則在乎廣教化，重詩書。是又惟皇上與羣工明道敦倫，以興起百世，則法立而子孫世世守之不替矣。

養　士

士之氣係乎上之所養也，上之養士，又貴因乎其氣。蓋士之氣不能有正而無偏，有純而無雜，惟上之人因其氣之所在而有以養之，使偏者皆歸於正，雜者皆歸於純，此虞、周所以盛也。苟不知所以養之，其始也任其偏且雜焉，及其弊則從而盡矯之，故有一時焉其偏且雜者在是，則又有一時焉其偏且雜者在彼，士氣愈變而愈下，此戰國兩漢晉魏所以不振也。

虞、周之養士也，教之於未用之日，而策之於既用之後，直寬剛簡，使各協於中而止。使戰國承春秋之末，❶士尚奇謀，而以凌轢王侯爲事，其氣傲。西漢矯戰國之弊，辱儒慢士，使天下之士，俯首而就功名，其氣懦。東漢矯西京之弊，崇獎高尚，使天下之士，抗志而言名節，其氣激。晉魏又矯東漢之弊，賤禮法而崇恬退，其氣放。方其弊也，惟恐其矯之不速；及其矯之，而弊又甚於前。由是觀之，則善士習者，與其矯之而愈遠於正，何如養之使漸歸於正也；與其矯之而愈至於雜，何如養之使漸底於純也。

我國家初承明季之習，士氣浮誇，不得不稍示裁抑，而士風日趨於下。砥礪廉隅者，百不得一，而刓方爲圓者，比比而是。苟可以獲利，不知復有禮義也；苟可以進身，不知復有廉恥也。向以激昂爲高者，今且以逢迎爲高矣；向以虛名爲尚者，今且以貪鄙爲尚矣。生竊以爲前之矯之者，似乎太過，而養之之道，不可

❶「使」，疑衍。

不盡於今也。養之之道，其原在學校，其要在銓選，而尤在皇上之一心。學校者，士之所從出也。學校之所重在篤行，而無取乎浮文，則士必以節操爲尚矣。銓選者，士之所自集也。銓選之所重在端方，而無取乎奔競，則士必以卑汙爲恥矣。而皇上於正直忠厚之士，時有以愛惜而保全之，略其小過，而取其大節，法令所加，要以抑其浮誇而止，而勿過爲摧折，使士之方嚴者常進，依阿者常退，則士氣日振，士風日古，而禮義廉恥，以勸懲維之有餘矣。雖然，勸懲者可以維其外，未足維其內。天下之士，因勸懲而丕變，雖能自納於禮義廉恥之中，而未必其心之所安也。則養之以勸懲，又不若養之以教化乎。誠端極於上，而又務崇正學以風示天下，使士知中正之道不可一日而離，相與勉爲忠厚，而恥爲浮薄，勉爲正直，而恥爲苟容，則雖虞、周之化，無以加兹矣。

治　河

自河、淮之合也，而治淮即所以治河。治淮以治河者，惟在淮之能制河而已。蓋淮自桐栢而東，至清口而與河合。淮之勢足以敵黄，則合流而東，自可以無患；苟淮弱不足敵黄，則清口必淤，淮不能東出，而且潰而南矣。即清口未淤，而淮退則黄進，淮愈退則黄愈進。黄、淮合而倒灌於高、寶之閒，則淮揚一帶，民罔寧居，而運道遂由之而梗，固其所也。

然淮之勢有强弱者，非盡水勢之自然，而人事有以致之。蓋淮自清口以下，則欲其易洩，而在清口以上，則又不欲其旁洩。淮流盡出於清口，其勢所以强也。旁洩於清口以上，其勢所以弱也。故前代於鳳、泗閘，多築閘壩，凡以遏淮之流，使俱出於清口耳。自鳳、泗之閘壩不修，而淮流分矣。淮流分，則清口之勢微，而淮弱不足敵黃，固其所也。今欲使黃、淮之順其道，則莫若使淮足敵黃；欲淮之敵黃，則莫若使其上流之不洩；欲淮上流之不洩，則莫若修鳳、泗之閘壩。鳳、泗之閘壩修，則清口之流盛矣。清口之流盛，則黃、淮之勢順矣。此今日治淮以治河之要務也。然海口未濬，則淮雖能與河合於清口，而未必能與河同入於海。下流既淤，則上流必潰。淮潰而南，河潰而北，則桃、宿以南，高、寶以北，未有寧宇也。故疏濬海口之說，亦今之不可不行者矣。然河之潰也，必由於沙淤。故善治河者，必以隄束水，以水刷沙，使河常無沙淤之患，則濱河州縣，自無河決之患。故築歸仁隄，遏睢、湖諸水以入白洋河口，亦今之不可不行者矣。

誠使河上諸臣，酌其緩急，擇其勢之至急者行之，而以次徐及焉，不必拘賈讓之三策，不必泥宋禮、劉大夏之成迹，惟使淮治而河治，河治而漕治，則淮揚之民可免昏墊，漕艘且安行而入董口，豈不國與民交受其利，而可釋我皇上宵旰之憂哉！然而不議其經費，專其責成，則民雖免於河患，而不免於治河之患，是又當合漕臣與河臣總計之，委曲以措辦，專任以圖功，而勿輕開加派之端，勿競生推諉之途，則策之善者矣。夫既有治河之利，而又無治河之害，則平成之績，雖與神禹同稱可也，豈區區塞瓠子、塞東郡者可比量也哉！

殿試策庚戌科

臣對：臣聞聖王之治天下，莫先於正人心。人心正，然後法度可行。法度行，然後天下可得而治也。唐虞三代之法，非有異於後世也。然法立於上，而治效即臻者，蓋其時上之道德隆而教化洽，其感人也深，而道之也至，天下之人，漸摩於禮義廉恥之中者，蓋已久矣。是故立法以安民，則人莫不守其安民之法。立法以興賢，則人莫不守其興賢之法。立法以一文武，則人莫不守其一文武之法。立法以飭吏治、裕國用，則人莫不守其飭吏裕國之法。此所以世運亨而治臻於郅隆也。使唐虞三代不能先正其人心，則其法之弊，亦與後世等耳。法寬而弊可生於寬之中者，法嚴而弊即伏於嚴之内。法無定，而人得因其無定者以爲姦；法有定，而人即因其有定者以滋弊。雖有聖人，豈能善其後哉！然則治天下之道，從可知矣。未有法不立而能治者也，未有人心不正而能行法者也。是故恃法不如恃德，議法不如議教。德教立，則人心正；人心正，則法無不行矣。

欽惟皇帝陛下，智勇天錫，寬仁性生。重道敦倫，文教誕敷於四海；立綱陳紀，聲靈丕振於九圍。固與堯舜並其光華，與天地同其高厚。乃德雖至矣，猶以爲未至；治雖盛矣，猶以爲未盛。進臣等於廷，諮以安民興賢之道，一文武、飭吏治、通漕運之方。以臣之愚陋，何敢輕言天下之得失？然狂夫之言，聖人擇焉。泰山不棄土壤，河海不擇細流。陛下有泰山河海之量，臣敢不盡其土壤細流之益！

臣聞孔子曰：「道之以政，齊之以刑，民免而無恥。」政刑者，法之謂也，所以束人之身者也。又曰：「道之以德，齊之以禮，有恥且格。」德禮者，修於身而教於人者也，所以感人之心也。束其身則人不敢犯，感其心則人不忍犯。其爲不犯同也，而淺深難易之閒，不可同年語矣。先王知其然，故其爲治也，不在乎以法整齊天下，而在乎以德化導天下；不在乎使人畏吾法，而在乎使人服吾教。今陛下立法更制，九年於兹矣。有意於安民，而民至今猶未盡安；有意於興賢，而賢至今猶未盡興。而且文武未獲實效，吏治未獲澄清，漕運未能以時修濬。意者求於法者詳，而所爲崇德教以正人心者，有未至乎？

伏讀制策，有曰：「欲家給人足，以成豐亨樂利之休，何道而可？」臣觀今日安民之法，不可謂不至矣。逋欠之時蠲也，賑恤之時聞也，預征、私派、火耗常例悉禁也，即今之法，安今之民，天下之民，宜無不可安矣。然惠之出於上者，未必盡被於下；禁之立於上者，未必盡行於下。功令之所著，郡邑違之；郡邑之所行，猾胥撓之。上之設法以利民者無不至，下之爲弊以戕民者亦無不至。由是觀之，則天下之民，非區區之法所能安也。

伏讀制策有曰：「士風尚未近古，以致吏治不清，民生未遂。」臣觀今日興賢之法，不可謂不至矣。經術之已崇也，科目之已重也。頒於學宫者，莫非古造士之方；登於天府者，莫非古闢門之制。即今之法，興今之賢，天下之賢，宜無不可興矣。然賢者不必盡登，登者不必盡賢。禁鑽營也，而鑽營因之而愈甚；抑浮僞也，而浮僞因之而愈生。正誼明道者，衆指爲迂闊；寡廉鮮恥者，共賞其適時。上之課士者屢易其法，下之奔競者亦屢易其術。由是觀之，則天下之賢，非區區之法所能興也。

伏讀制策有曰：「禮樂之彥，韜鈐之臣，兼收並重，何以簡用得人？」臣觀今之所以責成文武者，其法亦不可謂不至矣。制科則兼重也，事權則不相統也。有督臣以總攝之，有撫提以分轄之，有京察以核文吏，有戎政以核武弁，有不時之糾劾以震攝文武之心，即今之法，用今之人，宜乎文皆亮采之佐，武盡干城之選矣。然在文吏則推諉之意嘗多，擔荷之力嘗少；在武弁則身家之慮嘗重，宗社之計嘗輕。上之求之者以實，下之應之者以名。由是觀之，則文武之臣，亦非區區之法所能用矣。

至於督撫守令之係於民生者，黃、運兩河之關於國計也，皆天下至重，而朝廷之設法以責之者，亦已至矣。然在督撫守令，則以蒙蔽爲老成，以黨同爲敦厚。苟可以合考成之條，則朘民膏而不惜；苟可以避參罰之咎，則殘民命而不顧。在黃、運兩河，則有修之名，未必有修之實；有濬之名，未必有濬之實。一隄方成，一隄復潰；一水方通，一水復塞。由是觀之，則是二者，亦豈區區之法所能責其效哉！

夫法者治之迹，而非所恃以爲治也。爲治而責恃乎法，自古及今，未有能治者。臣非欲陛下廢法而治也。竊以爲法之及人也淺，德之及人也深；法之禁人也難，教之化人也易。故有德不可無法，有法尤不可無德；有教不可無法，有法尤不可無教。此萬世不易之理，亦當今救時之急務也。今日之治，苟非崇德教以正人心，雖日議法無益矣。伏願陛下日新其德，以堯、舜、禹、湯、文、武之心爲心，以堯、舜、禹、湯、文、武之學爲學。兢兢焉，翼翼焉。有勿言，言則必可使天下共法也。有勿動，動則必可使天下共則也。如此則朝廷之上，四海之内，莫不仰聖德之高深，不待家諭户訓，而人心已動矣。於是務敦教化，一如古者司徒、黨正「三物」、「六行」之制，盡其實而勿徒循其名。天下之人，既動於上之德，而又習於其教，則自相漸以仁，相摩以義。相勉以忠厚，而恥爲浮薄；相勸以正直，而恥爲邪僻。不待法之驅，而人皆有君子長者之心。由是立法以興利，則人莫不安於上之所興；立法以去弊，則人莫不安於上之所去。行一法而有一法之利者，更一法而有更法之利。天下之民，由是而可安；天下之賢，由是而可興；天下之文武，由是而可用。以之飭吏治，則督撫守令必不敢欺上以剥下；以之通漕運，則黃、運兩河必能以時而修濬。郅隆之治，庶乎其可成矣。此正人心之效也。使不先正夫人心，而徒恃乎區區之法，議法者日益精，而刓法者日益巧。一法不效，輒更一法，法之變未有已也。

雖然，臣猶有進焉。夫天下之人，相遁於法也，始於其心之不正，亦由於其用之不足。《書》曰：「凡厥正人，既富方穀。」管子曰：「衣食足而禮義生。」今之大吏，禄薄不足以給其費，則思借法以自肥。今之小吏，俸微不能以養其家，則思干法以爲姦。其罪可誅，而其情可憫。夫人方戚戚不能保其生，則雖有德化，豈能發其禮義廉恥之心哉！宜乎法出而姦生，令下而詐起也。是又在陛下倣古待臣之禮，稍重其禄，使之有以自給。而又禁其淫靡，定其車輿服飾之制，嚴其宫室飲食之節，勿使耗於無用。夫既有以養之，又無以耗之，則爲士大夫者，皆充然有餘，無皇皇不足之憂，自然奉公守法，竭心力以效忠於陛下。然後德教可行，人心可正，而郅隆之治可成也。夫養以先之，教以繼之，德以動之，法以董之，四者缺一而能治者，未之有也。

陛下誠加意於臣之言，務其全，勿務其偏，則治道備而治化成，萬世子孫長享聖澤於勿替矣。臣草茅新進，罔識忌諱，干冒宸嚴，不勝戰慄隕越之至。臣謹對。

三魚堂外集卷之三

策

交泰

君臣之交，莫貴乎其誠。誠也者，積於上而孚於下者也。故主用術則臣多挾私矣，主用誠則臣多竭忱矣。三代之時，其臣非必盡性忠義、不顧私、不罔上者也，然而有一德之美，無乖忤之慮。一時腹心大臣，固皆竭其股肱，保其勳名，始終無閒。而在廷諸臣，上自六卿之長貳，下至酒漿醯醢之職，親而文昭武穆，疏而殷獻宗工，近而侍御僕從，遠而庸蜀羌髳，與夫譽髦之多士，赳赳之武夫，莫不盡力以從上命，勤其政而恤其民，何哉？禹、湯、文、武以至誠之心感之，而一時諸臣，亦以至誠之心應之。由是言之，則誠也者，洵萬化之源，而御臣之樞機也。是終始之所以一也，是尊卑之所以睦也，是親疏之所以協也，是遠近之所以孚也，是異同之所以泯也。後世人主，惟不能盡其誠，而參之以術，而一德一心之美，遂不可復覯。至於一德一心之難覯，乃慨然曰：「古今臣不相及也。」孰知其一念之不誠，以至此哉！然則談交泰於今日，舍誠其曷以耶？

皇上與二三大臣，同心圖治，罔有間隔，固以誠開其始矣，尤願以誠保其終。夫大臣者，與人主共休戚者也，如手足之於腹心，原不必其存形迹。故苟有益於國家，勿以專行而疑其擅；苟有利於民生，勿以樹恩而罪其私。我第無猜忌之心，則納其嘉謨，而不嫌於屈，即參以獨斷，而亦不病於乖。我第秉忠信之情，則尊以禄位，而天下共羨其寵榮，即示以裁節，而天下愈見其無間。上以一心遇其臣，而臣不以一心報其上者，未之有矣。至於公孤庶尹，其職分不同，而可以誠感則一也。果待之以誠，使爲公孤者無掣肘之虞，爲庶尹者無阻隔之患，其誰敢自曠厥職焉！滿臣漢臣，其習尚不同，而可以誠感亦一也。果待之以誠，無以滿臣而固抑之以示公，亦無以漢臣而概疑之以爲黨，其誰敢自分涯域焉！若夫内外諸臣，非所以翼輦轂，即所以備藩宣也；文武諸臣，非所以備顧問，即所以效干城也。孰非股肱，而可不以誠遇乎？孰無心膂，而不可以誠動乎？果皆待之以誠，考課之法無間彼此，升遷之例無分異同，其誰敢不共輸忱悃，對揚休命焉！總之，御臣之道，用恩可，用威可，用寬可，用嚴可，而獨不可以不誠。不誠則將雜出乎權術，上以術御，下亦將以術應。一人之術，必不足以勝凡爲下者之術，欲望其一德一心，共矢勵翼也，豈不難乎！唐太宗，參用術者也；唐德宗，純用術者也。參用術，故以劉洎之賢而不能保其終；純用術，故内惑於盧杞、裴延齡而不能覺，外制於朱泚、李懷光而不能克。不誠之弊，一至於此！魏鄭公所以有去形迹之論，陸宣公所以有貴誠信之奏也。崇論閎議，無踰於斯，在皇上存之勿替而已。

抑愚猶有進焉。人主誠於待臣，必先誠於愛民，何則？人臣受主之眷，必將視其主之所寤寐思服者，以求稱其意。苟徒以赤心待其臣，而無惻怛爲民之意，則臣之求報稱者，亦將惟主之欲，而不暇及於民生之大計。故愚願皇上以實心爲民，然後以實心待臣。使羣臣知皇上於爲民之外，别無他欲，而人臣於爲民之外，亦别無可以報主。則將矢心勵翼，共圖康濟，民生安而治化成，三代之隆可計日而俟矣。

經筵

從來君德之成就，在乎親近君子。而君子所以成就君德者，在乎使其心一於敬。何則？親近君子，則近正事，聞正言，而涵養薰陶之益，積於平日者深，是故有言必入，有諫必從。心一於敬，則聲色之不溺，貨利之不殖，而清明强固之氣凛於夙夜者嚴，是故言一事而萬事之理畢達，言一物而萬物之理畢通。此古之帝王，所以自成其德，而古之人臣，所以致君於明聖者，由此道也。使不能親君子於平日，而欲責啓沃之功於一時，平時漸漬於宦官宫妾之習，而一旦進以仁義道德之言，其不以爲愚且誣者，鮮矣。即能親君子矣，而其心不主於敬，則進以一事，止一事焉已耳。能達於所進，不能達於所未進。告以一物，止一物焉已耳。能通於所告，不能通於所未告。將事事而進之，不勝其煩也；物物而告之，不勝其紛也。自古君德之成者，莫如成、康；自古人臣能輔成君德者，莫如周、召。迄今讀《召誥》、《立政》諸書，其所兢兢致慎者，綴衣、虎賁之職也。至其所操以進君者，一則曰「疾敬厥德」，再則曰「王敬作所」，由此觀之，則君德所以成就，亦可知矣。

今皇上神明天縱，度越古今。而執事思所以啓沃之術，固聖益求聖之至意也。顧言啓沃而不歸其要於親君子、敦其本於主敬，則經史典籍之言，能必其陳之而悉聽乎？古今因革，生民休戚，能必其陳之而不以爲瀆乎？正誼明道之説，正心誠意之談，能必其陳之而不以爲迂乎？且夫無窮者，天下之事理；有盡者，臣下之嘉言。以有盡之言，發無窮之理，言之所至，幸而聽矣，言之所偶不至而誤者，德不且因之而隳乎？故竊以爲經史文籍，當研究討論也，然不必經筵之時始研究討論也。深宫晏處，無地不當親君子，則無地不可研究，無地不可討論。古今因革，民生休戚，當條晰敷陳也，然不必經筵之時始條晰敷陳也，深宫晏處，無地不當親君子，則無地不可條晰，無地不可敷陳。正誼明道、正心誠意當言也，亦不必經筵之時始言也，深宫晏處，無地不當親君子，則無地不可言道誼，無地不可言誠正。誠於滿漢諸臣之中，擇其老成端謹、博通經史者，俾其出入侍從，朝夕顧問，以仁義道德之言，優游漸漬於旁，則聖德之成，有莫覺其然而然者。而其本則尤在皇上之心一於敬。敬則聲色玩好之物，不足以惑此心，而經史典籍，自見其旨趣也；敬則豐亨豫大之境，不足以蕩此心，而古今因革、生民休戚，自得其利弊也；敬則權謀功利之説，不足以蔽此心，而正誼明道、正心誠意，自覺其非迂也。夫然故衆君子共進於朝而不以爲黨，一君子獨進於前而不以爲矯。有時聞君子之言，而悉通其旨；有時未聞君子之言，而已得其理。此聖學之源，聖德之本，而職司啓沃者所當加意也。

不然，而屑屑焉徒經筵之是恃，將經筵之時暫，而不經筵之時常也。經筵之時，端拱而陳者不過一二人，而不經筵之時，乘閒而進者不知其幾人也。經筵之人，則人主所敬而疎之人，而不經筵之人，則人主所狎而親之人也。欲望君德之成也，豈不難哉！

修省

天之愛人主，與愛天下之人不同；天之愛聖主，與愛庸主又不同。天下之人，其所行有得失，止及其一身耳。至於人主，則固天所生之以乂安元元者也；而聖主者，則尤天所篤生，以寄其乂安之任者也。任之者重，則其望之者不得不深；望之者深，則其責之也不得不切。故一有失焉，則變異隨之矣；一不警焉，則怪異隨之矣。是非寬於天下之人，而苛於人主也；非寬於庸主，而苛於聖主也。天若曰：「是人也，吾何如任之，而未能稱吾任也；吾何如望之，而未能塞吾望也。爲之變怪以警懼之，或者其終能稱吾任乎？或者其終能塞吾望乎？」由是言之，天之厚愛之者，將以厚責之也。天之厚責之者，又所以厚愛之也。故爲聖主者，苟遇災變，必悚然而懼，惕然而省，務修其德而改其政，以迓天休。是以雖有災變，而不能爲害。

乃者彗星、地震先後疊見，愚以爲其災其祥，皆未可知，所可知者，惟皇上之能省而已。自古人主當災祲下降，未嘗不頒罪己之詔，未嘗不下求言之令。然而天變未必盡弭，天意未必盡回。則今皇上之省，有益無益，亦未可知，所可知者，惟皇上務省之實，勿務省之名而已。省之之實，執事所謂「崇源綜要」是也。崇源之道在正身，綜要之道在寬賦斂、緩刑罰、振士氣。

何謂正身？蓋人主之身，天心所係屬也，身有淑慝，而天象因之。故一動念，必自省曰：此可以對天乎？一舉步，必自省曰：此可以對天乎？一飲食、一衣服、一宮室，必自省曰：此可無咎於天乎？事事不敢忘天，念念不敢忘天，則修省之源得矣。

何謂寬賦斂？古之治世者，必以富民爲先。而今也惟催科之是急，非有水旱饑饉之災，而民不給於藜藿，此宜天心所憫也。夫軍國之需，固不可闕矣，豈無冗兵冗費可減，以紓我民者乎？豈無汙萊棄地可闢，以寬我民者乎？今不務議此，而第蠲其逋賦。逋賦者，是姦胥汚吏之所侵漁，而非良民之所負也。蠲之適以惠姦人，而何足以回天乎？是故逋賦可不蠲，而正賦不可不議漸減也。

何謂緩刑罰？古之用刑者，反覆戒諭其臣，惟恐其濫於無辜也。今也失出者有罪，而失入者無咎。法吏惟恐獲罪，則務爲深刻，所坐愈大，深刻愈甚。雖豪猾大憝多伏其辜，豈無冤抑而自誣者乎？豈無株連而可憫者乎？近雖奉詔肆赦，而事涉重大，仍不在赦例，則是無辜者終無以自雪也，無乃非上天仁愛之意乎？是故罪果確當者，雖輕可不赦；而罪在疑似者，雖重不可不赦也。

何謂振士氣？古之爲治者，必曰重士，謂其能誦法《詩》、《書》者也，謂其能守正不渝者也，謂其知天下大體者也。故雖他途，不妨參用，而必不使並於士。雖取士之法不一，而必使士常重於他途。今也裁其進取之數，艱其銓選之途，使講道論業之儒，偃蹇而不得進，進而不得用，其氣鬱而不伸，亦足以致天變。是故士習當敕，而士氣不可不振也。此皆修省之要也。

皇上誠以實心爲之，以此誠民，即以此敬天。天下之人，孰敢不革心易慮，以稱我皇上之意而共邀天眷。然則赦條頒而有司之不奉行，非所患也；嘉謨陳而部議之不採取，非所患也；中外羣工不能洗心滌慮，直省督撫不能洞燭幽隱，非所患也。何則？皇上者，羣臣之準，四海所視而傚也。故修省之實，不在有司，不在部寺，不在中外羣工，不在直省督撫，而惟在皇上。未有祁寒暑雨之咨，日切於宸衷，而有司敢匿其仁慈者也。未有懸鞀止輦之忱，日切於堂陛，而諸臣弗體其虛衷者也。未有省躬責己、視民如傷之意，日篤於深宫，而内而百僚、外而督撫不能仰體君心者也。萬一有之，黜而去之可也，責而儆之可也，去一以勵其餘可也，其何足慮之有！誠如是，行且災消變弭，天心昭格，曰是果能稱吾任也，是果能塞吾望也。雖謂彗星、地震，祥也，非災也，亦宜。

治　法

帝王之道，中而已矣。惟中，故緩獄措刑而不厭其寬，詰姦鋤暴而不厭其嚴，治具纖悉而不厭其煩，獨持大體而不厭其簡。以之爲政則和而平，以之爲法則順而祥，以之振風俗、感人心，無所施而不得其宜。此唐虞三代之治，所以卓然於萬世，而莫與京也。苟不審其中，而徒徇於一偏，方其寬也，則姦宄肆行而不知詰；方其嚴也，則無辜觸綱而不知恤；方其煩也，則天下多事而吏弗能紀；方其簡也，則教弛法廢而上弗知飭，安在其能振風俗而感人心乎！漢、唐、宋之所以有古治遺意者，則以其寬嚴煩簡，偶合於中也。其所以不如三代者，則以合而有未盡合也。治亂之故，盛衰之理，一言以蔽之矣。

今皇上紹承先烈，思所以整齊風俗，和輯人心，則寬嚴煩簡之閒，誠不可不加之意。然愚竊謂今日爲寬嚴煩簡之説者，皆未得其要，而徒徇一偏者也。故見《周禮》之委曲煩重，則以爲宜用煩；見太公之三月報政，則以爲宜用簡；見漢高三章之約，則以爲宜用寬；見諸葛嚴峻之治，則以爲宜用嚴。夫周公之治周，誠煩矣，然其閒豈無簡者存乎？太公之治齊，誠簡矣，然其閒豈無煩者存乎？漢高、孔明，誠一以嚴而一以寬矣，然寬者豈無用嚴之處，嚴者豈無用寬之處乎？蓋寬嚴煩簡者，爲治之大體，因乎時者也。寬嚴並用、煩簡互施者，爲治之大要，隨乎事者也。故善爲政者，貴因時而知變，又貴因事而知變。苟謂時可寬而一乎寬，或可嚴而一乎嚴，猶未知寬嚴之變者也。謂時可簡而一乎簡，或可煩而一乎煩，猶未知煩簡之變者也。

皇上垂統方新，比之於周，則正成、康制禮作樂之會也，其道宜用詳。擬之於漢，則又文、景與民休息之會也，其道宜用寬。此今日之時則然也。然以其事論之，則又有不可概論者。愚請得指其一二，而其他可以類推焉。

今日之宜詳者，莫大乎尊卑上下之差别；宜簡者，莫要乎簿書文移之虚名；宜寬者，在錢糧之詿誤，詔獄之株連；宜嚴者，在吏胥之舞法，守令之貪汙。尊卑上下之辨，所以節淫侈、定民志也。今胥隸得與縉紳同服，商賈得與公卿齊飾，而法制不立其閒，將何所底止乎？宜命禮臣酌其差等，不厭精詳，務爲定式，庶貴賤不踰，而朝廷之名器，足爲重於天下，此以詳爲貴者也。簿書文移，上下所憑以爲信者也。然今上之施於下者，非必其盡行也，以應故事而已；下之申於上者，亦非必其盡行也，以應故事而已。而徒使姦豪得借以爲資，而成其所欲，此可不思所以省之乎？宜務在必行，不爲虚文，庶官吏得盡心於職業，亦以少損姦豪之虚僞，此以簡爲貴者也。錢糧之催徵，不可寬矣。然以分毫之拖欠，而遭黜革，以限期之稍踰，而加譴謫，不已甚乎？詔獄之審録，有不得已矣。然以一事之蔓延，而累及千百，以一人之有罪，而禍及親屬，不已甚乎？此宜以寬爲貴者也。吏胥之舞法，亦既屢申飭矣，而舞法者自若。守令之貪汙，亦既屢申飭矣，而貪汙者自若。豈非舞法貪汙者未必盡發覺，發覺者未必盡加誅乎？此宜以嚴爲貴者也。故愚嘗論之曰：寬而詳者爲體，嚴而簡者爲用，此今日之中道也。致治之謨，無踰於此。

雖然，猶有進焉。夫寬嚴煩簡者，治之迹，而非治之本也。治之本在皇上之一心。漢、唐、宋所以不如三代者，非獨其政之未盡適中，亦其心有未純焉。是故以至仁爲心，而無雜乎偏私；以主敬爲心，而無入乎怠弛，此又皇上用寬用嚴用煩用簡之本。苟無是心，雖施之政事者盡得其中，亦漢、唐、宋之治，而非唐虞三代之治也，豈天下之所望哉！

謀斷

天下之事，未有不由獨斷而能成者也，亦未有不合衆議而能斷者也。以斷而成其議，則是非一，而不患有聚訟朋比之紛；以議而濟其斷，則衆論諧，而乃以見師濟一心之盛。三代之隆，其時議論，不盡見於《詩》、《書》，然嘗由《周官》所云「議事以制」者推之，則知當日建宫晝井，凡國家大典，必博訪羣臣，各陳得失，然後諸大臣裁斷於上，不因其紛紜滋擾而厭之。惟斷之以理，而不惑於似是，是以政成事立，而天下便之。向使止任一己之見，而不參考於衆論，參考於衆踏，而或厭其滋擾，使之顧忌而不敢盡言，則利害必不能盡晰，是非必不能盡當。雖聰明齊聖之君，秉德廸知之相，亦豈能致天下之治如當日之盛哉！三代以下，治不古若，無他，或衆議紛紜而上不能決，或君相多忌而公論鬱塞，是以知者不敢言，言者不敢盡，而政日以乖。然則議論之得失，其關於時政，豈淺鮮耶！

愚竊觀今日議論之弊，與前代異。前代之弊，在議論之多；今日之弊，在議論之少。國家創制立法，斟酌古今，羣臣章奏，未嘗不下部議；事稍重大，未嘗不下諸大臣會議。然愚以爲議論之少者，何也？前代議論，惟其執偏挾私而不欲言則已，苟其胸中所欲言，則未嘗有所忌諱。今朝廷雖大開言路，無有忌諱，而議者未能深體上意，往往跼蹐而不敢盡，是以雖章奏日上，而試問引裾折檻者，何人也？碎首玉階者，何人也？言及乘輿而天子改容，事關廊廟而宰相待罪者，何人也？惟其角立門户者則言之，浮泛塞責者則言之。至於社稷之大計，生民之利病，則固未當盡陳於上。議論既少，上之人雖善斷，亦豈能盡晰其利害、盡燭其是非，而罔或不當哉！故愚以爲今日要務，非有以大破其忌諱之見而廣開議論之門不可。議論之門既廣，其閒雖不無蓄疑懷私、雷同諉卸者雜然並出，然在上之人有以斷之耳，非所患也。今人皆曰，宋人議論多而成功少，所以不振。然熙寧、元祐之敗壞者，議論也；慶曆、嘉祐之致治者，亦議論也。洛、蜀、朔黨之分爭者，議論也；韓、范、富、歐之相濟者，亦議論也。議論果何負於人國哉！

若夫斷之之道，則愚又得而言之矣。天下事未有不講究於平日，而能獨斷於臨時者也。不講究而能斷者，其所謂斷，亦斷其所斷，而非聖君賢相所謂斷也。是以古之帝王，雖聰明天亶，必親師傅，必誦《詩》、《書》。正直之士，未嘗一日離於側也；規誨之言，未嘗一日絶於耳也。而其大臣，亦相與考究古今，洞晰事幾。是以事至而不惑，言入而即辨。此三代之世所以能總衆論而歸於一也。今皇上將總攬萬幾，宜勤御經筵，留心典墳，而又選方正博聞之士，日侍左右，與之講道論德，究晰民瘼。執政大臣亦時時親近儒生，考求義理，虚訪利病。天下之事，既熟悉於中，一旦臨事，出其所素定者，斷決於上，必能使衆論歸一，疑似不淆。既無盈庭莫執之憂，又無偏僻自用之病。以此爲政，何政不成？以此圖事，何事不立？是文、武再見於世，而周、召、畢、散、韓、范、富、歐復生於今也。亦在君相加之意耳，豈憂天下事之不可斷哉！

銓政

人才不患其壅滯也。天下之才無窮，而朝廷之官有限。以有限之官，給無窮之才，前後相守，歷歲月而不能即登庸者，勢也。是惟上之人有以鼓舞之，使已仕者樂於其職，而不見有陞轉之難；未仕者安於在下，而不覺其選授之遲。上之人徐擇而用之，才愈多則官益得人；用之愈遲，則天下之才，益磨厲而有以效於上。故鼓舞之道得，則壅滯之端泯。善用才者，患無以鼓舞之，不患無以疏通之也。自古人才之多者，莫如三代；建官之少者，又莫如三代。然三代之時，不聞有壅滯之患者無他，鼓舞之道得焉耳。後世之人才非加多於三代也，建官非加少於三代也，然而常患其壅滯者無他，鼓舞之道失焉耳。

今國家選法，初授者以考定先後爲序，陞遷者以歷俸多寡爲序，一出於至公矣。乃出缺有限，選途日艱，宜執事鰓鰓以壅滯爲慮，而欲求疏通之法，爲鼓舞之道也。然愚以爲今日之銓政，當以鼓舞爲疏通，不必以疏通爲鼓舞。鼓舞之道，莫若於循格之中，行破格之典。使中才不得越次而進，以守銓法之常；而英流間得超擢以登，以通銓法之變。天下之士，將争自磨厲，以求赴上之意，而不見有壅滯之形。竊以爲凡今在籍候選之人，宜令所在督撫，每歲各以其職業考之，舉其最者一人，上送吏部，使得越次而選。而郡縣有司，亦令督撫歲舉其最者一人，使得越次而陞。越次而選者，一省不過歲一人，既無礙於選法之常，而英流之士，得以及鋒而用，中才者亦將勉自滌勵，而不至於委靡自棄。選授之期雖遥，而皆有旦夕可陞之望，則不見其遥；陞轉之途雖難，而皆有旦夕可陞之望，則不見其難。如此尚何壅滯之足慮哉！此所謂於循格之中，行破格之典，以鼓舞爲疏通者也，今日銓政之要也。

若夫就疏通言疏通，則又有其道矣。一曰入仕之途宜清也。夫今仕路之所以壅者，以流品之太雜也。自科目而外，有任子，又有例監，有投誠，有府史雜流，此固朝廷所以廣用人之途，而不可偏廢也。然其中豈無冒濫而當核者乎？宜嚴其例，使一才一藝，皆得踊躍於功名，而不至開僥倖之門。一曰考課之典宜嚴也。夫不肖者安於其位，則賢才不得上升。宜令督撫察所屬貪汚者，不時糾參，而考課之時，不特一二等之擢者不得濫施，即平常留任者，亦必奉身寡過，有吏習民安之便，而後使之久於其任。一曰辟召之法宜參用也。漢法：長官得自辟曹掾。一時文學才俊之士，皆出其中。宜倣其制，令天下長官，得辟有出身士人爲掾吏，既可息姦猾之風，而士之未就職者，亦得少展其才。此三者皆今日疏通銓政之道也。

察吏安民

談吏治於今日，欲舍錢穀刑名而講安民之術，迂矣。然置安民之術，而止求全乎錢穀刑名，恐民不得安，而所謂錢穀刑名，亦不可得而全也。夫錢穀刑名者，必民安而後其效可奏，未有民不安而錢穀刑名克奏其效者也。故善爲吏者，求錢穀刑名於安民之中，不求錢穀刑名於安民之外。故其始也，見有民，不見有錢穀刑名。其繼也，民治而錢穀刑名無一之不治。此兩得之道也。不善爲吏者，求錢穀刑名於安民之外，不求錢穀刑名於安民之中。故其始也，見有錢穀刑名，不見有民。其繼也，民敝而錢穀刑名無一之不敝。此兩失之道也。然則課吏之法無他，亦惟以民之安不安課其錢穀刑名而已。

今國家課吏，錢糧之稽遲者有罰，刑名之失出者有罰，此亦欲其就安民之中，兼全乎錢穀刑名，非欲其舍安民而止求錢穀刑名也。乃奉行者不察，止顧錢穀，不問民力；止顧刑名，不哀民命。苟可以合考成之條，則朘民膏而不惜；苟可以免降謫之科，則致民枉而不悔。此甚非所以奉宣朝廷德意而致天下於治平之域者也。

夫治必隨時而變，法必因弊而革。向者明季之吏治，弊在徇名而忘實。爲吏者借安民之名，而置錢穀刑名於不道。究之錢穀日耗，刑名日弛，而民愈不得安。故國家立法，不得不微重在錢穀刑名。重在錢穀刑名者，所以求安民之實效，而無溺乎安民之虛名也。今日之吏治，弊在徇末而忘本。爲吏者以錢穀刑名之故，而日困其民。究之民困於錢穀，而錢穀愈不可治；民困於刑名，而刑名愈不可治。故今之立法，又不得不重在安民。重在安民者，所以正錢穀刑名之源，而無徇乎錢穀刑名之流也。則所以稽吏治能否而合於古之所謂吏者，其法有二：一曰於錢穀刑名之中課其安民之效。夫錢穀之催徵固急矣，然必催徵之有法，而不至以催徵病民者，方爲錢穀之最。刑名之問擬固急矣，然必問擬之平允，而不至以問擬病民者，方爲刑名之最。此則就錢穀刑名爲安民者也。一曰於錢穀刑名之外，課其安民之效。夫錢穀固不可緩，而錢穀而外，如勸農、課桑諸務，古有其制矣，獨不可舉而行之乎？刑名固不可輕，而刑名而外，如讀法、憲老諸務，古有其典矣，獨不可舉而施之乎？此則舍錢穀刑名爲安民者也。夫如是，將民安而錢穀日豐，是安民即所以爲錢穀，而不必問擬之是急也。何吏治之不可登？何古治之不可復？是在察吏安民者，一舉而振之而已。不然，而役役焉所重在彼，所輕在此，民生敝而逋欠益繁，姦宄益出，非所以爲斯民計，亦豈所以爲錢穀刑名計哉！

漕運

漕運之法，三代以前無有也。以漕運而裕國，秦漢以來不得已之策耳。夫以京師之重，而仰給於遐方，天下無事，則有侵漁遲誤之弊；天下有事，則有咽喉中梗之虞。此甚非所以久安長治也。謀國者當以三代爲常，而以秦漢爲變。經其變所以爲一時之利，復其常所以爲萬世之計。故竊嘗以爲漕運無得失也，漕運之多寡，即其得失。漢之初，漕山東粟以給中都，歲不過數十萬石。至其後，則歲六百萬。唐之初，歲不過二十萬。至其後，則三歲七百萬。宋之初，亦不過數十萬。其後四河所運，至五百五十萬。夫其所以不得不多者，何哉？養兵之太多也，冗員之未盡去也，西北之荒田未盡墾也。苟不去其所以不得不多之原，而驟復於不漕自裕之法，乃區區講於漕運之得失，不已末乎！

國家定鼎燕京，仰給東南，漕運最爲重務。今欲驟然廢漕，其勢固必不能。而以爲裕國之本，專在於此，則非愚之所敢知也。愚請先就漕論漕，而徐探其本計，可乎？

夫輪輓之所以愆期者，以沿途之留滯也。欲沿途之無留滯，則莫若責之督糧諸臣。旗弁之所以侵没者，以收納之不精詳也。欲收納之精詳，則莫若責之倉塲諸臣。若夫海運與河漕並行，此固元世已行之事，然愚以爲海運不可行也。元雖獲海運之利，而今歲飄没若干，明歲飄没若干，數十年中，民之納於鯨鯢之口者，不知凡幾矣。至其季世，終以不給，海運之效，亦可睹矣。以明祖之深謀遠慮，豈不知海運速而河運遲，海運省而河運費？豈不知河海並運，可以無咽喉之變？然卒舍海而就河者，蓋親見元世之利害，而不欲以民生國計試之波濤也。況今海氛雖静，餘孽未盡，而可冒險以争區區之利耶？河之害漕者，在牽漕河諸水盡瀉入海也。故河決之世，陸則病水，水則病涸。發則病水，去則病涸。齊魯病水，漕河病涸。治之之法，以漕避河，不若以河避漕。夫河之勢合則易潰，分則自殺。誠於河之南北，相其地勢，析其支流，條分而派别之，大者爲川澮，小者爲溝洫，則勢分而河安，河安而漕安。此皆就漕論今日之良策也。而裕國之本，則不在是焉。

裕國之本，其必墾西北之閒田，而寬東南之輸輓乎？墾田之所以無成效者，非墾田之難，而未得其人，未得其法也。天下之大，豈無能罷騎兵、留屯田如趙充國其人者乎？豈無能大治諸陂、穿渠溉田如鄧艾其人者乎？豈無能就高爲堡、列柵二十如韓重華其人者乎？誠能重爵位以尊之，一事權以委之，久任使以俟之，必有竭盡忠力，出而稱朝廷之旨者，然後爲之清其疆理。缺

風　俗

世運之盛衰，風俗實爲之。而所以維持乎風俗，使之淳而不澆，樸而不侈者，則惟視乎上之政教何如耳。三代之時，非無澆漓侈奢之民也，然而道德一而風俗同者，其政教得也。漢、唐、宋之時，非盡澆漓侈奢之民也，然而世風漸靡，不能返於隆古者，其政教非也。三代之時，經制定於上，其車服有等，其宫室有度，

其飲食器用有制，雖一寸之微，一絲之辨，必爲之釐定而頒布之。而又爲立大學以教於國，設庠序以化於邑，日夜以孝弟忠信磨厲其民人，其有奇邪蕩泆之民，則鄉大夫、州長、閭胥之徒，以時糾而去之。故民之生也，所見皆仁儉之風，所聞皆仁儉之訓。少而習焉，其心安焉。一有不如是者，則鄉里相與怪之，慄焉而不寧，澆漓侈奢，何自而生乎？若夫漢、唐、宋之時，其所重者在簿書期會，所急者在錢穀兵師，而凡先王所以導民之具，則以爲迂闊而不暇爲。閒有賢君，發憤而行之，亦不能如三代之詳密，則其俗之不古若也，豈不宜乎？由斯以觀，則政教者，風俗之本原也。不深加意於政教，而徒咎風俗之不古，曰吾民不如三代之淳，不如三代之樸。噫，是果民之不如三代耶？抑所以導民者，其本原猶未得耶？

國家承明季之衰，其澆侈之習，已非一日，宜執事慨然思欲爲之所。愚以爲欲反今日之俗而登之隆古，無他，亦惟以三代所以導民者導之而已。愚非敢謂三代之法可一一施之今也，然其大體，固有不可得而易者。

其一則經制宜定也。民之所以不敢厭縱其耳目者，有上之法制爲之防耳。苟法制所不及，則何憚而不爲？今民閒冠婚喪祭之禮，宫室、飲食、衣服之節，初未嘗有定制也。惟其力之能爲，則無所不可。富者炫耀，貧者效尤。物力既絀，則繼之以貪詐。故靡麗日益，廉恥日消。誠宜畫爲定制，使尊卑上下，各有差等，不得踰越。庶幾儉樸可興，貪詐可弭。

其一則學校宜廣也。民之所以不入於淫蕩、安其樸素者，以其知禮義之可重耳。苟禮義不足動其心，則樸素必不如奢靡之可樂，忠厚必不如淫蕩之可慕。學校者，所以教民禮義也。今惟州縣有學，又止及於生徒，而董其任者，亦止掌其册籍，核其進退，未嘗有所謂禮義之教。人不知以行誼自重，則惟以服美爲榮，何怪風俗之日澆日侈乎！宜選方正有道之士，爲州縣之師長，重其禄秩，而又倣古里塾黨庠之制，以農隙教導其民，使知禮義之可重，而無慕乎澆侈。

其一則賞罰宜審也。民之所以從上之令者，以其賞罰行焉耳。賞罰不行，而欲其從令，不可得也。今朝廷之賞罰亦綦嚴矣，而獨於奢儉淳澆之際，未見有賞罰行焉。胥吏被文繡，富賈爲雕牆，而有司不問；子弟淩父兄，悍僕侵家長，而有司不問。而其忠厚樸素、不隨時好者，則徒爲笑於鄉里，不聞有所獎勵。如此安望其不爲澆侈乎？宜勅有司，以時訪於境内，舉其尤者賞罰之，而即以風俗之淳疵，爲考成之殿最。庶有司不敢忽，良民知所勸，而莠民知所懲。

凡此者，皆所以導民之具，而風俗之本原也。誠一一舉而行之，而皇上以恭儉之德，端化源於上，公卿大臣樹惇守素，奉宣德意於下，寰海内外，有不返樸還淳、去奢從儉，共登三代之盛者，未之前聞。倘曰簿書期會、錢穀兵師，今日之急務，何暇爲此迂闊，愚恐風俗之日澆日侈，所謂今日之急務者，亦將理之不勝理也。

三魚堂外集卷之四

策

郊　祀

郊祀分合之議，自漢以來，紛紛莫定久矣。竊以爲皆執其一偏，而未博觀乎古人之禮也。夫不博觀古人之禮，則各操所見，而不能相通。主乎分者，以分爲是，既知有分，而不知有合；主乎合者，以合爲是，復知有合，而不知有分。按其説，則皆有可行之理；究其歸，則皆有難通之失。宜其歷千百年而紛紛莫定也。

夫古之郊祀，不專主分，亦不專主合。《周禮》所謂「冬至圜丘祀天，夏至方澤祀地」，此固主分矣。然圜丘而外，有孟春祈穀之舉，《左氏》所謂「啓蟄而郊」是也；有孟夏祈穀之舉，《左氏》所謂「龍見而雩」是也；有季秋大享之舉，《月令》所謂「季秋大享帝」是也。一歲而祭天者四，而又有因事告祭之舉，如舜之類上帝，武王之柴望，此其閒有分有合。有其合者，以見父母之當並崇，而王者事天之心以盡；有其分者，以見母之不得抗乎父，而王者事天之義以備。此古人之禮所以盡善而無閒也。今不考其全，而見其合也，則以爲是必不可分；見其分也，則以爲是必不可合。分合之論，互峙而不定，而典禮之晦也久矣。故竊謂今日郊祀之禮，分與合當並用，不當偏循也。

分合並用，而時勢有難行者，則法古人之意而變通其迹可也。古者天子出入，儀衛簡省，而所治不過王畿千里，得以盡力於齊祭之事。故一歲數出，不以爲煩。後世海内爲一，皆統於上，機務之繁，億倍於古，而又儀物滋多，兵衛盛衆，非可一歲而數出也。夫分合既當並用，而一歲又不可數出，莫若以其合者，每歲舉之，以其分者，五歲舉之。分之歲則不必舉其合，合之歲則不必舉其分。既可伸其父母並崇之念，而又無母抗乎父之嫌。既得古人分合並用之意，而又無一歲數出之擾。尚何有異論之難一，而典禮之不可定也哉！

然愚更有進焉。蓋今日郊祀之禮，宜講求者，不獨一分合之議也。唐長孫無忌曰：「三代以來，無父子同配明堂者。故周不以文王配天者，避稷也。」則配享之義，古有定論矣。今國家既尊高皇帝而殷薦於南郊，必尊章皇帝而侑享於明堂，則當折衷而論定者，此其一也。《禮》曰：「周之始郊，其月以日至，其日用上辛。」則郊之用辛，古有定論矣。後儒徒泥日至之文，而不考用辛之義，遂使對越上儀，行於閉關不省之候。則當折衷而論定者，此又其一也。夫既有以定其分合之議，又有以盡其配享之文，正其上辛之吉，則郊祀之禮，庶乎萬世不易。而承天子民之道，胥於是焉在矣。

經學

六經者，聖人代天地言道之書也。六經未作，道在天地；六經既作，道在六經。自堯舜以來，衆聖人互相闡發，至孔子而大備。不幸火於秦，微言大義，幾於湮没。至漢興，諸儒索之於燼煨之餘，得之於屋壁之中，收拾殘編斷簡，相與講而傳之，於是言六經者，以爲始於漢矣。然漢儒多求詳於器數，而濶略於義理。聖人之遺言，雖賴之以傳，而聖人之精微，亦由之而湮。歷唐及宋，至濂洛關閩諸儒出，即器數而得義理，由漢儒而上遡洙泗，然後聖人之旨昭若白日，而六經之學於是爲盛。是故漢、宋之學，不可偏廢者也，然其源流得失，不可不辨矣。

辨其源流猶易，辨其得失則難。辨漢儒之得失猶易，辨宋儒之得失則難。欲辨源流，取兩漢《儒林傳》及《伊洛淵源録》、《考亭淵源録》閲之，一展卷而昭昭矣。《易》之始於田何，分爲施、孟、梁丘，而定於王弼，又定於程《傳》、朱《本義》也。《書》之始於伏生，分爲歐陽、大小夏侯，而定於孔安國，又定於蔡九峰也。《詩》之分爲齊、魯、毛、韓，而定於鄭康成，又定於考亭《集傳》也。《春秋》之分爲公羊、穀梁、左氏，而定於何休、范甯、杜預，又定於胡文定也。《三禮》之始於高堂生，戴聖、劉歆，而定於鄭康成，又定於朱子之《儀禮經傳通解》也。漢、宋兩代之儒，折角奪席於千有餘年之閒者，可歷歷數諸掌也。若論其得失，則必有高於諸儒之識，然後可辨諸儒之惑；有大於諸儒之力，然後可以斷諸儒之誤。即未能大且高，而不甚相遠，然後能窺其堂奥，而見其精髓。程子所謂「身在堂下，焉能辨堂上之是非」，此與徒辨其源流者，難易懸殊矣。然而辨漢儒猶易，辨宋儒則難者，漢儒之所争者，不過郊壇之分合，禘祫之大小，明堂、世室之制，皐、庫、雉、應之位，祥禫之月日，律吕之上下，皆有迹可尋，有數可稽。故雖煩而易究。至於宋儒之所争者，每在於太極之動静，先天之順逆，理氣之離合，知行之先後。其得者足以救漢儒之支離，其失者遂入於佛老之虚無。一字之誤認，而學術由之而頓變；一言之謬解，而風俗由之而盡移。《易》所謂「失之毫釐，差以千里」者，非好學深思不能辨也。

然愚謂此不難辨，先儒固有定論矣。自堯舜而後，羣聖輩出。集羣聖之大成者，孔子也。自秦漢而後，諸儒輩出。集諸儒之大成者，朱子也。朱子之學，即孔子之學。故黄勉齋、蔡西山之徒從之於前，真西山、魏鶴山之徒從之於後，無異詞也。在元則許平仲、吴草廬從之。在明則薛文清、胡敬齋、曹月川、羅整菴從之，無異詞也。自姚江之學興，而目之爲支離，指之爲影響，甚且詆之爲楊、墨，而學者遂惑於所從。然其弊也，至於流俗敗壞，人心陷溺，天下崩潰，其明效大驗，亦可覩矣。故愚嘗謂今之論學者無他，亦宗朱子而已。宗朱子者爲正學，不宗朱子者，即非正學。漢儒不云乎，「諸不在六藝之科、孔子之術者，皆絶其道，勿使並進，然後統紀可一，而法度可明」。今有不宗朱子之學者，亦當絶其道，勿使並進。朱子之學尊，而孔子之道明，學者庶乎知所從矣。

道統

天下之盛衰，自道統之明晦始。君子之欲維持世教者，亦必自辨道統始。唐虞三代之世，其道不待辨而明者，統出於一也。唐虞三代而後，不辨則不明者，統散於下也。故董子曰：「諸不在六藝之科、孔子之術者，皆絶其道，勿使並進。然後統紀可一，而法度可明。」居今之世，而不明道統之所自，在上者何以爲臨民出政之本，在下者何以爲立身行己之方乎？

今日道統之辨，遡其源則本於洙泗，而求其要則必宗於宋儒。洙泗之學晦，而道統息矣。宋儒之學晦，而洙泗之統息矣。明自洪、永以後，迄於成、弘，其君相之所奉以爲政，學士之所稟以爲式，曷嘗不宋儒是兢兢哉！故其治隆俗古，夐絶漢、唐。無何，異端紛出，持身者流入於晉、魏，講學者迷溺於佛、老。以方正爲迂闊，以傳註爲塵腐。教弛俗敗，而宗社隨之。生嘗推論及此，未嘗不歎息痛恨於嘉、隆以來諸儒也。今國家方表章聖學，而執事以道統下詢，且殷殷於有宋諸君子也，此真知天下之本務者矣，生請因明問而極言之。

自宋以前，非無發明洙泗之傳者也，然或語焉而不詳，或駁焉而不純。荀卿之僻陋也，楊雄之艱深也，文中子之昧於進退也，其不得與道統之傳，固無論矣。最高者莫如漢之董生、唐之韓子。然董知正誼明道之旨矣，而不免雜於陰陽；韓知道德佛老之辨矣，而不免昧於性善。向非周、程、張、邵、朱六子者崛起於宋室，則道統或幾乎息。後之人雖欲聞洙泗之傳，其孰從而辨之？故夫此六子者，非特有宋一代之光，實千百年道統絶續之所係也。若論其先後難易，則周子倡之於百家異同之時，而有廓清之難；朱子集之於統緒未一之日，而有會通之難；二程、張、邵倡和發明於邪正未判之際，則有翼戴之難。是六子之統有先後，而未嘗有難易也。論其始終同異，則周子主理，而理即數之所起；邵子主數，而數即理之所寓。明道寬和，而寬和之中未嘗無嚴厲；伊川嚴厲，而嚴厲之中未嘗無寬和。露才者張子也，而才要本於敬，則其才爲張子之才，而非一切浮競之才。主敬者朱子也，而敬自發爲才，則其敬爲朱子之敬，而非曲學小儒之敬。是六子之學有始終，而未嘗有異同也。

但非周、程、張、邵，❶則洙泗之學不明；非朱子，則周、程、張、邵之學不明。故生以爲漢之世當尊孔子，而今之世當尊朱子。朱子者，周、程、張、邵所自發明，而孔子之道所自傳也。尊朱子即所以尊周、程、張、邵，即所以尊孔子。尊孔子，而非孔子之術者，皆絶其道，勿使並進；尊朱子，而非朱子之説者，皆絶其道，勿使並進。四書五經之註，固學者所當奉以爲式，不敢稍叛矣，而凡《太極圖》、《通書》、《東西銘》、《皇極經世》諸書，爲朱子所表章者，皆列於學宫，俾學者肄而習之。而又選敦厚有道術者爲之師表，使之不惟誦其言，且法其行，如是則天下曉然知宋儒之學爲天下之正學，爲洙泗之真傳。而向之嘉、隆以來之學，得罪於聖教，得罪於國家，有君國子民、蒞官臨政之志者，當擯而絶之，不可稍有入焉者也。將見濂洛關閩之儒接迹於世，而凡一切章句之習、異端之誣，不待痛斥而息矣。道統明，而國家無疆之休，從此出矣，愚生竊有望焉。

策學

帝王之取士也，考之以言，試之以功。不以功，則人之能否不可得而見；不以言，則人之愚智不可得而辨。此對策之制所以古今不可易也。《虞書》曰「敷納以言」，又曰「敷奏以言」，此即對策之始矣。但其時有策之實，無策之名。至漢，鼂錯、公孫弘、董仲舒之徒，以策顯於時，世遂謂對策始於漢，其實非也。策之體

❶ 「程」，原作「鄭」，今據四庫本改。

與奏疏相爲表裏。自其立朝之時，因事上獻者，則謂之疏；自其進身之始，承問敷對者，則謂之策。就漢言之，如賈山之陳至言，賈誼之論治安，此疏也，即策也；若鼂錯、公孫弘、董仲舒所對，此策也，即疏也。對策之制，誠古今不可易乎？

今皇上罷黜八股，特崇策學，此直上法唐虞，非特爲漢唐所爲而已。然欲收策之益，必去策之弊。欲收其益而不去其弊，則將羣而爲剽竊，爲空疎，爲雜霸，爲迂闊，如執事所慮者。雖然，愚以爲此不足慮也。但在主試者嚴去取，辨真僞，則其弊自去矣。何則？士之所以爲剽竊者，以剽竊之售也。剽竊之所以售者，以其似於淹博也。夫剽竊之與淹博，易明也。淹博之文，出入今古而不嫌其煩，究極天人而不嫌其奥，鉅細畢陳、精粗悉備而不嫌其雜。剽竊者，竊其貌不能竊其神，飾於此不能不露於彼，迥然不侔也。誠有以辨之而去取之，則淹博者出矣。淹博者出，則剽竊者退矣，而何有於剽竊之弊？士之所以爲空疎者，以空疎之售也。空疎之所以售者，以其似於清通也。夫空疎之與清通，易明也。清通之文，淺言之而自深，質言之而自文，粗言之而自精。空疎者，舉其一不知其二，見其偏不知其全，迥然不侔也。誠有以辨之而去取之，則清通者出矣。清通者出，則空疎者退矣，而何有於空疎之弊？士之所以爲雜霸、爲迂闊者，以雜霸、迂闊之售也。雜霸、迂闊之所以售者，以其似通達、似正直也。夫雜霸之非通達，迂闊之非正直，易明也。通達之言，必依仁義，而雜霸則刻核而已。正直之論，必切時宜，而迂闊則塵腐而已，迥然不侔也。誠有以辨之而去取之，則通達、正直者出，而雜霸、迂闊者退矣，何有於雜霸、迂闊之弊？愚故曰：此皆不足慮也。

若夫愚之所慮，則有在矣。夫士之抱所學以進獻於上者，非徒貴明其理，又貴養其氣。氣不壯，則雖有積學鴻儒，退縮而不敢言，何自而陳於上？上之人又何自而收其益乎？欲養其氣，則必釋其所忌，使之無所疑畏，然後其氣壯，而其言得以自盡。士氣壯而言盡，然後朝廷有以收其益，而不至爲無用之虚名。愚觀今天下之士，猶不能無所諱忌。對策之際，往往務合上意。上之所是，策亦是之；上之所非，策亦非之。要以得第而止。而主試亦兢兢磨勘是懼，一有所觸，不敢復登。如此則氣何由得壯，而言何由得盡乎？故愚以爲今日策學之弊，不惟患其剽竊也，患在有真實之見而不敢陳；不惟患其空疎也，患在有精詳之識而不敢獻；不惟患其雜霸、迂闊也，患在有正大切直之言而不敢進。聖人在上，而天下不得盡其所欲言，是豈獨一策學之得失哉！竊恐自兹以往，相習成風，苟合取容，何所不至！故願皇上以大開言路爲取士之本。苟有益於國家，勿嫌其戇；苟有裨於民生，勿惡其直。雖有小疵，勿輕棄之，以養其敢言之氣；雖有可疑，勿深督之，以勸夫能言之人。朝廷有懸鞀止輦之風，則天下以緘默爲羞；公卿有折檻引裾之節，則四方以阿諛爲辱。天下之士，曉然知皇上無所忌諱，莫不奮而思進其所學，氣壯而言盡。而主試亦得以取其忠直，無所屈折。今日能直言得失於風檐寸晷之間，他日即能直言得失於堂陛森嚴之地。今日之策，即他日之奏疏。行見臯、夔之典謨，伊、周之訓誥將出，而共助皇上無疆之治。區區漢之董、賈，宋之歐、蘇，何足並驅方駕也哉！

弭盗

古今弭盗之術無他，治於既熾之日，不若治於未熾之先；絶於既萌之日，不若絶於未萌之先。何則？盗之初，固吾民耳，民非樂爲盗也。衣食之不給，賦役之不時，禮義之不知，夫是陷於盗而不能自免。使其未爲盜之先，上之人有以引之於禮義，使無迫於飢寒，而無困於賦役，則天下安有所謂盜哉！

故善弭盜者，不於其終，於其始；不於其著，於其微。唐虞之詰姦宄，《周官》之嚴守望，固弭盜也；稷以播穀、契以明倫者，亦弭盜也。司徒教稼穡，鄰長趨耕耨者，亦弭盜也。用力不過三日、起役無過一人者，亦弭盜也。不足有補、不給有助，其於恒賦，用其一緩其二者，亦弭盜也。家有塾，黨有庠，術有序，使其父與父言義，子與子言孝，少而習焉，其心安焉者，亦弭盜也。唐虞三代，所以化行俗美、外户不閉者，以其弭於未盜之先，有此具耳。

三代以下則不然。上之人平居固非能教其民也，所尚者虚名也，固非能安利其民也，所急者賦税也。幸而歲豐無事，則坦然四顧，以爲盜賊無自而有。一遇水旱之災，飢寒無知之民，蹶然而起，不可禁止。待其既起，然後設兵以禦之，責官以詰之，勦以威之，撫以懷之，申保甲以防之，嚴緝捕以求之，懲積窩以絶之。此數者，非不可以靖萑苻、清潢池，然孰非吾民，不能使之安其生，及陷乎罪，然後從而區處之乎？故前史所載，龔遂、虞詡、張綱、李崇之徒，其弭盜之功，非不嘖嘖人口，然愚嘗鄙之，以爲非盛世之事也。

今天下一統，海不揚波，可謂治平矣。而江浙之閒，政煩賦重，歲書大有而藜藿不充者，比比也。吾君吾相，可不爲之所乎？故愚以爲天下有不足憂者，有大可憂者。兵不能禦盜不足憂，官不能詰盜不足憂，勦撫不得其方不足憂，保甲不行、緝捕不嚴、積窩不懲不足憂。教化不敦大可憂，税斂日增大可憂，農桑不登大可憂。所謂不足憂者，非謂其無關於天下也。數者之不理，一盜未獲止一盜耳，一方未靖止一方耳。若夫起於一盜，而有不止一盜之勢；起於一方，而有不止一方之勢，此則所謂大可憂者矣。是故教化不可不教也。教化者，非必如古學校之制，率草野之民盡教以師儒也，但在朝廷示之以義，申之以禮，使知貨利爲輕，廉恥爲重，則風俗之淳，可計日而俟矣。稅斂不可不薄也。薄之者，非必如古蠲租減額也，但在寬其期限，勿使今歲而完來歲之糧，絶其侵漁，勿使加耗而半正供之額，則憔悴之民，可安枕而卧矣。農桑不可不勸也。勸之者，非必如古省耕省斂也，但使農夫紅女，恒尊於富賈豪胥，無擾之以非時之役，無加之以非罪之刑，則汙萊之區，自不令而墾矣。誠如是，民何樂而爲盜？萬一有之，則所謂自作不典者也，所謂凡民罔弗憝者也，所謂天降威者也。夫然而兵以禦之可也，官以詰之可也。或勦之，或撫之，或申保甲、嚴緝捕、懲積窩以治之可也。

欲兵之禦盜而不爲盜，則在制之以良將；欲官之詰盜而不諱盜，則在糾之以督撫。勦可施於渠魁，而不可施於脅從。撫可宥其生，而不可濫以恩。申保甲、嚴緝捕、懲積窩，可以詰姦民，而不可以擾良民。此弭於既形之法也。夫既有以弭於未形之前，復有以弭於既形之後，而世不登於唐虞，人不躋於三代，閭里猶有緑林之警，往來猶有暴客之虞，未之前聞。

東南水利

治水於東南，與治水於西北異。治水於今日之東南，與治水於昔日之東南又異。西北多平原廣野，阡陌之制久廢，溝洫之制久湮，欲疏而導之也難。東南一澤國也，無地非水，無地不可行水，浚而通之易耳。昔之東南，聲教猶未盡通也，疆域猶未盡一也，疏於此者不能不塞於彼，疏於一時者不能不湮於異日。今之東南，皆一王之版圖也，疏瀹排決，惟上所令耳。然則今日興東南之水利，以爲農桑之本者，亦在乎朝廷加之意，而良有司奉而行之耳，非煩八年四載之勞也。生請因明問而極言之。

生聞地利無盛衰也。政教之所詳則盛，政教之所略則衰。秦、漢以前，西北盛而東南衰者，其政教略於東南而詳於西北也。晉、宋以來，西北衰而東南盛者，其政教略於西北，而詳於東南也。自漢季迄於六朝，中原多故，而江左偏安，賢士大夫皆盡力於東南，則其勢始盛。唐之季也，李氏、錢氏保安而休息之，則其勢又盛。宋自建炎以來，其君臣盡力而經營者，東南數州也，則其勢又盛。然則地利豈有常哉！朝廷誠加意於生民，而務博其農桑，時緝其隄防，而疏浚其溝渠，則天下一也，何曠廢之虞，而東南西北之異哉！

若今浙西諸郡，歲苦淹潦者，生以爲此疏鑿之不時，經畫之未詳耳。浙西之利害在震澤，震澤之通塞在三江。三江者，震澤之咽喉，而江旁諸浦，則又三江之肘腋也。顧昔之爲江者三，而今則僅存淞江矣；昔之爲浦者三十有六，而今則僅存白茅、黄浦諸浦矣。其已塞者未易修，舉其僅存者時浚而疏之，亦宜不至於大患也。前代治東南之水者，宋莫詳於郟亶、單鍔，而明莫詳於夏原吉。郟亶主於築隄捍田，而單鍔主於濬源濬流。亶之説可以防一時之害，而鍔之説可以規百世之利。故急則宜從亶，而緩則宜從鍔，二者相時而舉之可也。至於原吉之相地利、濬諸浦，民不勞而功不廢，此非尤近事之可舉者乎？

然此不過就東南論東南耳，若欲興萬世之利，而建久安長治之業，則執事所舉虞文靖之策，不可不急講矣。夫三代之世，未聞取給於東南也。而漢唐以來，始以東南之粟，食西北之士。既有轉輸之苦，又有不虞之憂，此可不爲之慮哉！故生以爲文靖之策，其利有五。西北獲一石之粟，東南省數石之費，利一。溝洫既成，水有所洩，外可以防海患，而内可以防河患，利二。阡陌既成，寇盜不能馳驟，利三。江淮有警，無咽喉之慮，利四。由畿甸而推之河北，由河北而推之關陝，上下殷富，南北同風，利五。誠如是，則成周三十年之通，西漢粟紅貫朽之盛，可計日而俟矣，豈惟東南之人實受其賜也哉！

賈董優劣

天下之士，惟才學兼至者爲上。不幸而有所偏勝，與其才勝於學也，毋寧學勝於才。何則？才勝之人，明於事而熟於勢，人君用之，則國體立焉，國勢安焉。然其失也，純駁兼施，義利雜用，有可見之功，而未必無可憂之慮。學勝之人，守於理而秉於義，人君用之，或迂而罕效焉，或拘而難達焉，然其得也，道足以格主，而操足以範俗，無一時可著之效，而有積久可恃之功。明乎此者，可以辨賈、董之優劣矣。

賈生者，漢之名臣也；董生者，亦漢之名臣也。當文帝之時，諸侯强於内，中行説之徒謀於外，而朝廷所以厲風俗、厚德澤、固根本、正體統者，又皆未有其具。上下恬然，不知憂戚。乃賈生獨爲痛哭流涕於其閒。考其所陳，皆鑿鑿可行，此固絳、灌之所不能言，而鼂錯、袁盎之所不能知也。則賈生者，豈非一時之傑哉！武帝之時，主驕而臣諛，所事者征伐，所尚者聚斂，所用者嚴刑峻法，見其利不見其誼，計其功不計其道。而董生獨持正議於其閒，觀其廷對之言，於禮樂教化之際，未嘗不反覆而陳之也；於公私義利之辨，未嘗不正色而道之也；於傷肌膚、斷支體之習，未嘗不咨嗟而戒之也。此固公孫弘、石奮之所不敢陳，而張湯、孔僅之所不欲聞也。則董生者，豈非一時之傑哉！使賈生之策用於前，則漢有久安長治之業；董生之策行於後，則漢有更化善俗之休。是二子者，固未容優劣也。

然嘗試以其言考之。賈之言多及於利害，而董則主於義理也；賈之言多至於激烈，而董則穆然和平也。激烈者其中猶有浮躁不平之意，而和平者其源本於莊敬誠恪之餘。涉於利害者，與世運爭勝負，而一害去未必無一害興；主於義理者，與性情爲流通，而義中自有利，義中自無害。賈之言，其最精者在審取舍、定經制而已，所謂「道之大原出於天」者有之乎？所謂「正心以正朝廷」者有之乎？所謂「正其義不謀其利，明其道不計其功」者有之乎？董之所蔽者，獨陰陽災異之説耳，使並此而去之，雖與關閩濂洛比肩可也，董豈賈之所及乎？蓋賈生者以才勝，而董生者以學勝。才學之分，優劣之辨也。鼂錯之才，近於賈生，然其才益露，而其敗立見。其學賈生而不得者乎？貢禹、匡衡之學，近於董生，然其學益拘，而其業益卑。其學董生而不得者乎？學董生而不得，猶不失爲迂闊之儒；學賈生而不得，則功利詐而已。末流之弊，又優劣之辨也。

要之，賈生亦何可及也。以聖門言之，董生狷者也，賈生狂者也。夫子思狂者而不得，然後欲得狷者而見之。蓋狂而不學，則不如狷；狂而學焉，則固出狷之上也。嗚呼！使賈生之才，而加之以學，又豈董生所可及也哉！

雲臺二十八將

人臣佐主，非飭躬勵行之爲難，而定其規模之爲難。非攻城野戰之爲難，而立其根本之爲難。何謂規模？豪傑歸心、羣材輻輳是也。何謂根本？元元歸命、海内向風是也。規模誠定，根本誠立，雖寇盜未息，土宇未一，而天下之勢，固已牢固而不可拔。人君而知此，則於君爲特優矣。人臣而知此，則於臣爲特優矣。以此爲品，品莫高焉。以此爲業，業莫隆焉。若夫勵其廉隅，守其謙退，内之有守城捍禦之勞，外之有斬將搴旗之功，此可謂之賢臣能臣矣，將以冠於羣臣之上曰「特優」，則未也。是故漢高之臣，特優者，吾不曰韓信、黥布之徒，❶而必曰蕭何；光武之臣，特優者，吾不曰寇恂、馮異之徒，而必曰鄧禹。何則？定其規模、立其根本者，何與禹也。何之告漢高曰「養民以致賢人」，禹之告光武曰「延攬英雄，務悦民心」，是二人者，其心同，其識同，其品其業亦同，知此可以論雲臺諸將矣。

考之漢史，雲臺諸將，皆與禹不相上下。平赤眉，定關中，威震三輔，禹不如馮異；斬張豐，破隗囂，執法不貸舍中兒，禹不如祭遵；守河内而轉餉不絶，守潁川而盜賊不作，禹不如寇恂；降朱鮪，走青犢，破五校，禹不如岑彭、賈復；北定彭寵，東攻張步，西取公孫述，禹不如耿弇、吴漢。他如任光、邳彤、李忠、萬修之追隨薊北也，王梁、蓋延、景丹之擊賊以歸誠也，銚期之威信著於魏郡也，陳俊之堅壁以困賊、王霸之詭辭以安衆、劉植之據城以迎師也，耿純之請正帝號、朱祐之奏除王爵也，臧宫、馬武之鳴劒而志馳伊吾，堅鐔、馬成之繕障而身當矢石也，杜茂、劉隆、傅俊之平鴈門，討李憲，擊王尋也，孰非一時之俊，而感會風雲、稱爲佐命者耶？其品其業，豈遽出禹下哉！然此不過定一方，陷一陣，效績於一時耳，而天下之規模根本，則不在焉。

❶「黥」，原作「黔」，今據四庫本改。

蓋光武所以得天下者有數端，而皆自禹發之。尊賢下士，耿況以此服從矣；黜陟官吏能否，除王莽苛政，河北以此喜悦矣；平王郎，燒棄文書，反側以此畏服矣；命將不必略地屠城，要在平定安集之，赤眉以此破散矣；首以卓茂爲太傅，以獎循吏，民生以此康阜矣。所謂延攬英雄者，非耶？所謂務悦民心者，非耶？此固寇恂、馮異之所不能言，耿弇、賈復之所不能知也。此固智謀勇略所不能並，而拔城陷陣之功所不能比也。向微禹，孰啓之而孰相之？方其杖策追隨之時，一言而定治安之略，一日而決興亡之機。河北未平，中原未靖，隴蜀未臣，而天下之勢，固有所在矣。論品，品莫高焉；論功，功莫隆焉。愚故曰光武之臣，特優者禹也。是故雖有高陵之敗，不足爲禹損；雖有宜陽之遁，不足爲禹貶；雖屈於延岑，誤於馮愔，不足爲禹咎。何則？其規模誠定，而根本誠立也。若夫定河東，復長安，垂髮戴白，滿其車下，此特禹一時之功耳。事母至孝，天下既定，常欲遠名勢，亦禹一節之善耳。諸將人人能之，豈吾所以優禹哉！

光武之不得不首禹，猶高祖之不得不首何也。高祖不以百戰百勝之信、越，加於養民致賢之上；光武不以折衝奮擊之耿、賈，加於延攬英雄、務悦民心之上，此其所以終有天下歟？後之帝王程功計品者，當視其規模、根本之所在，以爲高下。唐之淩煙閣，長孫無忌爲首。夫無忌雖有定難之勳，然所以定規模、立根本者，不如房、杜遠矣，而居房、杜之上，何足以服天下耶？然則太宗之見，其去高祖、光武不亦遠哉！

馬援

帝王之爵賞，惟其至公而已，不以疎而加薄，不以親而加厚。其薄之者，必其人之當薄者也，而我何心於薄；其厚之者，必其人之當厚者也，而我何心於厚。夫是之爲至公。若夫有心於厚之，非公也；有心於薄之，亦非公也。爵賞而不以公，何足爲萬世法乎！

異哉，漢明帝圖功臣，而馬援以椒房之親不與也。夫謂之功臣者，亦問其能披堅執鋭、拔城陷陣否耳，問其能運籌帷幄、決勝千里否耳，問其能拾遺補闕、裨輔朝廷否耳。使其人而無此數者，則固當擯而抑之，不得以椒房之故而濫與也；其人而有此數者，則自當尊而顯之，亦安得以椒房之故而不與哉！

考之史傳，馬援之功爲不少矣。坐制公孫，策圖隗囂者，援也；西平羌亂，南破交阯者，援也；內之則聚米以陳形勢，外之則據鞍以示矍鑠者，援也。計其功烈，即不得與馮、鄧比肩乎，亦何至出銚期、堅鐔下哉！且夫援又非如信、布、彭越之徒，恃功驕恣，而功不掩過者也。雖氣冠三軍，而恂恂儒雅，有退讓君子之風。假令援而尚在，帝雖置之輔弼可也，冠之百僚上可也，如竇嬰、霍光之以懿親秉政可也，況區區一雲臺之圖畫，引而列之，其誰曰不然？而奈何以椒房之故，而擯不與耶？噫，朝廷之名器，必舍椒房之親然後可，則是塗山不得顯於夏，申、吕不得顯於周矣。帝王之褒寵，必舍椒房之親然後可，則是虞賓不當與師濟之列，尚父不當蒙鷹揚之稱矣。大道之爲公，必舍椒房之親然後可，則是文祖之受足以累重華，丹書之拜足以累寧考矣。噫，所謂公者，果若是耶？帝徒見椒房之親爲患於前：吕産、吕禄，椒房之親也；霍山、霍禹，椒房之親也；王鳳、王莽，椒房之親也。故以爲寧屈元勳，而無開寵倖；寧抑賢豪，而無生亂階；寧使人謂功因親掩，無使謂爵以親崇。此帝於援，所以寧薄無厚也。帝以爲是可以示公於天下矣，而庸詎知有功不報，非所以爲公耶？庸詎知功同而報異，非所以爲公耶？庸詎知有心厚之，與有心薄之，俱非所以爲公耶？推帝之心，不論賢否，不問高卑，非親者禄，爲戚者退。雖有被堅執鋭、拔城陷陣之功，置而弗問；雖有運籌帷幄、決勝千里之功，置而弗問；雖有拾遺補闕、裨輔朝廷之功，置而弗問。幸而鄧禹、馮異未有椒房之親耳，使禹、異而有椒房之親，則亦不得與矣。幸而寇恂、賈復未有椒房之親耳，使恂、復而有椒房之親，則亦不得與矣。且援亦止於援耳，等而上之，使援爲伊、吕、周、召，亦將不得與；爲臯、夔、稷、契，亦將不得與。由此觀之，公耶？否耶？

夫天下之道，惟其公故可以垂法萬世而無弊。有功必録，有罪必誅，此天下之至公也。有功而不録，則亦將有罪而不誅，其弊曷可勝道哉！是故有雲臺不與之馬援，勢必有殺都鄉侯暢而不問之竇憲，勢必有跋扈不可制之梁冀，孰非明帝有以啓之耶？後之帝王，欲示公於天下者，亦循其理之當然可矣，慎無有心以求之哉！

姚崇十事

大臣之事君也，必先有以堅君意，而後天下之治可成也。君意未堅，而欲與之圖治，則吾以寬仁進，而君且流於殘薄矣；吾以弭兵進，而君且溺於好大矣；吾以防微杜漸、輕賦節用之説進，而君且不勝其牽引矣；吾以尊賢敬士、開誠布公之説進，而君且目爲迂闊矣。是故始乎堅而終乎怠者有之矣。始之不堅，而能成其終者，未之有也。三代以來，如伊尹、傅説之於商，管仲之於齊，商鞅之於秦，雖其王伯異趨，純駁異致，莫不於其始進之日，有以得之其君，是故功成而不勞。彼唐之姚崇，其亦知之矣。

考崇所陳十事，不過因當時所急者而言之。彼見夫垂拱以來，用法刻深，羅鉗吉網，紛紛於時也，而曰「政先仁恕」；見夫邊隅未靖，突厥、吐蕃未可力臣也，而曰「不倖邊功」；見夫武、韋之禍幾危宗社，而俳優宦寺乘寵恣肆也，而曰「監禄莽閻梁之禍」，曰「戚屬不任臺省」，曰「閹人不得與政」，曰「佞倖犯法無寬」；見夫神龍之世，賦斂無度，奢侈淫泆，公主婕妤多營佛寺也，而曰「絶田賦外貢獻」，曰「絶佛道營造」；見夫五王被戮，蕭、岑繼誅，而王、魏直諫之風日遠也，而曰「接臣下以禮」，曰「使諫官無忌諱」。凡此皆因當時所急言之。治天下之事固不止此，而人臣之效於君，亦不盡於此，獨其能以十者要説於上，使人主之意既堅，而後徐起而圖之。嗚呼，此其所以成開元之治也歟！君志既定於寬仁，則張湯、趙禹之徒，不得以嚴刑惑矣；君志既在於弭兵，則大宛、月支之使，不得以開邊誘矣。君有防微杜漸之志，則外庭之事，必不決於宫闈，尚書之柄，必不屬於外戚，弘恭、石顯，不得主樞密，張放、李明，不得侍遊宴。君有輕賦節用之志，則雉頭之裘不以入内府，湘宫之役不以煩將作；君有尊賢敬士、開誠布公之志，則黥劓之罪，不上於大夫，放逐之禍，不及於臺諫。極天下之治，皆始於吾君一念之堅，而實始於大臣之有以堅之也。是道也，固伊尹、傅説之所以成其王，而管仲、商鞅之所以成其伯也。是故開元之時，宋璟、韓休、張九齡皆稱賢相，而吾必以崇爲首，何也？堅帝意者，崇也。使崇無以堅之，則明皇之荒晏，不待天寶，而九齡之徒，又何所施其力歟？

雖然，崇能必之於開元，而不能必之於天寶。何也？曰：崇知有以堅之，而未知所以養之也。君志固不可不堅，而又不可不養。堅之者存乎一日，而養之者在乎平居。古之爲大臣者，日以道德仁義進其君，而又多選天下端人正士爲其左右，使其君日就月將，而不貢於非幾，凡此所以養之也夫！是以堅者愈堅，雖有姦邪，不能惑之。故曰惟大人爲能格君心之非。明皇之惑於李林甫、楊貴妃也，是其養之者未至也。不然，豈其二十年憂勤之主，而一女子、一小人能使之顛倒回惑而不可收拾也耶？君子是以不滿於姚崇也。

劉晏五事

言利之臣，君子所不取也。而其事有可法，則君子亦未嘗棄焉。非謂一言利之臣，其事遂足爲天下法也。由其事而推之，則治天下之法不越此耳。是故管仲之治齊也，其人不足取也，然其務農貴粟，雖君子不能不法矣。商鞅之治秦也，其人不足取也，然其强本節用，雖君子不能不法矣。李悝之在魏也，其人不足取也，然其平糶齊糴，雖君子不能不法矣。秦漢而下，人臣以利亂天下者多矣，君子放而絶之，惟恐其不峻，而苟其事有足法，則亦安得而不取哉！唐劉晏之領鹽鐵度支也，先儒謂其有可法者五事，此所謂不取其人而取其事者歟？

夫晏一聚斂之臣耳，在漢則桑弘羊、孔僅之流耳，在唐則楊慎矜、皇甫鏄之徒耳，何足爲君子法！且其所謂善理財者，亦不過濟一時之急，非能致夫粟紅貫朽之盛也，非能致夫三十年之通也，未幾而有脱巾之呼矣，未幾而有奉天之困矣，未幾而有梁州之厄矣。晏直一聚斂之臣耳，何足爲君子法！晏而可法，則均輸平準之臣亦可法也。晏而可法，則間架阡陌之臣亦可法也。晏而可法，則青苗市易之臣亦可法也。豈君子所以峻義利之防而爲萬世有天下者訓哉！噫，是知其人之可擯，而未知其事之足取也。

吾嘗歎後世之天下，所以不可爲者有五，而晏庶幾免焉。胥吏之姦蠹日甚，法出而弊生，令下而詐起，不可爲也；閭閻之生計日困，欲撫字則虞虧國，欲催科則慮殘民，不可爲也；度民非加衆，而計官則益增，政令紛然，民不能堪，不可爲也；計功則欲其廣，度費則欲其節，官吏無贏餘之樂，而有鞅掌之苦，不可爲也；法令繁密，吏弗能紀，事久而蠹益生，令久而詐愈起，不可爲也。乃觀晏之出納，必委士類，而胥吏之蠹庶幾止乎；晏之理財，以養民爲先，庶幾以撫字爲催科乎；而且知官多則民擾，而且知大事之不可惜小費，而且事無閒劇，必決於一日，則庶幾政令之不紛，官吏之不苦於鞅掌，而姦蠹之不及生乎。使唐常循晏法而守之，則亦可以無脱巾之呼，可以無奉天之困，可以無梁州之厄。是雖同一聚斂也，而與均輸平準之臣異矣，與閒架阡陌之臣異矣，與青苗市易之臣異矣。如曰是出於晏也而概棄之，則豈聖賢取善之義，而亦豈明於天下之治體者哉！噫，此君子所以不取其人而取其事也。

雖然，晏於五事，亦真能盡也耶？其所謂士類，不過用果鋭少年耳；所謂養民，不過襲常平遺法耳；所謂官多民擾者，不過指鹽場之一二冗吏耳；所謂不惜小費者，不過於船場多給緡錢；而所謂決於一日者，不過任一己之聰明耳。豈能如成周之府史胥徒皆俊乂，而取民無過什一乎？豈能如周官三百六十而量入爲出者乎？豈能以義制事，而無疚於心者乎？故曰：法其事者，非謂其事遂足爲天下法也。由其事而推之，則治天下之法不越此耳。

三魚堂外集卷之五

申請　公移

運軍行月糧詳文

爲請查漕項舊例以蘇民困事。

竊惟漕糧藉衛軍以濟運，衛軍藉行月以自資。行月舊例，均派於各州縣，未嘗專責之一方也。今查江南嘉定，編有蘇、太、鎮三衛運軍行月糧，折銀伍千陸百陸拾兩。今此各州縣所無，而嘉定所獨也。考其由來，起於順治十八年，總漕蔡因各省衛運軍行月口糧，半本半折，折價不敷，疏請加給，務期本折均平。部議行糧向係本色，今改半本半折，每石壹兩貳錢；月糧向係本折兼支，除本色一半外，折色一半，舊額每石折銀伍錢，今改每石壹兩。此加增之銀，止應從原派折銀州縣加給，或均攤有漕州縣可也。乃竟永派高淳、安東、興化、泗州、嘉定、溧水六州縣，就六州縣中，嘉定之爲數獨多。始則姦蠹乘機横派，至伍萬叁千捌百有奇，後因里長倪國柱、陸秀德等赴京叩閽，得減至貳萬陸千柒百有奇。查嘉定當年本爲土瘠無米而折漕，今反爲土瘠無米而倍漕，既供原派蘇、太、鎮三衛之行月，又增派省衛之行月。初派之時，衛軍得之望外，赴縣支領，或俟之春夏，或俟之秋冬，小民得以從容完納，尚爲緩項。今則編入考成，隨漕支給，刻不容緩，遂爲急項。初派之時，軍至縣支領，尚爲存留之項，所給不過正額。今則彙解糧道給軍，遂爲起解之項。初派之時，民力尚可支持。今則勢窮力盡，難復支撑，此瘠土窮民萬萬不能當也。竊思江南數十州縣，若以此貳萬有零之數，均派各州縣，所增不過毫末。若萃於一縣，則極重難堪。伏祈查從來漕項獨累一縣之例，酌議均派，使軍額不虧，而民困得蘇，有裨於民生國計不淺也。

辭平山署印文

爲疲邑難以兼理，懇賜轉詳另委，以免曠職事。

卑職庸碌下材，蒙簡攝篆，誠各憲不遺葑菲之意，自應感激自奮。但卑職待罪靈邑，以土瘠民貧之區，又承屢年荒旱之後，鳩鵠滿目，雖盡心撫字，民氣難復。催科稍急，則恐相率逃亡。概從寬緩，又恐賦額不登。一切利病，不力爲釐剔，既恐積習難除，欲驟爲更張，又恐驚駭耳目，疲罷之民，愈不聊生。譬之尫羸之症，須刻刻防維，漸漸補救，庶幾元氣可復，客感可去。稍一不虞，百病交作。雖若簡僻無事，其實比之衝煩之地，更難下手。卑職所以日夜焦思，惟恐調劑不得其宜，有負各憲之知遇。若使復攝平篆，彼此兼營，必致曠職。伏乞憲臺，念疲邑之不易理，另委賢能，以管平篆。使卑職得盡心於一邑，庶幾獲免於瘝職。感沐鴻恩，更無窮矣。

申平山縣典史文

爲衙官肆行無忌事。

卑職於本月内奉憲委署平山縣印，隨奉有井陘縣代署之文。自某月某日起，至某日止，在任幾日，一切利弊，俱未及詳查。但有典史某，卑職素聞其在縣横行，擅受民詞，作威作福，無所畏忌，人人側目。卑職因受事不久，未能得其實款，不敢以風聞瀆報。竊有一事，大可駭異，不得不爲憲臺陳之。卑職自到平邑，不敢輕出一票，不敢輕派民閒一物，而典史某，公然出票私派行户，且公然於年月上硃標印字，與堂官無二。現有仰紙鋪行票可證。即一票而其所標之票不知凡幾，閔然不知有功令之可畏。百姓莫辨其僞，竟以爲事出堂官，是卑職且代爲典史受罪也。非奉憲威懲飭，則疲邑窮民，豈能當其毒耶！

派灰車詳文

爲運灰一歲已週，見值旱傷之餘，援例籲憲，詳請撥换，以均勞逸，以拯災邑事。

卑職隨查得前蒙各憲票派靈壽縣車五輛，赴灰廠運灰，此係欽工緊件，「庶民子來」之義，自不敢辭。但靈邑地瘠民貧，凋敝情形俱在上臺洞鑒中。灰車費用浩繁，運灰五輛，計用騾脚三十餘，人夫十餘名，經年盤費約六七百金。山僻疲罷之邑，萬難支持。所以前任董令，一詳再詳，哀懇免替，未蒙憲允。卑職到任之初，鵠面鳩形之衆，環立呼號，皆言本邑自康熙十八年秋旱、水災，逃亡殆半，十九年又報秋雹災，二十年又報夏旱災，二十一年旱災未報，二十二年夏秋無雨，麥禾盡焦，西北一帶又被雹傷，俱經董令報有成災在案。旱荒如此，又經大差聖駕巡幸五臺，協濟夫一千二百名，車二十輛，又有蘆席方磚牛車等費。又陝西防兵經過，協濟車五十輛。又現奉部派賓砂一萬觔。又有此灰車五輛。小民筋骨已盡，賣男鬻女，難以供應。卑職目擊情形，委實難支，若非憲臺矜憫，將來逃亡盜賊，勢所必至。除各項疾苦卑職漸次申詳外，查灰車一項，如定州、新河、栢鄉等縣，止蒙派車二三輛不等，則靈壽小邑，原派五輛，本屬過當。況赴廠已經一年，原有更换休息之例。伏乞憲臺俯憐窮邑，查於未撥州縣中，轉移更替，轉請咨部。俾災黎得稍息肩，均享憲仁更生之賜矣。

請免灰車詳文

爲民力萬分難支，請垂格外之仁，以救殘黎事。

卑職查看得靈壽一邑，地止一十四里，不過大邑十分之一，又半係沙壓水衝之地，疊經荒旱，頻遇大差，民生憔悴，不可言狀。上年蒙憲派灰車五輛，較之大邑反多，費用浩繁，實難支持。迫於憲檄，勉强供運。一歲之内，賣男鬻女，筋骨已盡，今歲萬難再運。卑職前經兩次具詳請替，未蒙憲批。本月初六日，奉憲票，仰該縣勉力照舊供運，一邑之民，驚惶無措。敢再冒昧上請，伏乞憲臺格外垂仁，俯賜轉詳。倘以靈邑地方稍僻，不比衝途，故派車獨多，則又有説焉。州縣之中，有衝而大者，譬之强壯之夫，雖處風霜之中，猶能負荷重擔。若僻而小者，譬之尫羸之人，雖安居一室，四肢無力，尋常舉步，待人扶持，況任之以百鈞之重，其不立斃者幾希。若止論銜僻，不論大小，是猶責怯夫以烏獲之任，求駑馬以千里之程也。卑職極知冒瀆之罪，然情急勢迫，萬不能已。如蒙憲臺憐憫窮民，使免狼狽，雖將卑職罷黜，亦所甘心矣。

復請免役詳文

爲民力萬分難支，敢再瀝情上請，懇賜轉詳更替，以救殘黎事。

切照靈壽彈丸小邑，地瘠民貧，更兼荒旱頻仍、大差接踵之後，其小民顛連困苦之狀，久在憲臺電鑒中，卑職不敢復贅陳。上年正月間，案蒙護理道憲鮑分派靈邑灰車五輛，較之别邑獨多。事干欽工緊件，小民勉力供運，脚騾費用浩繁，承值維艱。業經卑職屢次備文，詳懇更替，未蒙憲允。今供應十有八月，爲時已久，窮黎之典鬻殆盡，骨髓俱枯。捧讀原詳，奉有「拉運年餘者，輪值更换」之憲批。卑職極知冒瀆之罪不可逭，然民力已竭，萬不獲已，合再詳請憲臺，俯念窮黎供運已久，準賜轉詳更替，俾災民稍得息肩延喘，感沐憲仁無窮矣。

編審詳文

敬陳審丁缺額緣由，懇祈憲鑒事。

照得靈壽人丁舊額，順治十四年《賦役全書》載三等九則，通折下下人丁，一萬四千七百零一丁。歷年遞增，至康熙二十二年《賦役全書》，實在下下，則人丁一萬五千六百八十八丁。查其遞增之故，則非盡民庶而富加於其舊也，因編審者惟恐部駁，必求足額，故逃亡死絶者俱不敢删除，而攤派於現存之户。且又恐僅如舊額，猶不免於駁也，必求其稍益而後止。更復嚴搜徧索，疲癃殘疾、鰥寡孤獨，無得免者。溝中之瘠，猶是册上之丁；黄口之兒，已登追呼之籍。小民含辛茹苦，無所控愬。加以屢歲荒旱，上年又被水災，現在强壯之民，飢寒切身，不能自給。而又責其包賠逃亡之糧，代供老幼之差，所以民生日蹙，閭井蕭條。卑職編審之際，號呼滿堂，不忍見聞。然亦恐缺額太多，不敢盡數芟除。其閒逃而有著落可招撫者即不除。亡而有地畝遺下，即量加於承受之人而不除。孩童而有産業者，即不除。老而有産業者，即量加於子孫而不除。窮無寸土而未至垂髫者，即不除。惟是逃亡之無踪跡、老幼之無立錐者，鳩形鵠面而奄奄一息者，雖欲不除，不得不除。因復搜求新增之丁，冀其不失舊額，而應增之數，不足以抵删去之數。共計現今審定丁數，較之《賦役全書》之額，缺一千五百五十六丁。此等缺額之丁，實因屢年編審，有增無減。今若照舊攤派，以求無缺，恐非憲臺軫恤窮民之意。而卑職一點良心，亦不肯自昧。不敢不據實詳明，謹將增除數目造册呈報，伏候憲裁。

覆駁編審詳文

查看得靈壽一邑，土瘠民貧，豐年則苟延性命，荒歉便相率逃亡。飢寒疲罷之衆，長養甚難，摧折甚易。頻年以來，疊遭水旱，丁倒户絶者，比比而是。然所以一審一增者，非編審之官無愛民之心也，止以拘於舊例，惟恐部駁，故有頂替者，始準開除，無頂替者，不敢輕删。而甲長户頭，數年以前，雖甚艱難，猶尚可勉强支吾，甘自包賠，亦不敢求免。包賠愈久，窮苦愈甚。積至今日，正筋疲骨盡之時，雖欲再勉强承認，萬萬不能。卑職非不知額不可缺，但處不得不缺之勢，故敢據實詳請，亦非有意破從前之積習也。至憲票内開應作何料理，上不虧課，下不病民。卑職竊思，裕課之道，亦惟愛恤窮民，使之充足，逃亡日少，自然國課日增。若目前形勢，實難就筋疲骨盡之民，求其無缺。伏祈憲臺垂鑒，格外轉賜詳院。鳩鵠殘黎，永沐憲恩於無既矣。至於卑職，自爲民牧，平日失於撫綏，以至户口缺額，聽候上臺另自處分，以爲溺職之戒可也。

請題減税詳文

爲敬陳税銀遲解緣由，懇乞憲慈俯鑒疲邑情形，酌請垂恤事。

查得靈邑房地税一項，舊額七十七兩五錢，康熙十六年，復增銀一十五兩五錢，共銀九十三兩。徵收之法，每民間交易價銀一兩，完税三分。此九十三兩之税，須有交易價銀三千一百兩，方得如額。靈邑地價，每畝止一二錢不等，民居多係草房泥屋，所值尤無幾。一歲之内，彈丸之區，安能有如許交易！所以每年税銀，常苦不及額，舊多派之里下，苦累不堪。卑職到任，不敢違例私派，有不及額，多係墊解，故每稽遲。如二十五年額銀，直至今年四月終旬始得完解。本年春季應解額銀，完者寥寥，將來萬萬不能及額。捐墊亦不可爲常，勢必仍派之里下，此實地方一苦累。伏懇憲臺軫念荒瘠之邑，與通都大邑情形不同，無論續增之十五兩零賠累堪憐，即舊額之七十七兩零，亦竭蹶難完。官不能賠，必至苦民。合無題請量減，庶國課早完，不致壓欠。官民永戴高厚無疆矣。

請除派辦井陘道執事詳文

爲請頒憲禁，永除地方苦累事。

查靈邑《賦役全書》内載有每年井陘道更換桌圍，額支存留銀五十兩，自順治十二年奉裁銀四十兩，順治十四年奉裁銀十兩，此項存留，久已全裁解部，歷年奏銷在案。而每逢新道到任，所有安設等項，仍責之原派地方。從前皆係里長供應，苦累不堪。不但製辦各項工費浩繁，其交納之際，不免需索之苦。即額銀不裁，尚苦不敷，況額銀全裁，無米之炊，艱難萬倍。幸逢近來各任道憲，俯軫下情，每從寬恕，不至大累。至前任井陘道劉蕊任恒陽，尤加體恤，疲邑官民，得免掣肘。離任之時，一應舊執事俱檢留本衙門，絲毫不以自隨。將來新道憲到任，可以一無所累。但恐本衙門各役，相沿舊習，藉口修理，朦朧催辦，或仍問之原派地方，則卑職仍不能堪。或另派之别州縣，則是卑職以鄰國爲壑，皆未可定。伏乞憲臺批行井憲，將前道劉所留執事等項，責成本衙門各役收管，如有毀壞，各役自行修理，不許派之州縣，永爲定例。則鳩鵠窮黎，長沐憲慈於勿替矣。卑職謝事之時，爲地方他日之慮，故敢冒昧瀆陳，伏候憲裁。

監生捐納米穀借貸窮民詳文

爲敬陳地方賑後情形，懇祈憲鑒，曲賜矜恤事。

竊照靈邑上年，叠遇夏秋二災，小民苦狀萬千，歷經詳明在案。幸遇皇仁浩蕩，既蠲且賑，僅延殘喘。

不意今歲復遭風霾肆虐，二麥無收，亦經卑職將夏災情形，報明在案。目今雖幸遇甘霖，秋田盡種，然屈指西成，尚須兩月有餘。前之賑者，已經喫盡，豈能枵腹以待兩月之後！近雖奉有憲檄，勸蠲煑粥，然靈邑山僻窮縣，素無大商富賈，蠲者有幾？卑職又現在奉文造册，聽候交盤，無俸可蠲，目擊心傷。查現有生員傅支裝、吴達，俊秀安日强、陳某四名，蠲納監生，共計米三百二十石，例應貯倉。懇乞憲臺檄仰署印官，確查至極無路飢民，每名借給若干，令其秋後還倉。既無損於貯倉報部之數，而鳩鵠之民，得濟眉急，所全實多。卑職即日謝事，因從地方起見，敢冒昧瀆陳，伏候憲裁。

申直隸學院文

爲申送講義事。

照得士子學問，莫先於講明書理。文風卑下，皆由書理不明，士習不端，亦由書理不深。卑職自蒞任以來，每於簿書之暇，到學命諸生講書，疑者開之，舛者正之。一則欲端其舉業之根本，一則欲引入聖賢之門路，冀稍有補於學政。積有講義百餘篇，所見淺陋，未能盡發聖賢之精藴，合行上呈憲覽，乞賜裁之。

又

爲申送書籍事。

照得今之士子，窮年累月，止知用力時文，而一切經史，皆不暇讀，所以學無根本，而士風日陋。故選先正制義數十篇，名曰「一隅集」，爲之指點其開闔虚實之法，使之略知時文路徑，而以其暇日，依程氏《分年讀書日程》，肆力於經史。庶幾學有本原，而真才可出，或稍補士風之萬一。除《一隅集》先經申送外，其程氏《分年讀書日程》舊板多訛，今爲較定付梓，分給諸生。合將樣本上呈，伏候憲裁。爲此備由具申，伏乞照驗施行，須至申者。

季考示

照得靈邑山川盤結，地氣鬱葱，自昔多材。如欒、曹之功業，巍焕千古；維、絳之科第，彪炳一時。今豈無其人乎，亦在人之自奮何如耳。士果有志，則何事不可爲？以豪傑自期，則豪傑矣；以聖賢自期，則聖賢矣。古人之成法具在也，微言精義昭然經史也，身體而力行之，豈患不爲天下第一等人哉！苟志不立，甘爲庸愚，拘於氣，囿於習，迫於飢寒，陷於功利，溺於異端，蕩於辭章，學術愈卑，人品愈下。即欲如欒、曹，如維、絳，且不可得，而況過此以往聖賢事業哉！如是而曰地不生材，豈地之罪哉！本縣承乏兹土，爲朝廷宣教化，厚風俗，作人材，是其職掌，愧未之能也，竊樂觀爾多士之志焉。謹擇本月幾日，舉行季考。凡在學生員暨闔境儒童，務期畢集，各抒懷抱。使本縣知爾多士平日之所學若何，能不移於氣習否，能以古人自期待否。將拔其尤者，以爲一方之儀型。庶幾相磨相礪，人材日出，而本縣亦得藉手以報朝廷焉。雖其所以相期者，不在文藝之末，然言者心之聲也，觀其言可以知其心。韓退之不云乎：「仁義之人，其言藹如也。」爾多士果能志聖賢之志，上窺周孔之奧，下入程朱之室，以正誼明道爲學，以先憂後樂爲心，發而爲文，其不與流俗之文相去霄壤者，未之有也。本縣當拭目以觀，爾多士其勉之。

墾　荒　示

爲勸民墾荒事。

照得務本力穡，乃備荒之上策。磽瘠之土，苟可播種，皆足資生。查靈邑兩次奉旨蠲除荒田糧額，蒙朝廷浩蕩之恩固甚厚。但此等荒田，雖係瘠壤，其中豈無可略施播種、收升合之利，爲餬口之資者乎？爾民或慮一行播種，便當起科，一行起科，則所收之利不足以完公税，播種之利有限，起科之害無窮，所以逡巡而不敢種耶？不知此不足慮也。朝廷所欲起科者，乃膏腴沃壤、永遠成熟之田，若爾靈邑荒田，皆係邊山、濵河、岡阜之區。邊山者，遇雨則略可種植，逢旱則盡成石田。濵河者，水去則略有田形，水至則依然浩渺。至岡阜之所，半土半石，縱有種作，不成片段。此在爾民，辛勤拮据，耕得一升，可免一日之飢，耕得二升，可免二日之飢，朝廷豈與爾民争此些須之利耶？爲爾地方官長者，苟非病狂喪心，豈肯將此瘠薄不堪、水旱無常之土，勒爾起科，以貽爾無窮之累耶？爾民但放膽耕種，勿有所慮。與其出加倍之息，借貸富室，債負日積，生計愈促，何如取之地利之無窮也。與其忽遇凶荒，號呼無策，何如及此雨澤調和，盡力耕耨。苟家有三年之蓄，雖遭水旱，可免流亡，父母妻子，始爲我有。萬福之源，皆自此始。里長鄉老，其徧諭村民，及時努力。苟有寸壤可種植者，皆勿得荒棄。其不可種穀、可種棗梨等物者，即行栽種，以廣生計。如怠惰不耕，及里長不行勸諭者，查出一體究治。或有刁民，將前項荒熟不常之地，指爲熟田，挾仇索詐者，當以誣告論從重治罪。

禁賭博示

爲嚴查賭博事。

照得賭博之禁，屢經各憲申飭，本縣諄諄出示曉諭，良善之人，無不改弦易轍。近訪關廂内生員之家，竟有公然開場賭博者，聚集無賴，深藏密室之中，地方保長既不敢問，晝夜呼盧，罔顧法紀。獨不思既列宫牆之内，何甘爲不肖至此！縱然僥倖不露，爲鄉黨所鄙薄。雖忝列衣冠，實與盜賊無異。清夜自思，何以自安！況本縣嚴行訪拏，斷不令此敗行之徒，汙玷黌序。除一面訪確申究外，合行曉諭。爲此示仰保甲人等知悉，如甲内有前項劣生，開場賭博者，甲内人即據實呈報，本縣審實，立刻申憲黜革懲究。如甲内人畏勢隱匿不報，本縣自行查出，地方甲長一併治罪。法在必行，各宜凜遵。

又

爲嚴禁賭博事。

照得靈邑地瘠民貧，非勤非儉，不能過活。爲農者當力於稼穡，爲商者當精於貿易，各守恒業，庶幾可望漸至豐亨。本縣下車以來，乃訪聞爾民有不務生理，專事賭博，什伍成羣，如醉如狂，豈良民善衆之所爲，合行嚴禁。爲此示仰闔邑人民知悉，除已往不究外，自今日始，爾民當洗心滌慮，盡易前非。該方總甲不時稽察，如有前項賭博之人，立拏報縣，以憑究治。并具方内並無賭博甘結。如容隱不報，該方總甲，一體治罪。此縣内第一惡俗，本縣痛心疾首，執法如山，斷不姑貸。各宜自愛，毋貽後悔。

又

爲賭風不息，民累日滋，再申嚴飭，以安地方事。

照得賭博爲盜賊之源，縱賭則縱盜，根本不清，其流無已。靈俗澆競成風，民失恒業。因而游手蕩徒，以賭爲事，飢寒所逼，勢必爲非。本縣不忍以赤子陷於迷途，將來即爲禍階，業經頒行條約，諄諄勸諭。近乃批閱詞詳，或因賭而雀角兆争，或因賭而毆辱斃命，構嫌結怨，事非一端。皆由爾地方人等，視爲具文，以致無籍棍徒，引誘良民，開場囮賭，放利抽頭，博陸呼盧，無分晝夜。是父兄之教不先，子弟之率不謹，保甲不稽查，隣里不舉首。爾等不思，此風一熾，小而穿窬，大而截劫，窘迫無聊，從此民無寧宇矣，言之髮竪。除現在察訪並發示嚴禁外，合再嚴行申禁。爲此示仰該地方軍民人等知悉。嗣後共相戒勸，各安生業。該地方不時嚴查，不許無籍棍徒，局賭誘惑，釀成盜患，致害地方。仍月出具並無賭博甘結呈報。如頽風不改，仍前賭博，倘經告發，或被訪聞，立刻嚴拏究治。地隣不首，一併連坐，照律治罪，決不姑恕。凜遵毋忽。

禁打降示

爲嚴禁行兇毆打，以慎法紀，以保身家性命事。

照得俗尚淳龐，禮崇謙遜。今靈邑之民，賦質强悍，好勇鬬很，習以成風。本縣下車以來，每閲招情，屢見兇徒懷挾私忿，輒恃强凌弱，憑多暴寡，横行毆打，或折人手足，或揉人眼目，割耳劓鼻，無所不至。且有傷重致死，畢命於俄頃間。律法開載，鬬毆殺人者抵命，傷人致殘篤疾，與剜眼、折指、抉耳鼻等項，分别充軍流徙。煌煌國憲，何可輕犯！乃不忍一朝之忿，害人自害。未定罪名，先受囹圄桎梏，敲扑慘刑。已定罪名，重則正法，輕亦遣戍。由此而田園鬻盡，衣物變空，供費不給，飢寒迫身。上則累及父母，下則累及妻孥。且鄰里親屬，干連在内，隆冬盛暑，往返解責，曠時廢業，怨恨無已。至此地步，悔當何如！故消仇解怨，忍人讓人，乃保守身家、安全性命之良法，切勿争强逞雄，止圖洩忿於一時，不顧無窮之禍患也。擬合通行飭禁，爲此示仰城市、村莊居民人等知悉。恪將本縣之言，時時省惕，各保身家性命。倘有干犯法紀、恣行兇暴者，立拏重究，以正其罪，以免無干牽累。若里鄰不舉，私自講和，一併嚴行懲治。該地方勿視優游，以長悍風，各宜遵凛毋忽。

息訟示

爲勸息訟以厚風俗事。

照得健訟之風，最爲民間大害。每因一時小忿，不能忍耐，一訟在官，勢不由己，經年累月，守候公門，受吏胥之侮，不敢出聲。求逞其小忿，而反受無數惡狀，不甘於此，而甘於彼，何其愚也。又有所争不過銖兩，而訟之費反過於所争，甚而破産蕩家者有之。故欲争氣，則訟之受氣愈多；欲争財，則訟之破家更甚，智者必不爲此。即幸而勝，亦成一刻薄無行之人，仁人君子所深恥，而況其未必勝耶？此皆由唆訟刁民，喜於有事，乘兩造之小釁，因而慫慂成訟，希圖取利。愚民不知，而入其網羅。本縣每見此等惡習，未嘗不痛之、憐之。靈壽一邑，向稱醇樸寡訟。然本縣未入境之前，已有抱訟牘而控於道旁者。誠恐此等習氣，日進月長，浸成惡俗。爲此示仰境内人民知悉。除人命盗案、萬不容已者，方始告官，其餘户婚田土，小小忿争，務宜忍耐，聽親族勸息，勿聽人唆。且如有一事，吾果無理耶，固當開心見誠，自認不是；吾果有理耶，退讓一步，愈見高雅。與其争些小之利，何如享安静之福。本縣雖設有三六九告狀日期，然但願爾民爲耕田鑿井之民，不願爾民爲詗訇公廷之民；但願爾民爲孝友婣睦之民，不願爾民爲便給善訟之民。鄉長保長，宜傳相告諭，俾咸體本縣此意，相與勉爲君子，而恥爲浮薄，則人心和而天意動，荒旱之災亦可因而消弭矣。其有向來慣爲刁唆誣告、起滅詞訟者，亦宜痛自省改，洗心易業。倘或怙惡不悛，本縣訪知，定行按法重處，決不姑貸。

禁圖賴人命示

爲嚴禁輕生，以重民命事。

照得某邑風氣剛勁，人每輕生。或因口角微嫌，或因睚眦小忿，輒尋自盡，投繯、溺井、服毒而死者，比比皆然。原其意，謂拚一死以圖賴他人。殊不知自盡無抵命之條，人未嘗坑害，而己死不可復生。抛其父母，撇其子女，永絶夫婦之好，舉家號慟，慘目傷心。死而有知，不識其追悔當何如也。古人云：死生亦大矣。又何可一朝之忿，自行戕賊致死哉！此皆愚夫愚婦，一時短見，不知此身所關之重也。父母生我，則我之一身，爲父母所倚賴。我生子女，則我之一身，又爲子女所仰給。輕生自盡，耄年父母，何人奉養，幼小子女，何人撫育。人雖至愚，莫不有愛父母、憐子女之心，何其忍於拋棄乎！故死之重，比於泰山。惟男死於忠，女死於節烈，乃爲得所。若因微嫌小隙，憤恨而死，男爲頑蠢，女爲潑悍，不孝不義，非節非烈，枉死而不得善名，徒貽人以訕笑。由此思之，其亦可以猛省矣。至於姦惡之徒，指屍詐詐，糾衆毀人房屋，碎人家伙，搶人衣貲，逢人亂打，兇暴等盜賊。輕生之人，謂有此一番可行，故搡命之念所由起也。擬合嚴行禁飭。爲此示仰城市村莊軍民人等知悉，慎勿因一時嫌隙，短見輕生。倘有投繯、溺井、服毒身死者，指告他人，概不準理。若以自縊、自溺、自毒、自刎，捏爲謀故毆打情詞，即坐以誣告之條。若不經官，糾衆私行打搶，借端詐詐，一概拘拏，治以搶奪之罪。各宜凜遵毋忽。

禁重利示

爲嚴禁重利，以甦民困事。

照得小民窮苦至極，終歲勤動，辦完國課，尚慮不敷。而富室大家，悍卒土豪，或開當網利，或放債盤占，吸髓吮脂，爲富不仁。小民當窘迫之際，即物值一兩，而質當不過一二錢，銀不足色，秤戥又輕，未出門時，已耗加一。及至取贖，足色大戥，又違禁取利五分者或六分者不等，公然行之無忌。至放債之家，非寫房地作抵，即勒子女爲質，每月五分，以至加一。稍一過期，即利上起利。重重盤算，必至房地子女盡歸其手，富者益富，貧者益貧。甚而官糧不完，反完私債，不獨病民，兼之病國，莫過於此。合行出示禁革。當鋪、放債，悉遵定例，行利不過三分，不許利上起利，盤人房地子女。窮民省得一分，即受一分之惠，又與富者無損，而赤貧沾恩靡既矣。爲此示仰闔邑軍民人等知悉，無論當鋪、放債，如有行利三分之外者，立拏解憲。律法如山，斷不姑貸。速宜易轍，毋自貽戚。

懸賞購盜示

爲懸賞購盜，以期必獲事。

照得律文，凡常人捕獲强盜一名、竊盜二名者，各賞銀二十兩。此正重賞之下必有勇夫之意。今盜案纍纍，而未聞有常人獲盜者，緣小民不知律文，孰肯犯難緝捕，而爲此有害無利之事！不第平日不肯捕獲，即當救護，苟非孱弱可擒者，不過驅之而已，誠恐血口扳害，拖累無窮，夥賊暗算，後患莫測，所以捕獲者寡，而盜不能終無也。合無仰請憲臺，通飭闔屬州縣印官，出示曉諭，徧貼鄉村。嗣後有能捕獲强盜一名、竊盜二名者，無論當塲平日，各賞銀二十兩，當堂給散，外加花紅鼓吹，以鼓舞之。如獲盜之後，或本犯指扳，或日後夥賊誣陷，皆不准理。若暗害報復，既嚴保甲，復不夜行，又何足患！如是則人人賈勇，莫不争先恐後，以闔村之衆，奮擊一二十之賊徒，奚啻探囊取物。即有兔脱，鄰封亦必堵截獲之，勢難奔逸矣。此本縣陳弭盜安民幾款之一，蒙撫院憲批，通行各屬飭遵在案。除轉飭外，合出示曉諭。爲此示仰諸色人等知悉，凡有盜賊，即各鼓勇擒拏，務使匪類斂迹，安居樂業，共享昇平。

禁違禁取利示

當鋪本是便民，爲商原欲取利，本縣豈不知之？但立心須平。如此地向來有加利至五分、六分不等者，貪多務得，不特有干功令，抑且大犯陰隲。爾商人謀利，不過欲爲子孫計，爲性命計。若殘忍至此，雖得厚利，子孫豈能享用耶？性命豈能保其牢固耶？本縣惓惓欲爾商人減息，非特爲窮民計，抑亦爲爾商人性命子孫計也。據呈商人亦自有苦處，然窮民之苦，不更百倍於商人耶？因己之苦而厚取於窮人，所謂但知有己，而不知有人，可乎？不可乎？宜聽從本縣，將心放平，重利不如輕利之爲安，多得不如少得之爲美。天道昭昭，報施不爽。誠從清夜一思，自知本縣之言不誣。倘謂鄰封皆然，何獨靈邑當輕，則爾商人當學好樣，不當學不好樣。在爾商人中，昏明不一。明者應先倡率務爲公平，則人人喜悦，皆願到其典中，得利未必不反多。況天心眷佑，積蔭子孫，更自無窮乎？其深體本縣之言，毋忽。

鄉約保甲示

爲申明鄉約保甲，以挽頽風，以靖地方事。

照得鄉約以勸善，保甲以懲惡，即古比閭族黨之遺法。而行之未善，或有其名無其實，甚則苛細騷擾，反不如不行之爲愈。是非法之不善，行之者未能講求盡善耳。昔人云：鄉約實行，自無姦宄，猶有姦宄，是鄉約未嘗行也。保甲實行，自無盜賊，猶有盜賊，是保甲未嘗行也。本縣承乏兹土，願爾百姓，盡爲良民，風俗淳美，獄訟衰息，盜賊屏伏，閭閻寧謐。惟是力行二法，庶幾可有成效。而又痛惡苛擾，恐反累地方。今與爾百姓屏除煩文，講求實政。爲此示仰闔境民人知悉，除鄉甲條約漸次申明外，擇於幾月某日，先於在城舉行鄉約，隨即查點保甲，以次單騎親往各村莊，悉照在城例。凡本縣所到之處，嚴禁騷擾，絲毫不累我民。如有借端生事者，立拏重處。其鄉約保長等務，須實心任職，倡導鄉民，稽查匪類。如有仍前視爲故套、苟且率責者，革除不用外，仍治其怠惰溺職之罪。各宜自奮，互相勸勉，以副本縣期望爾民之意，毋忽。

申禁差人示

爲申禁差人，以安民業事。

照得當差人每多無籍，惟知利己，奚顧他人受累。雖不奉差，尚欲空手弄權，何況得票入手，勢如狼虎，恣意索詐，不滿其壑不止。如催糧，則不計拖欠多寡，惟計酒貲輕重，重則雖多放鬆，輕則雖少帶比。如拘審，則原被證佐，任其播弄，遂其心者多方幫襯，拂其意者每事刁難。至若多受人賄賂，即害人性命，亦所不惜。小民畏法，遥望青衣至門，無不神驚膽喪。積荒遺孑，朝廷尚且蠲逋減賦以愛養之，反爲若輩吞噬，情何以堪！差人下鄉，雖經禁止，然日久法弛，亟宜嚴飭。催糧、拘審一案，催糧責之現年，拘審即原告帶審。庶爾民各安耕鑿，閭閻獲寧矣。爲此示仰諸色人等知悉，如有陽奉陰違，私自下鄉擾民者，一經訪聞，法在必行。

禁革冗牙示

爲禁革冗牙，以便民情事。

照得牙行之設，原因小民負物到市，價值不一，恐人争競，設立牙行，以主交易，誠不可少。至於纖微之物，價值明白，小民自能貿易，原不待牙行者，自應聽從民便。乃有無籍棍徒，希圖射利，如雞卵零星等物，亦皆假借牙行名色，把持貨物，任意低昂。窮民受累，合行嚴禁。爲此示諭後開各行知悉，自示之後，各務歸農，不許赴集評價。其有從前朦朧請帖者，俱行繳銷。如敢陽奉陰違，仍假借牙行名色，把持市物者，查出定行重究不貸。

禁演戲示

爲實心敬神，嚴禁惡習事。

照得敬禮神明在實心，不在虚文。愚民無知，乃以演戲爲敬神。不知此乃褻瀆神明，不敬之大者。豈有聰明正直之神，肯喜此游戲不經之事，必遭殛罰，決不眷佑。爲此示仰城鎮鄉村人民知悉，今某月某日本邑城隍誕日，爾民當實心敬禮，不得仍蹈向來惡習。如有倡首演戲、褻瀆神明者，定行重究，決不姑恕。至期本縣率領士民拜神訖，即於廟中舉行鄉約，宣講六諭，爾士民各專心肅聽，將此六諭句句思維，字字體驗。如有平日素行與此不合者，翻然改悔，洗滌肺腸，庶免天譴。其素行與此相合者，務益加勸勉，以徼神眷。

此乃敬神之大者，本縣深有望焉。各宜凜遵毋忽。

行查示

爲行查事。

照得分莫切於師弟，禮莫重於死喪。未有師長病故，爲弟子者漠然安坐，不行一拜，不奠一爵者也。有儒學訓導某没於官，已經半月，諸生竟有若罔聞知者，是可忍也，孰不可忍也。本縣身在地方，有維持禮法之責，合行查飭。爲此票仰儒學門斗，逐一查明，凡在學文武生員，孰到孰不到，備悉開列報縣，限三日内回覆。如有仍前漠然安坐者，即以行劣論定，當詳報學院處分，決不姑恕。

禁止夜行示

爲禁止夜行，以免截劫事。

照得保甲若清，則居民之盜，可以無虞。至於道路之閒，猝然相遇，殊難防範。然白晝截劫，苟非積年賊寇，不敢輕發。每見道路失事，非早即暮。或趕集夜歸，或攢程早起，宵行曠野，孤踪踽踽，賊遂乘閒肆劫。此實自取，而盜案貽害地方。若皆日出而行，未晚而息，雖有强徒，從何下手！合無仰請憲臺，嚴飭闔屬州縣文武各官，曉諭沿途汛兵，日將落，無許人行，水路無許舟行。鄉地歇店，日未出無容客走，馳馹差員，不在此例。栅門辰開酉閉，遵行勿失，自無後患。倘有行客昏夜被截，必須根究於開栅之人，治以通賊之罪，斷不寬假。則夜行無人，而截劫之患可除矣。此本縣條陳弭盗安民幾款之一，蒙撫院憲批，通行各屬飭遵在案。除轉行外，合再出示曉諭。爲此示仰軍民人等知悉，務期恪遵，共享敉寧。勿視泛常，自貽後悔。

勸諭監犯文

爾等犯人，這身子也是父母生下的，當初父母生你的時節，也望你成家立業，望你養老送終，望你榮宗耀祖。誰想你今日到這箇地位！這皆由你一念之差，不安生理，好喫酒，好賭錢，交結匪類，遂做出這箇事來。其中也有窮極了没奈何去做的，也有家裏儘可過得，道這箇是好生意，不肯收心。自恃勢力，無敢發覺，放膽爲非，毫無忌憚，希圖分得財物，大家快活。不知天理難容，王法難躲，一朝敗露，披枷帶鎖，淹禁牢獄。在官府豈不知愛惜你一樣的皮肉，只是法上去不得了，没奈何，只得將刑罰加在你身，你等遂受盡了苦楚。若是强盜，則屍抛曠野，頭掛路旁，固不必言。就是竊盜，也有竊盜的刑罰，有何趣味！你的妻子在家裏悲啼，你的父母在家裏痛哭，又對人羞恥，説不出來，真可酸心。廻想當初，若不是一念之差，守分安貧，聽天由命，就是吞飢忍餓，强如今日受這般苦楚。如今悔也遲了。然天地間人，也没有一定，苦海無邊，回頭是岸。只要你等將這箇心改正了，痛悔向日的不是，一心要守分安貧，如今若得出去，再不敢喫酒賭錢，再不敢交結匪類，再不敢做這樣非爲的事，將聖諭六言，時刻在念頭上轉，你若有了這箇心，即使今日便死，也做一箇好鬼。若僥倖出去，便從新做箇好人。日遠一日，人只見你後來的好處，漸漸忘了你向日的醜行，依舊可以成家立業，依舊可以養老送終，依舊可以榮宗耀祖，不枉了父母生你的心。切不可説我今日已做壞了，索性做一箇不好的人罷，如此則永遠無出頭日子了。然更有一説。你今日要將這箇心改正，也不可看容易了，須要將主意挐定，方纔改得。若主意不定，旁邊匪類的人，將不好的話來引誘你，你被他引去了，向日不好的念頭，重新發出來了，切記，切記！我今這一番話，真箇是你們對病之藥，無非哀憐你們一樣是父母所生的，故諄諄勸化你，你們也動心麽？你們這一點動的心，便是做好人的根基，切不可輕看了。努力，努力！

三魚堂外集卷之六

詩

乙卯候選北上途中偶吟

屯亭隨遇去，遲速總平常。我今跨騾北，萬事正難量。所賴此方寸，養之有微長。執卷對先聖，猶如在家鄉。

途中遇雨

湖水正瀰漫，風雨復連綿。路上泥深尺，僕夫不肯前。天晴何可期，日中强加鞭。長隄渺無極，一步一盤旋。整轡坐騾背，慄慄恐隕顛。寄語當途者，須知行路艱。

清水潭紀事

去歲波濤上，今年成坦途。東隄雖未竣，功成良已多。羽書旁午至，暫從浮橋過。糧艘仍湖行，安瀾未可歌。廟謨正焦勞，莫憂久蹉跎。

有儀軒歌有序

昔年嘉定有署事公倪伯屏者，我邑人也，曾有德於民，民因建報德祠。其内有假山，爲予前任趙尹雍客移置署中有儀軒。軒雖美觀，而祠幾廢，予故有感而作。

吁嗟有儀軒，其石何離奇。問石何自來，來自故侯祠。聞昔祠初成，吏民競祝釐。或持觴酒勸，或獻萬年辭。翼翼堂與室，尊嚴若神祇。孰知祠中石，一朝遷在斯。廢興誠可歎，此理豈渺微。我聞召公棠，周人永勿移。翦拜各相戒，千載以爲期。動之何如耳，今古豈異時。感應捷桴鼓，聖賢寧我欺。恭寬信敏惠，斯須不可離。反躬而已矣，何歎亦何疑。

壽倪母仲孺人七十有序

余昔奉教於貞吉先生，佩服典型，高山景行，常在心目。而貽孫以英年克紹前矩，門風之美，甲於吾邑。天下禎祥，孰大於是。兹值仲太孺人七十誕辰，以家範占之，眉壽其未有艾乎！敢述徽懿，用當忭祝，不足云詩也。

至聖有懿訓，慈孝家之祥。物則有麟鳳，器則有琳瑯。孰若慈與孝，太和斯洋洋。吾友抱奇質，生長當湖旁。家門多藹吉，蓄極生輝光。手持尺素來，示我蘭芷芳。曰：「予有慈母，恩重如穹蒼。襁褓失所恃，慈母勤撫將。辛苦常萬千，不能一一詳。寶我如珍珠，惟恐寒暑戕。嚴君當耄期，往往伏枕牀。湯藥躬調奉，日夕常無方。又恐子婦知，每誡勿徬徨。誠心貫上下，事事縈肝腸。今年七十載，精力幸康强。願借君子辭，庶幾進一觴。」我聞起竦立，展卷覺芬香。君家和氣積，福履正未央。我昔挾陳編，肄業君東堂。朝夕君喬梓，銘刻在中藏。愛必計深遠，敬則及梓桑。慈孝相感噓，盤結成光芒。澹泊與寧静，古道猶不亡。積善有餘慶，斯言豈愚狂。況復賢慈母，令德自當章。純嘏皆自有，期頤亦尋常。何必少室芝，乃足慶無疆。寶此萬石風，何往非康莊。願借君家矩，埽除聲利塲。囂競永不作，天地長平康。

祝杜母朱太夫人七十壽

滔滔鴛湖水，日夕流不窮。自昔産英傑，卓犖光鼎鐘。今兹清淑氣，爰萃少宰公。學貫千秋上，令德四海宗。經術陳丹陛，正色率羣工。朝野競歡羡，昭明日有融。壽母顧之喜，有子慰我衷。我昔相夫子，一經常苦攻。兢兢守祖德，豈敢冀亨通。源盛流自大，穮蔉必有豐。何以報聖恩，惟有勉靖共。仁義我家學，拳拳服心胸。薰蕕務分别，鸞鳳必盡庸。風俗登三古，事業皐夔同。恭聞至聖訓，顯親孝乃隆。期頤吾自有，慎勿念尸饔。燕山千萬仞，峨峨極蒼穹。僉言願壽母，遐福如山崇。

田家行

誰云田家苦，田家亦可娱。上年雖遭水，禾黍多荒蕪。今年小麥熟，婦子儘足哺。所懼欠官錢，目下便當輸。昨夜府檄下，兵餉尚未敷。里長驚相告，少緩自速辜。不怕長吏庭，鞭撻傷肌膚。但恐上官怒，謂我縣令懦。傷膚猶且可，令懦當改圖。陽春變霜雪，爾悔不遲乎！急往富家問，倍息猶勝無。田中青青麥，已是他人租。聞説朝廷上，方問民苦荼。貢賦有常經，誰敢咨且吁。不願議蠲免，但願緩追呼。

滹沱篇贈靈邑貢士馬子騭兼示諸生二十二韻

我來滹沱濵，滹沱水盈盈。浩氣所盤結，賢哲常挺生。屈指數前獻，往往移我情。邇來教養弛，人才多圮傾。弦誦雖不輟，實學苦難明。馬子秉秀質，文詞麗且清。鏖戰黌序中，每試輒先鳴。天子臨曲阜，慨然思治平。有詔搜俊傑，選拔貢於庭。馬子首應選，光耀滿荒城。余聞喜不寐，匪爲相知榮。方正者獲進，庶幾吾道亨。願言益努力，聖學是經營。一勝何足言，所志在大成。男兒生天壤，當學朱與程。兢兢務主敬，致知且力行。天理爛熟時，萬事鴻毛輕。古今艱鉅任，皆於我身擎。山川亦生色，千秋常錚錚。勿謂世滔滔，何妨亦裸裎。勿謂聖域遠，近在牆與羹。我聞先民訓，致曲能有誠。

贈安平令陳子萬兼訪中州名集十四韻

君家世忠貞，況復盛文章。代有風雅才，海内共稱揚。君生震澤畔，長在闕伯鄉。南北清淑氣，君兼有其長。喜與君作吏，同在恒山陽。願言資切瑑，示我以周行。聞説古商丘，自昔聖賢塲。人才常濟濟，史册多芬芳。近代風未泯，作者亦蹡蹡。君爲我訪問，俾得瞻輝光。堂奥雖難言，庶幾藥其狂。時事多棘手，愧我學未詳。藉君廣聞見，或得起膏肓。勿謂掣肘中，何用尋粃穅。

贈阜平令潘价維視災靈邑十四韻

與君生南服，作吏恒山陽。君質如鸞鳳，君器如珪璋。區區樗櫟材，視之若望洋。所與君同者，惟此惻怛腸。荒邑遭洪水，四野盡蒼茫。束手正無策，中夜起徬徨。喜君捧檄來，恫痛若身癢。慷慨告大吏，不救民且僵。閭閻鳩鵠情，遂得達廟廊。君馬自喂養，君僕自賫糧。有酒不敢飲，有肉不肯嘗。知君憐溝瘠，意不在豆觴。何以報大德，惟有中心藏。悠悠滹沱流，此念固不忘。

潁川行贈同寅景翁并壽

潁川太守黄次公，卓犖不與凡吏同。八載潁川無他技，力行教化贍貧窮。耕桑樹畜不厭煩，田者讓畔獄長空。亭猪烏肉特餘事，所尚不在誇明聰。是時百姓苦吏急，桑孔張趙聲隆隆。獨用寬和稱長者，治去泰甚何妨聾。户口歲增治第一，鳳皇神爵鳴雝雝。有詔賜爵關内侯，黄金百斤旌其庸。太傅御史次第拜，起家謁者丞相終。謁者丞相亦偶爾，可喜得之寬平中。乃知持法不貴刻，俗吏嚴酷真矇矇。夏侯《尚書》洵有用，經術原與吏治通。煌煌班史循吏傳，讀之不覺生清風。

贈陳安平子萬并壽

束髮誦漢史，仰止博陵崔。亭伯既翩翩，子玉亦多才。實也少沉静，卓然出塵埃。惟讀政論篇，不能不徘徊。文以嚴致平，兹言何爲來？王道尚寬仁，豈盡欺我哉！解網非罷軟，斯民良可哀。子真激一時，無乃未細裁。陳君宰兹土，膏澤日益培。借問何以治，聞賦山有臺。申、韓非我學，視民如嬰孩。一破崔生論，俾我心目開。君常持此念，陽春爲君回。心與造化游，千秋常恢恢。

表賢母閭

越歲在龍蛇，風景偶告愆。畿南及畿北，處處民苦癲。黍苗盡枯槁，農夫空胝胼。草根盡充食，斗米三百錢。恒陽有賢母，惻然心憫憐。我賴先世德，諸子聿翩翩。聲名溢中外，冠纓滿堂前。當此旱魃虐，千里多罄懸。天子尚咨嗟，憂形《雲漢》篇。況吾桑梓情，忍視無突煙。前憲有遺則，我願一追搴。鄭展出鍾粟，黔敖陳粥饘。豈不惜錢財，其如心鬱邅。我食可無肉，我衣可不鮮。但無溝中瘠，我便安食眠。出我饔飱資，一一陳路邊。務使鳩鵠形，殘喘得苟延。閭里競歡呼，何啻甘露零。歌祝遍遐邇，直達九重天。有詔出丹陛，伐石南山巔。特表賢母閭，芳聲俾永傳。寄語厚積者，勿徒務戔戔。蘇兹菜色人，勝於買良田。

壽叔祖話山翁七秩

憶昔總角時，屈指里中賢。卓犖固多人，叔祖寔翩翩。自兹竊嚮往，服膺常拳拳。每一接緒論，輒復意欣然。私喜黄叔度，近在家庭前。中歲遠宦蜀，召杜聲流傳。一朝賦歸來，優游茂叔蓮。身隱名愈震，年高德彌堅。隴也愧不敏，留滯在幽燕。嘗思脱塵網，追隨當湖邊。時聞老成訓，庶幾箴其偏。竊怪漢伏生，九十便多愆。空勞鼂大夫，不能辨百篇。孰如我叔祖，終日常乾乾。有詔問《尚書》，一一能口宣。

贈崔平山

聞説古王母，遺跡在房山。簡編莫可考，紛紛傳里闤。豈願從八駿，來觀禮義閑。抑是穆天子，挈之游人寰。區區白雲篇，大雅久欲删。況兹益訛傳，千載疑信閒。君子貴令德，何必遠追攀。瑶池咫尺耳，無事西出關。惻隱滿腔子，勝似仙人顔。不見崔使君，視民如恫瘝。自從兵戈來，閭閻日苦艱。一自君下車，逃亡漸次還。嘖嘖歌頌聲，往往流山灣。充君愷弟念，召杜直等閑。此德何終極，滹沱水潺潺。

梁溪詠題潘貞女奔喪記

夙昔聞梁溪，蔚爲賢聖鄉。赫赫高與顧，發憤立大防。埽除末俗態，奕世有輝光。至今兒女子，亦知重綱常。制行有偏全，此道猶未亡。卓哉潘貞女，志操嚴秋霜。未識夫壻面，永矢不敢忘。於禮似爲過，摯性逾共姜。不惜一生寡，斯志良可傷。我從貞女弟，得一聞其詳。示我《奔喪記》，滿紙覺芬芳。人生苟努力，何事不可彊。劇秦美新者，是誠何心腸。

孤松吟送僉憲梅崖李公解任還都

孤松生高岡，夭矯挺奇形。雖遇大風起，不隨衆草零。大風有時息，孤松長青青。人生有屯亨，自昔多變更。所貴學道者，猝加之不驚。毁譽任紛嘵，吾獨守吾貞。不見黄次公，歷盡通與窮。忽從廷尉議，忽並丙魏崇。榮落有何常，萬事真夢夢。所以董江都，明道不計功。下帷是吾事，升沉惟上穹。勿憂世險巇，但願吾道隆。俯仰無愧怍，何虞衆論訌。路旁多歎息，競欲問太空。誰知君子胸，霽月與光風。

箕　山

吾聞古箕山，云在嵩高旁。又聞許由跡，乃在郤縠鄉。孰是孰非歟，往事多渺茫。不識勳華世，何故有留良。豈見共驩輩，意氣猶揚揚。所以甘高蹈，不願任棟梁。不知皐與禹，日孜孜廟堂。懷襄勞拮据，飢溺在心腸。之子若聞知，應愧獨翱翔。我友産洛水，筮仕恒山陽。宰相箕裘在，膂力況方剛。努力崇明德，前途正未央。鳩鵠賴扶持，四海仰休光。應令箕山客，俯首謝疎狂。

光　武　臺

咄咄光武臺，遥接堂陽城。當年馮鄧輩，竭力相扶撐。功勳垂竹帛，至今有休名。世道方隆平，無事談戰征。儒生思報國，惟在六經明。敷之爲吏治，膏澤徧蒼生。人心永固結，勝是求干城。王子抱經術，洞悉閭閻情。絃歌徧四境，村農安鑿耕。方且搜文獻，遠追先民程。但願行君學，何憂潢池驚。爲謝雲臺將，無勞費經營。

寄山西范進士彪西

聞道汾水濵，大儒又篤生。弓旌不能屈，遠追先民程。發憤尋絶學，非爲求名聲。卓卓辛與薛，時時在牆羹。家學有淵源，丕承愈益精。著書滿篋笥，吾道賴干城。愧吾風塵中，未獲隨景行。河津既已遠，誰人開我盲。願言去世網，竊附在嚶鳴。勿嗤下里音，如何辱韶英。

送匏湖叔南歸

仕宦如弈棋，勝負何足論。所貴有天爵，到處自長存。所以古先哲，三已色常温。不見宋考亭，一生明六經。登朝九十日，謡諑滿中庭。著述仍不倦，身退名愈馨。莫恨一書生，不得作公卿。古來書生業，往往勝蓬瀛。高山衆所仰，千秋常錚錚。願言志大道，一切鴻毛輕。埽除詞章習，佛老并擴清。濂洛與關閩，時時在牆羹。孰云三徑中，不可追咸英。

讀宋布衣集

偉哉宋布衣，文詞何陸離。氣吞雲夢澤，舉世皆披靡。遺編十存一，光芒若鼎彝。磊落真可愛，胸中無一疵。男兒當如此，何庸學脂韋。所惜珪璋質，未經琢與追。洙泗既云遠，狂狷多陵夷。魁梧奇偉人，汩没酒與詩。展卷一莊誦，慨然思仲尼。

贈宗冀州意園并壽

咄咄宗使君，分符來信都。喜君在衆中，慷慨發訏謨。曰余同舟人，所貴相匡扶。有善宜競勸，有過莫面諛。卓哉君斯語，迥與流俗殊。自從大道隱，人各謀自腴。吏治日益雜，民生日益劬。苟能充君言，相應如鼓桴。臯、夔可攀躋，龔、黄何有乎。願我百君子，人書置坐隅。同寅而協恭，相率遊康衢。埽除晚近態，直上追唐虞。借問何能爾，皆君所感乎。兹德視恒山，千秋永勿渝。

贈潘子遠亭尊人壽

錫山潘遠亭，秉志何芬芳。作吏恒山南，遠邇稱循良。一朝賦歸來，意氣殊洋洋。益勵青雲志，精進不可當。問君何能爾，淵源正孔長。有親未白頭，寄跡在戎行。少小耽經史，志在追黄、唐。孝友著族黨，才器重珪璋。偶因感世變，一試黄石方。挾策上幕府，慷慨當危疆。轉戰常、岳間，洞庭波不揚。數奇未封侯，荷戈帝京旁。兵民相錯雜，一一歌平康。衛、霍何足論，直希渭濵姜。嘗聞過庭訓，男兒須自强。文當贊化育，武則務匡襄。不必計利鈍，但祈此心臧。余聞起竦然，所見何堂堂。宜吾遠亭子，志操如鸞凰。愧余樸遬材，不能頌琳瑯。幸昔託同舟，得一睹光芒。捉筆述梗概，聊當進一觴。

贈曹翁臻萊七十

自從出門來，不覺七八春。頭髮强半白，勉强涉風塵。羨君秉奇質，豪邁超等倫。兒孫多英拔，不啻太丘陳。優游談詩禮，終日常津津。門風雍以肅，古道賴未泯。屈指君甲子，七十今纔旬。七旬何足言，眉壽正無垠。愧余樗櫟姿，幸託在姻親。磋磨亦有年，猶然徒苦辛。常思脱軒組，逍遥當湖濵。從君問奇字，日啖鱸與蓴。左手握芝蘭，右手攜鳳麟，各出青箱業，仔細論道真。箕裘告成就，世風亦返醇。君應倍欣然，陶陶同大椿。

贈張長史庶常

自余來京師，喜與君周旋。倉皇顛沛中，感君意纏綿。相期在千古，知君念已堅。慚余學鹵莽，不能有所宜。徒與俗齟齬，自省亦多愆。幸遇浩蕩恩，得放早歸田。自此共野老，耕鑿安堯天。但樂聞賢者，所學益精專。正誼明道志，皎然日月懸。繭絲牛毛理，直接先民傳。正學既昌明，爝火盡棄捐。統紀從茲一，王道惟平平。始信俗可移，只在日乾乾。村農亦狂喜，光耀滿林泉。

贈某十四韻

舟發潞河頭，朔風初颼颼。濟汶正浩瀚，河淮水悠悠。喜逢素心人，晨夕共優游。世網何足言，邈然念前修。君方際休明，尚當展嘉猷。舟楫鹽梅效，行將次第收。司馬洛中園，恐難許久留。我歸安耕鑿，村農是吾儔。一經付豚兒，坦然便無愁。君住邗江上，自昔多名流。聞説漢董生，作相在此州。正誼明道語，直追孔與周。遺風猶在否，爲我一訪求。

贈姚亘山

丈夫志四方，此言須細詳。四方雖云樂，何如在家鄉。況復多變態，前途更難量。網羅到處有，不可不慎防。所以先聖訓，教人善行藏。進禮退以義，窮達視彼蒼。滔滔雖皆是，我必擇康莊。人生貴知道，豈必登廟廊。君不見詩人，拳拳十畝桑。子陵老布衣，咄咄勝侯王。堯夫安樂窩，至今仰耿光。此中有真味，難與世人商。君誠熟反覆，知吾言不狂。

贈周敉寧尊慈陳太孺人七十壽

我友抱奇質，矢志學周、程。不遠三千里，翩然來帝京。不入金張室，不逐紈綺行。不求印纍纍，不羨金滿籯。但願聞大道，歸慰壽母情。壽母長名族，椒蘭由性生。況復歸高士，家世篤忠貞。鮑車與梁案，閭里傳相驚。白頭無他願，惟願兒學成。無使鄒孟母，獨擅千秋聲。所以令子心，自愛若瓊英。必欲琢成器，不敢憚遠征。長安多名傑，人閒之蓬瀛。先猷或不遠，庶幾在牆羹。愧余樸遬姿，平生徒硜硜。承君來相問，不能一發明。無已有一言，敬願爲君傾。恭聞古聖賢，其道惟立誠。人心與道心，苗莠不並榮。朱子白鹿規，若射有鵠正。夙夜常念兹，名實自俱宏。勿謂俗滔滔，何妨亦裸裎。歸求有餘師，無事遠經營。六經昭日星，只在一與精。慈幃應心喜，期頤顔如嬰。

題靈邑南寨村佛寺二絶

亦是聰明奇偉人，能空萬念絶纖塵。當年可惜生西土，未聽尼山講五倫。

偶憐愚俗多狂惑，敷衍輪廻俾駭聽。若知同泰舍身事，應悔當年語不經。

讀張文潛江上詩因嘲

宛丘先生學頗堅，惜從蘇氏雜狂禪。莫道紛紛渾似夢，人生何事可茫然。

《儒藏》精華編選刊

即出書目（二〇二三）

白虎通德論
誠齋集
春秋本義
春秋集傳大全
春秋左氏傳賈服注輯述
春秋左氏傳舊注疏證
春秋左傳讀
道南源委
桴亭先生文集
復初齋文集
廣雅疏證

龜山先生語録
郭店楚墓竹簡十二種校釋
國語正義
涇野先生文集
康齋先生文集
孔子家語　曾子注釋
禮書通故
論語全解
毛詩後箋
毛詩稽古編
孟子正義
孟子注疏
閩中理學淵源考
木鐘集
群經平議

三魚堂文集　外集
上海博物館藏楚竹書十九種校釋
尚書集注音疏
詩本義
詩經世本古義
詩毛氏傳疏
詩三家義集疏
書疑　東坡書傳　尚書表注
書傳大全
四書集編
四書蒙引
四書纂疏
宋名臣言行録
孫明復先生小集　春秋尊王發微
文定集

五峰集　胡子知言
小學集註
孝經注解　温公易説　司馬氏書儀　家範
孶經室集
伊川擊壤集
儀禮圖
儀禮章句
易漢學
游定夫先生集
御選明臣奏議
周易口義　洪範口義
周易姚氏學